Moral und Interesse

Scientia Nova

Herausgegeben von
Rainer Hegselmann, Gebhard Kirchgässner,
Hans Lenk, Siegwart Lindenberg,
Julian Nida-Rümelin, Werner Raub,
Thomas Voss

Bisher erschienen u. a.:

Robert Axelrod, Die Evolution der Kooperation
Karl H. Borch, Wirtschaftliches Verhalten bei Unsicherheit
Churchman/Ackoff/Arnoff, Operations Research
James S. Coleman, Grundlagen der Sozialtheorie
Morton D. Davis, Spieltheorie für Nichtmathematiker
Erklären und Verstehen in der Wissenschaft
Evolution und Spieltheorie
Bruno de Finetti, Wahrscheinlichkeitstheorie
Robert Frank, Strategie der Emotionen
Peter Kappelhoff, Soziale Tauschsysteme
Bernd Lahno, Versprechen. Überlegungen zu einer künstlichen Tugend
Klaus Manhart, KI-Modelle in den Sozialwissenschaften
Moralische Entscheidungen und rationale Wahl
Moral und Interesse
Nagel/Newman, Der Gödelsche Beweis
John v. Neumann, Die Rechenmaschine und das Gehirn
Julian Nida-Rümelin, Kritik des Konsequentialismus
Ökonomie und Moral
Erhard Oeser, Wissenschaft und Information
Howard Raiffa, Einführung in die Entscheidungstheorie
Erwin Schrödinger, Was ist ein Naturgesetz?
Thomas Voss, Rationale Akteure und soziale Institutionen
Hermann Weyl, Philosophie der Mathematik und Naturwissenschaft

Moral und Interesse

Zur interdisziplinären Erneuerung der Moralwissenschaft

Herausgegeben von
Rainer Hegselmann und
Hartmut Kliemt

R. Oldenbourg Verlag München 1997

Die Deutsche Bibliothek - CIP-Einheitsaufnahme

Moral und Interesse : Zur interdisziplinären Erneuerung der Moralwissenschaften / hrsg. von Rainer Hegselmann / Hartmut Kliemt. – München : Oldenbourg, 1997
(Scientia Nova)
ISBN 3-486-56311-4

Rosenheimer Str. 145, D - 81671 München
Internet: http://www.oldenbourg.de

Umschlaggestaltung: Dieter Vollendorf
Gedruckt auf säurefreiem, alterungsbeständigem Papier (chlorfrei gebleicht).
Gesamtherstellung: R. Oldenbourg Graphische Betriebe GmbH, München

ISBN 3-486-56311-4

Inhalt

Einleitung: Plädoyer für eine interdisziplinäre Moralwissenschaft

Rainer Hegselmann und Hartmut Kliemt

Nach einem geflügelten Wort Schopenhauers ist es leicht, Moral zu predigen, schwer jedoch, sie zu begründen. Mit gleichem Recht könnte man sagen: Es ist leicht, Moral zu predigen, schwer jedoch, sie zu verwirklichen. Jedenfalls lassen sich moralische Ziele nicht allein durch moralische Predigt und moralische Aufklärung verwirklichen. Denn wo eine Einsicht, ist noch lange kein Motiv, wo ein Weg, nicht notwendig ein Wille – und mancher moralische Appell weist ohnehin nur den moralischen Holzweg.

Mit den vorangehenden Beobachtungen wird ein breites Fragenfeld angesprochen, das in der einen oder anderen Weise mit dem Verhältnis von *Moral und Interesse* verknüpft ist. Verschiedenen Aspekten dieses Verhältnisses spüren die in diesem Sammelband abgedruckten Beiträge nach. Sie sind von Philosophen, Soziologen, Wirtschaftswissenschaftlern und Politologen verfaßt und decken damit von der disziplinären Herkunft der Autoren her ein breites Feld ab. Allerdings ist die Diskussion insgesamt auf Fragen gerichtet, die sich an der *Schnittstelle zwischen philosophischer Ethik und Wirtschaftswissenschaft* stellen. Diese Schwerpunktsetzung schien uns aus verschiedenen Gründen sinnvoll zu sein: *Zum ersten* sind die international am stärksten diskutierten moralphilosophischen Ansätze in hohem Maße geprägt von der Rezeption entscheidungslogischer, im weiteren Sinn wirtschaftswissenschaftlicher Methoden. Führende heutige Moralphilosophen wie etwa B. Barry, A. Gibbard, D. Gauthier, J. Hampton, R. Nozick oder, „last but not least", J. Rawls verdanken dieser Rezeption wesentliche Anregungen. *Zum zweiten* belebte die heute vorherrschende angelsächsische Moralphilosophie „ökonomienahe" Traditionen der britischen und schottischen Moralisten wieder. Sie rückte erneut die Grundkonzeption eines Interessen rational verfolgenden Entscheidungsverhaltens in den Vordergrund. Folgerichtig steht in einer Moralwissenschaft dieser Art das Verhältnis von Moral und Interesse im Zentrum. *Zum dritten* gibt es den aktuellen Anlaß, daß die sogenannte Wirtschaftsethik, die zwangsläufig im Schnittpunkt der beiden Disziplinen Ökonomik und Ethik angesiedelt sein muß, sich in den letzten Jahren zunehmender Aufmerksamkeit erfreut.

Wir möchten im folgenden die drei genannten Punkte – allerdings in umgekehrter Reihenfolge – einleitend behandeln. Dabei werden wir zugleich versuchen, die in diesem Sammelband abgedruckten Beiträge auf der „intellektuellen Landkarte“ zu verorten. In einem letzten Schritt wenden wir uns dann nochmals einigen Aspekten der gegenwärtigen Diskussion wirtschaftsethischer Themen speziell in Deutschland zu.

1. Gestiegene Nachfrage nach Wirtschaftsethik

Die theoretische Ökonomik hat sich in den letzten Jahren weit über die traditionellen wohlfahrtstheoretischen Fragestellungen hinaus ethischen und moralischen Fragestellungen zugewandt. Das hat sicherlich auch etwas damit zu tun, daß die moralphilosophische Rezeption von ökonomischen Methoden den Wirtschaftswissenschaftlern den Zugang zu klassischen ethischen Fragen erleichtert hat. Wenn etwa ein Philosoph wie Rawls fundamentale moralische Entscheidungen als sogenannte „Entscheidungen unter Ungewißheit“ hinter einem Schleier des Nichtwissens modelliert, dann befindet sich der entscheidungstheoretisch versierte Ökonom methodisch unmittelbar auf vertrautem Territorium, mag es sich auch inhaltlich um eine für ihn neue Fragestellung handeln. Umgekehrt hat natürlich die Rezeption wirtschaftswissenschaftlicher Methoden es den Moralphilosophen erleichtert, Zugang zu den moralischen Dimensionen verschiedenster wirtschaftstheoretischer Fragestellungen zu gewinnen. Neben diese Faktoren, die aus der Entwicklung der beiden Disziplinen erwuchsen, traten solche aus dem gesellschaftlichen Umfeld. Sie scheinen ebenfalls eine Zunahme des Interesses an normativen Fragen des Wirtschaftens begünstigt zu haben. Es ist zwar schwer, verläßlich zu sagen, warum eine breite, an wirtschaftlichen Fragen interessierte Öffentlichkeit sich vermehrt normativen Grundfragen des Wirtschaftens zuwandte und dabei auch Rat von professionellen Ethikern suchte. Einige, wenn auch etwas spekulative Vermutungen liegen jedoch nahe. So eröffnet gesellschaftlicher Reichtum die Möglichkeit, sich nicht länger nur mit dem wirtschaftlichen Pflichtprogramm, nämlich dem effizienten Wirtschaften selber, sondern auch mit dem Kürprogramm der Rechtfertigung des eigenen Tuns zu befassen. Möglicherweise hat es auch eine gewisse Rolle gespielt, daß die marxistische Fundamentalkritik am Marktsystem angesichts des Niedergangs der Zentralverwaltungswirtschaften sozialistischer Provenienz zunehmend in die Defensive geriet. Viele, für die dies früher nicht galt, sahen sich nun ermutigt, in eine Diskussion grundsätzlicher moralischer Fragen des Wirtschaftens einzutreten. Hatten sie zuvor nämlich häufig die Strategie verfolgt, die von ihnen (sicher nicht unberechtigterweise) für weltfremd gehaltenen marxistischen normativen Vorstellungen dadurch aus der Diskussion zu halten, daß sie einfach die Diskussion *aller* normativen Fragen ablehnten, sahen nun die gleichen Kreise eine Chance, in solchen Diskussionen ihre eigenen normativen Vorstellungen erfolgreich vorzutragen und gewisse „ideologische“ Geländegewinne zu machen.

Und schon wurde die Diskussion normativer Fragen des Wirtschaftens auch bei jenen populärer, die solche Fragen zuvor entweder für rational nicht diskutierbar oder aber für irrelevant erklärten.

Von größerer Bedeutung als die zuvor erwähnten dürften allerdings zwei weitere grundlegende Entwicklungen sein. *Erstens* ist in den letzten Jahren das Bewußtsein für die *Externalitäten* wirtschaftlichen Handelns gewachsen. Umweltfragen, durch wirtschaftliches Handeln hervorgerufene Risiken, das Auftreten größerer Unfälle, all dies ließ auch jene nicht unberührt, die darin nicht unbedingt ein Anzeichen für die moralische Korruptheit des sogenannten „Kapitalismus" sehen wollten. *Zweitens* dürfte die gesteigerte Aufmerksamkeit für *Verteilungsfragen* auch eine Folge der überbordenden Staatshaushalte und der gestiegenen Staatsquoten in den westlichen Industrieländern sein. Wenn immer mehr zur kollektiven Verteilung ansteht, werden Fragen der kollektiven Verteilungsgerechtigkeit zwangsläufig immer wichtiger.

Wodurch auch immer die gesteigerte Nachfrage nach wirtschaftsethischer Diskussion und Beratung letztlich begründet sein mag, es darf niemanden verwundern, daß professionelle Ethiker aus Philosophie und Theologie darüber höchst erfreut waren. Ein reger Obsthandel mit klassischen Lesefrüchten setzte ein. Das Heil lag wieder einmal in der goldenen Vergangenheit. Ein neuer Anlaß, Philosophie- oder Religionsgeschichte zu treiben, war gefunden. Überdies begannen „professional good men" aus Philosophie und Theologie eifrig Moral zu predigen. So ist mittlerweile von einer „Ethisierung des Wirtschaftens" und dergleichen die Rede. Vermutlich sollen diese meliorisierenden Effekte eintreten, wenn man nur hinreichend lange den betreffenden Vorträgen lauscht oder sich intensiv genug in die einschlägige Lektüre vertieft. Über diesen eher beklagenswerten Entwicklungen sollte man jedoch nicht die Möglichkeit übersehen, sich in seriöser Weise mit den betreffenden Themen auseinanderzusetzen. Natürlich kann dabei die Rückbesinnung auf klassische Arbeiten eine fruchtbare Rolle spielen, dann nämlich, wenn diese Arbeiten *anschlußfähig* gegenüber den systematisch relevanten Problemen sind. Daß ein derartiger Problembezug vor allem bei den britischen und insbesondere schottischen Moralisten zu finden ist, verwundert nicht, denn es war diese Tradition, die zunächst die philosophischen Grundlagen der modernen *interessenorientierten Steuerung* wirtschaftlichen, politischen und moralischen Verhaltens erarbeitete.

2. Die Tradition der Britischen Moralisten

Das Verhältnis von Moral und Interesse hat immer eine zentrale Rolle in der Moraltheorie gespielt. Freilich wird in vielen Ansätzen vor allem hervorgehoben, daß ein Spannungsverhältnis zwischen Moralität und Interessiertheit des

Handelns bestehe. Das moralische Handeln soll gerade im Gegensatz zum interessierten, insbesondere im Gegensatz zum *selbst*interessierten Handeln begriffen werden. In diesem Traditionszusammenhang stehen insbesondere christliche Autoren, aber auch Kant oder Vertreter der sogenannten Diskursethik. Dem kann man bereits die in der Antike vorherrschende Auffassung entgegenstellen, daß *Moral letztlich nur dann Sinn macht, wenn Tugendgeleitetheit und die Befolgung moralischer Normen langfristig und insgesamt zur besseren Befriedigung menschlicher Interessen beiträgt.* Dies ist eine Auffassung, die von allen in diesem Sammelband vertretenen Autoren im Grundsatz geteilt wird.

Für antike Moraltheoretiker war es eine Selbstverständlichkeit, daß die Kultivierung moralischer Tugenden demjenigen, der diese in sich ausbildet, zu nützen habe. Diese Sicht erlebte in der Neuzeit vor allem im Denken der britischen und schottischen Moralisten eine Wiederbelebung. Als Konsequenz davon wurde das Verhältnis von Moral und Interesse neu überdacht. Es ist uns an dieser Stelle nicht möglich, die große und in Deutschland immer noch zu wenig beachtete Tradition der britischen und schottischen Moralisten umfassend zu behandeln. Aber jedenfalls in selektiver Weise[1] wollen wir die für das folgende wichtigen Grundgedanken von Hobbes, Hume und Smith andeuten.

Als erster neuzeitlicher Denker hat *Hobbes* die Möglichkeit einer auf hypothetische Imperative kluger Interessenwahrung gegründeten Moraltheorie wirklich ernst genommen und zu entwickeln versucht. Rationale normative Rechtfertigungen nennen ausschließlich Mittel zu gegebenen Zwecken. Wendet man diesen Gedanken konsequent an, so kann man über letzte Ziele und Zwecke rational nichts sagen. Diese müssen *de facto* beim Adressaten von moralrechtfertigenden Argumenten vorhanden sein. Man kann jedoch nach dieser Sicht der Dinge *nicht* den Anspruch erheben, sie *sollten* rationalerweise vorhanden sein. Sie sind es oder sie sind es nicht. Diese Auffassung sieht sich strikt auf die Beratung von Individuen bei der Verfolgung ihrer gegebenen Interessen beschränkt. Diese methodische Beschränkung würde im Extrem beinhalten, daß man eine Gruppe von potentiellen Selbstmördern als Moraltheoretiker darin zu beraten hätte, wie sie das von ihnen angestrebte Ziel, dem eigenen Leben ein Ende zu setzen, unter den von ihnen gewünschten Umständen und Nebenbedingungen optimal erreichen könnten. Wenn dies denn ihre letzten Ziele und Werte sein würden, dann wäre eine normative Kritik an diesen Zielen und Werten innerhalb der Grenzen einer intersubjektiv prüfbaren Moraltheorie nicht möglich.

Hobbes selbst scheint vor dieser extremen Konsequenz zurückzuschrecken und operiert dementsprechend mit dem naturrechtlichen Relikt einer „natürli-

---

[1] Wer sich über das Werk dieser Autoren einen besseren Überblick verschaffen möchte, sei auf den nach wie vor führenden Sammelband Raphael 1969, auf Mackie 1980b und in deutscher Sprache Kliemt 1985 verwiesen.

chen Pflicht", sein eigenes Leben zu erhalten[2]. Daneben geht er selbstverständlich davon aus, daß de facto praktisch alle Menschen überleben wollen[3]. Dies verbindet er mit empirisch-psychologischen Annahmen über eine primär egoistische Ausrichtung menschlicher Motive, die die Menschen in eine natürliche Konkurrenz zueinander führt. Den nicht interessengemäßen Auswüchsen dieser Konkurrenz gilt es entgegenzusteuern, weil eben dies im Interesse jedes einzelnen ist.

Die Moralwissenschaft nennt die Steuerungsmittel, um die individuellen Überlebensziele zu erreichen. Für Hobbes handelt es sich dabei in erster Linie um staatlich durchgesetzte Regeln oder Normen. Seine berühmten „Gesetze der Natur" sind hypothetische Imperative, die allgemein spezifizieren, wie das Überlebensziel rationalerweise verfolgt werden sollte. Sie bilden einen Rahmen, innerhalb dessen sich die „Funktionstüchtigkeit" konkreter Rechtsordnungen zur Sicherung des Überlebens von den betroffenen Individuen beurteilen läßt[4].

Im gegenwärtigen Zusammenhang sind insbesondere Hobbes' Überlegungen zur Motivation normbefolgenden Verhaltens wichtig. Seine Auffassung von der Befolgung rechtlicher Normen erweckt jedenfalls prima facie ganz überwiegend den Eindruck, als würde jedes Rechtssubjekt in jedem Einzelfall jeweils kalkulieren, ob die Normbefolgung eine größere Befriedigung der eigenen Zielsetzungen herbeiführt als eine Normverletzung. Das bedeutet, das einzige Motiv der Normbefolgung ist der Eigennutz in jedem Einzelfall und damit auch typischerweise die Angst vor Strafe im Falle der einzelnen Normverletzung.

In dieser Konzeption einer *einzelfallbezogenen Normbefolgung* ist kein Platz für eine generalisierte Normakzeptanz bzw. für die Ausbildung von generalisierten Dispositionen (Tugenden) zur Normbefolgung. In jedem einzelnen Fall bedarf das normativ gebotene (moralische) Verhalten der motivationalen Unterstützung durch einen in diesem Einzelfall wirksamen Interessenanreiz, der an die Kausalfolgen des einzelnen Befolgungs- oder Verletzungsaktes geknüpft ist. Moralbefolgung kann man ausschließlich aufgrund des Vorliegens extrinsischer Interessenanreize im Einzelfall erwarten.

Unabhängig davon, ob man Hobbes nun tatsächlich diese extreme Auffassung zuschreiben darf, sollte man sich genau klar machen, was eine solche Extremposition beinhaltet. Sie impliziert insbesondere, daß man sich noch nicht einmal dann aus Eigeninteresse eine bestimmte Charakterdisposition zulegen kann, wenn deren Besitz der langfristigen Interessenbefriedigung dient. Konkret gesprochen, wäre es etwa unmöglich, daß Leute in sich die Tugend kultivieren, Versprechen bzw. Verträge *im allgemeinen* zu halten. Selbst

---

[2] Vgl. zu allem folgenden Hobbes 1651/1976.

[3] Vgl. dazu insbesondere auch die Diskussion des „Minimalgehaltes des Naturrechtes" in Hart 1961 oder der „Minimalmoral" in Hoerster 1981.

[4] Vgl. für eine kritische Bestandsaufnahme der neo-Hobbesianischen Vertragstheorie Kraus 1993.

wenn es etwa, was hier angenommen sei, im Interesse jedes Mitgliedes einer Gruppe wäre, daß alle Gruppenmitglieder die Disposition besäßen, Versprechen bzw. Verträge im allgemeinen zu halten, gäbe es für einzelfallorientierte Individuen keinen Weg, jenen für jeden vorteilhaften Zustand zu erreichen. Denn die Befolgung von Normen, wie etwa der, Versprechen zu halten, müßte nach dem diskutierten Extremmodell einer einzelfallbezogenen Motivation allein von den Kausalfolgen der einzelnen Akte des Versprechensbruches bzw. der Versprechensbefolgung motiviert sein. Aufgrund ihrer einzelfallbezogenen Rationalität und Motivierbarkeit haben die Individuen einfach nicht die Fähigkeit, Dispositionen bzw. Tugenden zu erwerben. Da ihnen diese Fähigkeit als Mittel der eigenen Interessenwahrung fehlt, kann man auch normativ nicht zugunsten der Ausbildung von „moralischen" Dispositionen oder Tugenden mit dem Argument plädieren, daß die Ausbildung dieser Dispositionen den Interessen des Trägers bzw. aller Träger der Dispositionen langfristig dienen wird. Die motivationalen, empirisch-psychologischen Grundannahmen eines extremen Hobbesschen Normbefolgungsmodells scheinen daher eine Rückführung von Moral auf Interesse unmöglich zu machen.

Es ist keine neue Einsicht, daß sich ein solches Extremmodell menschlicher Motivation nicht mit unseren Erfahrungen mit der normalen Wirkungsweise moralischer bzw. rechtlicher Institutionen in Übereinstimmung bringen läßt. Nicht erst moderne soziologische Kritiker des sogenannten Homo oeconomicus-Modells haben gegen dieses Modell Einwände erhoben. Die Kritik an diesem Modell spielte vielmehr – wenn auch meist in eher impliziter Form – bereits eine große Rolle in der hobbeskritischen Diskussion der britischen Moralisten selber. Ja, wie Rudolf Schüßler in seinem Beitrag zu diesem Sammelband ausführt, scheinen sich bereits bei Hobbes starke Abweichungen von dem gerade skizzierten Extremmodell strikt einzelfallbezogener individueller Motivation zu finden. Folgt man Schüßlers Interpretation, dann hat man die auf eine allein auf den Einzelfall bezogene Rationalität hindeutenden Textstellen zu versöhnen mit solchen, die mit der Möglichkeit rechnen, menschliche Dispositionen zu trainieren und damit eben über den Einzelfall hinausreichende, generelle Motivationen zu bilden. Wie das gelingen kann, ist eine diffizile und interessante Frage nicht nur der Hobbes-Interpretation. Das Problem ist von jedem Modell menschlichen Verhaltens zu lösen, das die Fähigkeit zu opportunistisch-rationalem ebenso wie die zu normbefolgendem Verhalten angemessen berücksichtigen will. Die beiden Grundannahmen eines opportunistisch-rationalen, einzelfallorientierten und eines von generellen Dispositionen bestimmten Verhaltens müssen zum Ausgleich gebracht und in einer nicht auf ad-hoc-Annahmen beruhenden Weise in einer einheitlichen moralwissenschaftlichen Motivationslehre verknüpft werden.

Das Bemühen um einen derartigen Ausgleich und eine derartige Verknüpfung kennzeichnet gerade einige der interessantesten neueren Arbeiten zum Verhältnis von Ökonomik und Soziologie (vgl. etwa Baurmann 1996). Es durchzieht jedoch bereits die Diskussion der Britischen Moralisten. Stellvertretend für andere läßt sich das am moralphänomenologischen Grundansatz von *David Hume* aufzeigen. Insbesondere dessen grundlegende Unterscheidung zwischen Nah- und Fernbereich eines Akteurs ist hier hervorzuheben. Hume trifft diese Unterscheidung, weil er glaubt, daß unsere Motivationsstruktur ganz fundamental von der Nähe und Ferne von Handlungsfolgen beeinflußt wird. Das gilt sowohl in zeitlicher wie in sozialer Hinsicht.

Wie Hume feststellt, werden wir, wenn wir heute dazu aufgefordert werden, Alternativen zu bewerten, die wir erst in Jahresfrist zu wählen haben, stets die im Sinne unserer langfristigen Interessen bessere Alternative bevorzugen. Aus der Distanz heraus werden wir intendieren, die insgesamt und langfristig bessere Alternative für uns zu wählen. Wenn der Entscheidungszeitpunkt jedoch da ist, dann werden wir vielleicht doch unseren guten Vorsätzen nicht zu folgen vermögen. Denn, wie wir alle aus der Alltagserfahrung wissen, kann es durchaus sein, daß im Entscheidungszeitpunkt die naheliegenden Verlockungen der langfristig schlechteren Alternative so übermächtig sind, daß wir ihnen erliegen. Alle jene, die sich einmal das Rauchen abgewöhnen, ihre Schlafgewohnheiten ändern oder schließlich durch Verzicht auf bestimmte beliebte Speisen abnehmen wollten, kennen das Problem der unmittelbaren übermächtigen Versuchung[5]. Sie verstehen aus eigener lebenspraktischer Erfahrung die Bedeutung der klassischen Sentenz: „video meliora proboque deteriora sequor" (Ich sehe das Bessere und heiße es gut, dem Schlechteren werde ich folgen!).

Was die soziale Nähe und Ferne anbelangt, so wissen wir von uns allen, daß wir die Interessen Fernstehender grundsätzlich geringer bewerten als die eigenen, und zwar selbst dann, wenn deren Interessen in bestimmtem Sinne ungleich wichtiger sind. Damit wir durch das Leid Fernstehender motiviert werden, muß es uns „künstlich" – etwa durch bewegte Fernsehbilder – nahegebracht werden. Hume selbst verweist auf das Beispiel einer Person, die kaum schlafen kann, weil sie weiß, daß sie am anderen Morgen die Kuppe des kleinen Fingers verlieren wird, sich jedoch zugleich von dem Wissen, daß irgendein fernes Volk Todesopfer in großer Zahl zu verzeichnen hat, nicht in ihrer Nachtruhe stören läßt.

Unter dem Einfluß von Ferne und Nähe, so könnte man sagen, wägen wir die Interessen nicht nach ihrem „wahren moralischen" Gewicht. Dabei bemißt sich in einer interessenbasierten Humeschen Moralkonzeption das „wahre" Gewicht allerdings nicht an interessenunabhängigen Maßstäben, sondern letztlich daran, wie langfristigen und allgemeinen Interessenlagen optimal gedient werden kann. Aus dieser Sicht ist die Ausbildung sogenannter „*künstlicher Tugenden*" das geeignete Mittel, um von den rein nahbereichsorientierten natürlichen Antrieben, deren unmittelbare Verfolgung die langfristige und

[5] Vgl. dazu etwa Ainslee 1992, Frank 1992; Schelling 1984 und in deutscher Sprache Koboldt 1995.

generalisierte Interessenwahrung sowohl in persönlicher als auch in sozialer Hinsicht behindern kann, zu einer Verhaltensmotivation überzugehen, die im langfristigen und allgemeinen Interesse liegt.

Etwas plakativ formuliert könnte man Hume als Anhänger einer *interessenbasierten Tugendlehre* bezeichnen. Bei ihm sind das Konzept der Interessenorientierung und das einer einzelfallbezogenen rein extrinsischen Motivation klar getrennt. Zugleich sieht er die Notwendigkeit einer Verankerung universalistischer moralischer und rechtlicher Institutionen in partikularistischen Strebungen. Die Natur drängt uns stets ebenso zur Parteinahme für uns selbst, für unsere Nächsten oder doch Näheren wie zu einer Parteinahme für unser eigenes gegenwärtiges gegenüber einem künftigen Selbst. Diese Neigungen müssen wir für und durch unsere Institutionen ausnutzen bzw. kontrollieren.

Das letztere Thema, die rationale interessengemäße Steuerung und Kontrolle unserer unmittelbaren Begierden, spielt in den Beiträgen dieses Sammelbandes nur eine untergeordnete Rolle. Die übrigen zuvor erwähnten Humeschen Themen werden jedoch ausführlicher behandelt. Dem Verhältnis von extrinsischer und intrinsischer Motivation geht Frey nach. Dem Verhältnis von natürlichem sozialem Partikularismus und erwünschtem moralischem und rechtlichem Universalismus spüren Baurmann, Zintl und Kliemt nach. Daß damit ein Ökonom, ein Soziologe, ein Politologe und ein Philosoph auf den Pfaden Humes wandeln, hätte den ebenso großen (wie dicken) Schotten sicherlich gefreut. Es zeigt in jedem Falle die außerordentliche Fruchtbarkeit seines moralwissenschaftlichen Ansatzes.

Als dritten der britischen und schottischen Moralisten hatten wir eingangs *Adam Smith* erwähnt. Üblicherweise wird er noch vor Hobbes als Stammvater der modernen Ökonomik genannt. Dies ist natürlich generell richtig, sollte aber durchaus im Kontext der nachfolgenden Bemerkungen relativiert werden.

Zum ersten sollte man sich immer wieder ins Gedächtnis rufen, daß Smith vor dem „Wohlstand der Nation" eine „Theorie der moralischen Gefühle" verfaßt hat. Für ihn waren Ethik und Ökonomik ebensowenig zu trennen, wie normative Überlegungen zum rechten Verhalten und deskriptiv empirische zum voraussichtlichen Verhalten. *Zum zweiten* muß man festhalten, daß es Hobbes und nicht Smith war, dem wir die Konzeption eines einzelfallorientierten, allein auf die Kausalfolgen des einzelnen Aktes abstellenden Rationalverhaltens verdanken. Mag dies auch auf eine partielle Fehlinterpretation des Hobbesschen Ansatzes zurückgehen, es bleibt ein rezeptionsgeschichtlich wirkmächtiges Element des Hobbesschen Werkes. Vor allem diese Konzeption ist es, die dem ökonomischen Ansatz innere Geschlossenheit und Stringenz verleiht, und insofern war Hobbes – oder das, was seine Standardinterpreten aus ihm machten – eindeutig „ökonomischer" als Smith. *Zum dritten* sei betont, daß Smith einen Hauptteil seiner Aufmerksamkeit in der akademischen Lehre Vorlesungen über „Jurisprudenz" widmete. Für ihn standen immer wieder Fragen des Regelerlasses und der richtigen „Gesetzgebung" im Vordergrund. Moralisch bessere Ergebnisse sollte man vor allem vom Erlaß besserer Regeln erwarten. Gute Regeln im Sinne von Smith müssen dabei in erster Linie an das Interesse und nicht an die Moral selbst bzw. die Akzeptanz der Moralnormen appellieren. Natürlich war diese Einsicht Hobbes und Hume nicht fremd, sie erfährt bei Smith allerdings eine besondere Akzentuierung. Die berühmte Figur von der unsichtbaren Hand des Eigeninteresses, die Individuen *unter geeigneten Regeln,* aber *ohne* individuelle moralische Motivation zu einem im allgemeinen moralischen Interesse liegenden Ergebnis führen werde, ist schlagkräftiger Ausdruck dieser Akzentsetzung. Sie hat das spätere Denken über das Verhältnis von Moral und Interesse nachhaltig beeinflußt.

Wir können die Überlegungen der Britischen Moralisten an dieser Stelle nicht weiter verfolgen. Das vorangehende dürfte jedenfalls verdeutlichen, daß aktuelle Diskussionen des Verhältnisses von Moral und Interesse stark davon profitieren können, wenn sie sich ihrer Wurzeln in den Theorien der britischen und insbesondere schottischen Moralisten vergewissern. Im Werk der drei Denker bilden die moralwissenschaftlichen Fragestellungen eine ursprüngliche Einheit, die u.E. Voraussetzung ihrer sinnvollen Beantwortung ist. Dies sollte Ethiker, Ökonomen und andere Gesellschaftswissenschaftler dazu motivieren, die Zusammenarbeit zu suchen. Wenn Vanberg sich als Ökonom in diesem Sammelband im Geiste von Smith mit der Ethik der Ökonomie auseinandersetzt, dann ist dies Ausdruck genau dieses Bemühens um eine Fortsetzung der Tradition der Britischen Moralisten.

3. Methodenkonvergenz in den Moralwissenschaften

Disziplinäre Spezialisierung hat sicher ihre Meriten, manchmal ist jedoch Interdisziplinarität vorzuziehen. Für die Diskussion der moralwissenschaftlichen Fragestellungen dieses Bandes ist Interdisziplinarität sogar conditio sine qua non. Vor diesem Hintergrund ist es besonders begrüßenswert, daß die Rezeption entscheidungstheoretischer Methoden in der modernen Sozialphilosophie und Ethik sehr geeignet ist, interdisziplinäre Anschlußfähigkeit herzustellen. So sind Ethik und Ökonomik in den letzten Jahren vor allem auch dadurch einander nähergerückt, daß beide sich zunehmend des gleichen entscheidungslogischen Instrumentariums bedienen. Exemplarisch läßt sich dies am Werk der *neuen Vertragstheoretiker* Buchanan, Nozick und Rawls belegen (vgl. J.M. Buchanan 1985; Nozick 1976; Rawls 1975).

Rawls benutzt in ganz offenkundiger Weise Modellierungen aus dem Bereich der Theorie der Rationalentscheidungen unter Ungewißheit, um seine Konzeption des unparteiischen moralischen Urteils hinter einem Schleier der Ungewißheit zu präzisieren und zu reformulieren. Nozick, der bereits seine Dissertation über Grundlagenprobleme der rationalen Entscheidungstheorie geschrieben hat und auch später grundlegende entscheidungstheoretische Arbeiten verfaßte, formuliert seine Theorie der Staatsrechtfertigung auf der Basis moderner transaktionskostentheoretischer Ansätze. Buchanan schließlich, der wie Rawls und unabhängig von diesem seit Beginn der 60er Jahre wesentliche normative Argumente zu entwickeln sucht, indem er ein repräsentatives Individuum hinter einen Schleier der Ungewißheit versetzt, macht darüber hinaus grundlegenden Gebrauch von elementaren spieltheoretischen Modellierungen.

Insbesondere spieltheoretische Modellierungen haben sich in den letzten Jahren als fruchtbar für die sozialtheoretische Analyse erwiesen[6]. In diesem Zusammenhang ist erwähnenswert, daß einer der führenden heutigen Utilitaristen, nämlich John Harsanyi, zugleich einer der führenden heutigen Spieltheoretiker und wie J. M. Buchanan ebenfalls Nobelpreisträger für Ökonomie ist. Im vorliegenden Band wird der spieltheoretische Zugang zu moralwissenschaftlichen Fragen durch die Beiträge von Lahno und Hegselmann repräsentiert. Philosophen und Ökonomen haben sich in jüngerer Zeit recht ausführlich zum Verhältnis von Ökonomik und Ethik geäußert (vgl. A. Buchanan 1985; Sen 1987). Die methodische Anschlußfähigkeit der beiden Disziplinen wird im übrigen in beeindruckender Weise durch Monographien zur Ethik wie die des Philosophen Mackie (Mackie 1980a) und die des Ökonomen Hazlitt (Hazlitt 1964) oder durch Fachaufsätze in führenden Zeitschriften wie *Economics and Philosophy*, *Ethics*, *Philosophy and Public Affairs* sowie im deutschen Sprachbereich *Analyse und Kritik* belegt. Da es ausgezeichnete aktuelle Überblicksarbeiten zu der modernen entscheidungstheoretisch bestimmten interdisziplinären Forschung gibt[7], wollen wir uns an dieser Stelle nicht weiter um einen Überblick über die jüngere Literatur bemühen, sondern es mit den vorangehenden Verweisen bewenden lassen.

4. *Moralische Appelle und Regeln*

Wenden wir uns abschließend der aktuellen Diskussionslage in Deutschland zu. Hier steht sehr stark das Predigen von Moral im Vordergrund. Es ist natürlich überhaupt nicht auszuschließen, daß auch das Predigen von Moral bestimmte Wirkungen hat. Allerdings ist ziemlich sicher, daß es typischerweise nicht die vom Prediger versprochene Wirkung sein wird. Bloße Appelle, „verantwortlich" zu handeln, werden kaum in größerem Maßstab erfolgreich sein. Das ist auch keineswegs negativ zu bewerten. Denkt man daran, welche Katastrophen in unserem Jahrhundert durch Massenbegeisterung und Massenauf-

---

[6] Vgl. dazu etwa Ullmann-Margalit 1977; Mackie 1980a; Schotter 1981; Gauthier 1986; Sugden 1986; Taylor 1987; Axelrod 1987; Hampton 1988; De Jasay 1989; Binmore 1994.

[7] Vgl. insbesondere Hausmans und McPhersons Artikel „Taking Ethics Seriously" im renommierten *Journal of Economic Literature* (Hausman / McPhersons 1993).

regung entstanden sind, so kann man nur hoffen, daß uns die mangelnde Reaktionsbereitschaft auf moralische Appelle erhalten bleibt[8]. Es spricht vieles dafür, daß es in unserem Interesse liegt, insoweit konservativ zu sein. Das bedeutet jedoch keineswegs, daß alles so, wie es ist, zum besten steht. Wir können uns auch nicht darauf verlassen, daß ein spontaner sozialer Evolutionsprozeß die Dinge schon zum besseren lenken wird. Es besteht durchaus die „Notwendigkeit", in den natürlichen Weltverlauf zielbewußt aufgrund normativer Vorstellungen einzugreifen. Wenn aber die Intervention durch bloßen moralischen Appell keine zielführende Strategie ist, dann stellt sich die Frage nach geeigneten Mitteln zur Erreichung moralischer Ziele.

Die Diktatoren aller Zeitalter wußten, daß der Erwerb von Macht eine Möglichkeit darstellt, die eigenen normativen Ziele durchzusetzen. Man sollte sich auch nicht darüber täuschen, daß die betreffenden Akteure durchaus von moralischen Vorstellungen motiviert waren, eben *ihren* moralischen Vorstellungen. Die großen Menschheitsverbrechen wurden nicht um des Verbrechens willen begangen. Unermeßliches Leid wurde in Verfolgung von Zielen zugefügt, die den Tätern durchaus als moralisch recht erschienen. Daß wir abweichende moralische Ziele besitzen und uns das Tun der betreffenden Täter als moralisch falsch erscheint, ist eine andere Sache.

Die Natur des hier liegenden Problems wird gut erkennbar, wenn wir unterscheiden zwischen dem Begriffspaar „moralisch vs. nicht-moralisch" *einerseits* und „moralisch richtig vs. moralisch falsch" *andererseits*. Unterschiedslos von „moralisch vs. unmoralisch" zu sprechen, verdeckt nur die Tatsache, daß eine Entscheidung darüber, was *wir* für moralisch richtig halten, die zugrundeliegenden Machtfragen nicht entscheidet. Diese Einsicht legt es allen Beteiligten an einem moralischen Konflikt nahe, sich um entsprechende Machtmittel zur Durchsetzung ihrer Vorstellungen zu bemühen. Auch um die nach unseren Wertmaßstäben moralisch verwerflichen Untaten zuverlässig zu verhindern, bedürfen wir einer realen gesellschaftlichen und politischen Macht. Auf einer bestimmten Ebene zählt insoweit nur die Macht. Denjenigen, die bestimmte liberale Basiswerte teilen, geht es jedoch offenkundig noch um etwas anderes: Ihnen geht es nicht um einen bloßen Machtkampf, der sich beliebiger zielführender Mittel bedienen kann, sondern um einen Konkurrenzprozeß, der durch den Respekt vor der individuellen Autonomie anderer beschränkt und kanalisiert ist. Unter den zu unterstellenden Bedingungen interpersonalen Respektes und den daraus resultierenden rechtsstaatlichen Minimalanforderungen geht es in dem Konkurrenzprozeß darum, welche Regeln in einer Gesellschaft rechtlich erlassen und durchgesetzt werden sollten. Hierüber muß auch unter jenen noch gestritten werden, die grundlegende Normen interpersonalen Respektes ausnahmslos akzeptieren. Wenn wir uns mit den fundamentalen moralischen Fragen des Wirtschaftens auseinander-

---

[8] Vgl. für eine nach wie vor eindrückliche Bestandsaufnahme dieser moralischen Katastrophen Hannah Arendts „Elemente totaler Herrschaft" (1958).

setzen wollen, müssen wir primär die *konstitutionelle Perspektive eines fiktiven oder realen Regelerlasses* einnehmen. Welche moralischen Standards wir auch anlegen mögen, in aller Regel werden wir die im Sinne dieser Standards wünschenswerten Ziele nur dann mit einer gewissen Verläßlichkeit erreichen, wenn wir die Regeln und damit die Rahmenbedingungen individuellen Verhaltens verändern. *Es ist selbst eine Forderung normativer Art, daß „gute" Regeln so beschaffen sein sollten, daß rationale Individuen unter den von den Regeln gesetzten Anreizen bereits aus Eigeninteresse das moralisch erwünschte Verhalten zeigen.* Bei realistischer Einschätzung der menschlichen Natur und der in ihr begründeten Verhaltensmotivationen erscheint es – jedenfalls aus unserer moraltheoretischen Perspektive – selbst als moralisch fragwürdig und illusionär anzunehmen, man könne moralisch erwünschtes Verhalten vor allem mit den Mitteln des moralischen Appells erreichen.

Solange noch in einer breiteren Öffentlichkeit der Eindruck erweckt wird, in der Verfolgung wirtschaftsethischer Zielsetzungen komme es primär auf individuell verantwortliche „Gewissensentscheidungen" an, so lange ist der stete Verweis auf die Bedeutung der Wahl von Regeln und Institutionen als zentralem Gegenstand ethischer, insbesondere wirtschaftsethischer Überlegungen immer wieder nötig und nützlich. Die Einsicht selbst ist dabei banal; ihre Wiederholung hat eher eine diskurshygienische Bedeutung. Moralisch streiten sollten wir uns nämlich nicht um das rechte Nirwana, sondern um die rechten Institutionen.

Vor dem Hintergrund einer grundsätzlich *institutionalistischen* Orientierung kann man sich Fragen nach dem Inhalt und der Durchsetzungsweise der gewünschten Regeln ebenso zuwenden wie Fragen nach dem Verhältnis von intrinsischer und extrinsischer Motivation. Ganz offenkundig hat eine Sozialtechnologie, die ausschließlich auf äußere Interessenanreize setzt, durchaus Effektivitätsgrenzen. Zwar wird man Interessenrichtungen und menschliche Präferenzen kaum durch bloßen moralischen Appell verändern können, doch gibt es durchaus eine Einwirkungsmöglichkeit auf die innere Bewertung und Motivationsstruktur von Individuen. Wir Menschen sind zwar nur in begrenztem Umfang mit natürlichen, nahbereichsorientierten Tugenden ausgestattet; doch zugleich sind wir tugendfähige Wesen, die ihre charakterlichen Dispositionen sozial bzw. künstlich (so hätte Hume gesagt) fortbilden können, dies natürlich letztlich zur besseren Wahrung ihrer Interessen. (Die konkrete Erfahrung mit moralischen und rechtlichen Institutionen, das Leben unter diesen Regeln muß und kann sich die stützenden motivationalen Grundlagen in gewisser Weise selber schaffen.)

Wenn wir als Theoretiker dazu aufrufen, etwas grundsätzliches an den Regelsystemen zu ändern, können wir uns nicht auf die durch Regeln gesetzten Interessenanreize allein verlassen. Jedenfalls auf der obersten Regelungsebene sind wir auf eine moralisch oder doch intrinsisch motivierte Bereitschaft angewiesen, am Normerlaß mitzuwirken und diesem eine bestimmte Richtung zu geben. Gute Gesetze sind in der Demokratie ein öffentliches Gut und Individuen müssen intrinsisch motiviert daran mitwirken, daß dieses Gut bereitgestellt wird. Denn in der Demokratie hat der einzelne zunächst praktisch keine Chance, durch *seine* Stimmabgabe kausalen Einfluß auf die Gesetzgebung auszuüben. Ob er unter guten oder schlechten Gesetzen leben wird, hängt letztlich allein davon ab, ob sich hinreichend viele andere Individuen finden, die hinreichend informiert und motiviert einen vernünftigen Gebrauch von ihrer individuell ebenfalls jeweils insignifikanten Stimme machen. Die Interessen der einzelnen Individuen werden nur mit der vernachlässigbaren Wahrscheinlichkeit, daß eine einzelne Stimme den Ausschlag gibt, durch das Wahlverhalten tangiert. Deshalb wird jeder einzelne bei der Verbesserung der Gesetzgebung grundsätzlich zum Trittbrettfahrerverhalten neigen. Eigentlich sollte fast niemand zur Wahl gehen und jeder darauf spekulieren, daß sich stets hinreichend viele andere finden werden, die hinreichend informiert und motiviert sind, um wünschenswerte Ergebnisse herbeizuführen[9]. Die sarkastische Feststellung, daß der öffentliche Gutscharakter guter Gesetze in der Demokratie erkläre, warum es diese nicht gebe, ist zwar verfehlt, weil dann auch die Existenz schlechter Gesetze, die ja gleichermaßen öffentlich sind, unerklärlich wäre. Dennoch, da es beim Erlaß von Regeln um die Schaffung von Kollektivgütern geht, die immer auch von den anderen allein geschaffen werden könnten, bedarf es typischerweise einer intrinsischen moralischen Motivation, um das Trittbrettfahrerverhalten zu überwinden und moraltheoretische Vorschläge in wirksame gesellschaftliche Normen umsetzen zu können.

Wie die moralische Motivation systematisch in die demokratische Politik Eingang finden kann, muß von einer konstitutionell orientierten interessenbasierten moralischen Theorie ebenfalls erklärt werden. Es ist nun gerade die Insignifikanz der individuellen Stimmabgabe, die ein Einfallsttor für moralische Erwägungen eröffnet. Wenn der Wähler nämlich weiß, daß seine einzelne Stimmabgabe aller Voraussicht nach keinerlei Einfluß auf das Wahlergebnis haben wird, dann hat er einen guten Grund, bei seiner Stimmabgabe gerade *nicht* strategisch-interessenrational vorzugehen. Anders gesagt: Geht er überhaupt zur Wahl, dann muß dies aus nicht-strategischen Gründen geschehen. Da er bei einigermaßen hoher Wahlbeteiligung keinen strategischen Kausaleinfluß wird ausüben können, kann er sich dann aber auch gleich an seinen *moralischen* Überzeugungen orientieren. Er handelt so zwar nicht hinter einem Rawlsschen Schleier des Nichtwissens, dafür jedoch hinter einem Schleier der individuellen Insignifikanz.[10] Das läßt die Voraussage zu, daß die Stimmbürger in der Stimmabgabe eher intrinsisch, also durch ihre moralischen Überzeugungen, motiviert sind als extrinsisch, also durch die Zielsetzung der strategischen Einflußnahme auf das Wahlergebnis. Bei dieser Deutung würde die individuelle Insignifikanz es dem einzelnen also erlauben,

---

9 Vgl. zum Informationsproblem Tullock 1967.

10 Vgl. dazu umfassend Brennan & Lomasky 1993.

seine Interessen gleichsam „aus der Ferne“ zu betrachten und sich selbst in die Lage eines „unparteiischen Beobachters“ zu versetzen.

Die vorangehenden Überlegungen zum Wahlverhalten in einer großen Demokratie lassen sich verallgemeinern: Moral kann nur dort einigermaßen verläßlich wirken, wo ihr entweder direkte gleichgerichtete Interessen beispringen oder aber keine derartigen Interessen signifikant berührt werden. Das gilt jedenfalls im moralischen Alltag des moralischen Normalbürgers. Heilige und Heroen mag es geben, aber die Welt so einzurichten, daß wir moralisch akzeptable Ergebnisse nur dann erreichen werden, wenn die meisten von uns heroisch ihre eigenen Interessen zurückstellen, ist ein Rezept für das sichere moralische Desaster. Es ist deshalb auch nicht nur ein intellektuelles, sondern selber ein moralisches Anliegen, das Verhältnis von Moral und Interesse besser zu verstehen.

Literatur

Ainslee, G. (1992) *Picoeconomics*. Cambridge.

Arendt, H. (1958) *Elemente und Ursprünge totalitärer Herrschaft*. Frankfurt.

Axelrod, R. (1987) *Die Evolution der Kooperation*. München und Wien.

Baurmann, M. (1996) *Der Markt der Tugend*. Tübingen.

Brennan, G. & Lomasky, L. (1993) *Democracy and Decision – The Pure Theory of Electoral Preference*. Cambridge

Binmore, K. (1994) *Game theory and the social contract, vol.I: Playing fair*. Cambridge.

Buchanan, A. (1985) *Ethics, Efficiency, and the Market*. Totowa.

Buchanan, J. M. (1985) *Die Grenzen der Freiheit*. Tübingen.

De Jasay, A. (1989) *Social Contract – Free Ride*. Oxford.

Frank, R. (1992) *Die Strategische Rolle der Emotionen*. München.

Gauthier, D. P. (1986) *Morals by Agreement*. Oxford.

Hampton, J. (1988) *Hobbes and the Social Contract Tradition*. Cambridge.

Hart, H. L. A. (1961) *The Concept of Law*. Oxford.

Hausman, D.M. & McPherson, M.S. (1993). Taking ethics seriously – Economics and contemporary moral philosophy. In *Journal of Economic Literature* 31, 671-731.

Hazlitt, H. (1964) *The Foundations of Morality*. Princeton

Hobbes, T. (1651/1976) *Leviathan*. Frankfurt.

Hoerster, N. (1981) Zur Begründung einer Minimalmoral. In *Ethics. Proceedings of the 5th International Wittgenstein Symposium*, Wien, 131-133.

Kliemt, H. (1985) *Moralische Institutionen*. Freiburg und München.

Koboldt, C. (1995) *Ökonomik der Versuchung*. Tübingen.

Kraus, J. S. (1993) *The Limits of Hobbesian Contractarianism*. Cambridge.

Mackie, J. L. (1980a) *Ethik*. Stuttgart.

— (1980b) *Hume's Moral Theory*. London.
Nozick, R. (1976) *Anarchie, Staat und Utopia*. München.
Raphael, D.-D. (1969) (Ed.). *British Moralists*. Oxford.
Rawls, J. (1975) *Eine Theorie der Gerechtigkeit*. Frankfurt.
Schelling, T. C. (1984) *Choice and Consequence*. Cambridge, MA.
Schotter, A. (1981) *The Economic Theory of Social Institutions*. Cambridge.
Sen, A. K. (1987) *On Ethics and Economics*. Oxford.
Sugden, R. (1986) *The Economics of Rights, Co-operation and Welfare*. Oxford.
Taylor, M. (1987) *The Possibility of Cooperation*. Cambridge.
Tullock, G. (1967) *Toward a Mathematics of Politics*. Ann Arbor.
Ullmann-Margalit, E. (1977) *The Emergence of Norms*. Oxford.

Was könnte dazu motivieren, moralisch zu sein? Überlegungen zum Verhältnis von Moralität und Klugheit

Rainer Hegselmann

1. Das Motivationsproblem

Jeder wird hin und wieder in die unangenehme Situation geraten, daß das, was er unter dem Gesichtspunkt des persönlichen Interesses gern täte, mit von ihm ‚eingesehenen' moralischen Forderungen konfligiert. Nicht immer bleiben in solchen Situationen die Forderungen der Moral auf der Strecke. Was aber könnte uns dazu motivieren, in der Tat moralisch zu sein, wenn eben dies – wie es ja offenbar scheint – nur zu oft darauf hinausläuft, Rücksichten zu nehmen, die nicht in unserem Eigeninteresse liegen? Um eben diese Frage – ich möchte sie das Motivationsproblem nennen – geht es im folgenden. Definitiv lösen werde ich das Problem nicht. Allerdings glaube ich, das Problem jedenfalls ‚einkreisen' zu können.

Was also könnte ein Motiv für Moralität sein? Auf diese Frage ist in unterschiedlicher Weise reagiert worden. Die Reaktionen haben jene Bandbreite, die in der Philosophie bei nahezu allen Problemen der Normalfall ist: Einige meinen, es sei kein philosophisches Problem (a). Andere sagen, es sei beweisbar unlösbar (b). Wieder andere meinen, das Problem sei ein Scheinproblem bzw. trivial auflösbar (c). Und schließlich gibt es viele, die das Problem für ernst, philosophisch und lösbar halten und sich an entsprechenden Lösungen versuchen (d).

(a) Nach einer ersten Auffassung ist das Motivationsproblem kein (moral)-philosophisches Problem. Es betreffe vielmehr eine existentielle Dimension des subjektiven Entscheidens und Wählenkönnens, die auch dann noch bleibe, wenn dem Einzelnen klar ist, was er unter dem Gesichtspunkt der Moral zu tun hätte. In etwa diesem Sinne liegt das Motivationsproblem nach Toulmin außerhalb des moralphilosophischen Aufgabenbereichs. Die, die nach einer positiven Lösung des Motivationsproblems suchen „are giving philosophy a job which is not its own. To show that you ought to choose certain actions is one thing: to make you want to do what you ought to do is another, and not a philosopher's task" (Toulmin 1950: 163).

Man kann nun durchaus konzedieren, daß auch eine hohe Dosis Moralphilosophie nicht den zwangsläufigen Effekt haben müßte, daß wir wollen, was wir sollen. Gleichwohl – und so möchte ich das Motivationsproblem genauer verstehen – würden wir gern wissen, wie und warum wir überhaupt wollen und tun könnten, was wir unter moralischem Gesichtspunkt zu tun hätten, wenn wir das, was dann zu tun wäre, unter selbstinteressierten Gesichtspunkten nur zu häufig lieber ließen.

(b) Nach Kant ist das Motivationsproblem unlösbar; allerdings sei erklärbar, warum es dahin kommen müsse. Moralität bestehe nämlich darin, daß einzig der Umstand, eine Maxime als allgemeines Gesetz zu wollen, also eine Vorstellung von Gesetzmäßigkeit überhaupt, Bestimmungsgrund des Willens ist. Als mögliche Motive für Moralität scheiden empirisch-sinnliche Neigungen und Interessen damit aus. Unlösbar wird das Motivationsproblem dann zusammen mit der weiteren Annahme, daß wir nur hinsichtlich der empirisch-sinnlichen Neigungen und Interessen recht gute Vorstellungen darüber haben, wie sie als Triebfedern unseres Handelns wirken.

Mir scheint diese Argumentation Kants deduktiv korrekt zu sein. Wir sollten sie allerdings nicht im Sinne einer nun nachgewiesenen „äußersten Grenze aller praktischen Philosophie" (GMS: 455) verstehen, sondern als den gelungenen Nachweis nehmen, daß hier die moralphilosophische Konzeption Kants an eine Grenze stößt, und ein im Prinzip vertrautes, aber eben undurchschautes Faktum, nämlich daß wir jedenfalls manchmal auch tun, was wir meinen tun zu sollen, zu einem prinzipiellen Explanations-Rätsel erklären muß. Ich möchte allerdings vorschlagen, einer philosophischen Heuristik zu folgen, die gerade in solchen Fällen die erneute Reflexion der für die Erzeugung prinzipieller Rätsel verantwortlichen Annahmen und die Suche nach Alternativen empfiehlt.

(c) Eine dritte Reaktion auf das Motivationsproblem besteht darin, das Problem zu trivialisieren bzw. zu einem Scheinproblem zu erklären. Einem solchen Reaktionsmuster folgt, wer das Motivationsproblem zunächst auf die Frage bringt „Warum soll ich tun, was moralisch geboten ist?", und dann auf die den Gebrauch der Begriffe „Sollen" und „Geboten" regierende Logik verweist, die es schlicht zu einer logischen Wahrheit mache, daß man tun solle, was moralisch geboten sei.

Diese syntaktisch-semantisch Trivialisierung beruht jedoch auf einem Mißverständnis des Problems: Es mag logisch wahr sein, daß man tun soll, was moralisch geboten ist; es ist aber jedenfalls keine logische Wahrheit, daß man, wissend, was man tun soll, auch täte, was man dann zu tun hätte. Eben deshalb ist die vermutlich in der Tat trivialisierbare Frage „Warum soll ich tun, was moralisch geboten ist?“ eine ganz andere Frage als die „Wie und Warum kann man sich überhaupt um ein Sollen scheren, das unter dem Gesichtspunkt des Selbstinteresses so viele Verzichte zumutet?“.

(d) Es liegen zahlreiche und sehr verschiedene Versuche einer positiven Lösung des Motivationsproblems vor. Im Rahmen dieser Lösungsversuche wird z.B. zurückgegriffen auf die platonisch-sokratische Annahme, daß die moralische Einsicht schon als solche eine (gewisse) motivierende Kraft habe. Anderen gilt die Achtung vor dem Moralgesetz als eigenständiges Handlungsmotiv. Einige gehen von einem faktischen Vernunftinteresse bzw. einem Interesse daran aus, in einem Einklang von Handeln und moralischem Urteil leben zu wollen. Wieder andere schreiben uns ein unmittelbares Interesse an moralischer Integrität und Selbstachtung zu.

Die Plausibilität solcher (und anderer) Lösungsversuche hängt zwar nicht nur, sicher aber ganz entscheidend davon ab, was im Rahmen der jeweiligen moralphilosophischen Gesamtkonzeption die Moralität überhaupt ausmacht. Mir scheint nun, daß die genauere Analyse dieser Lösungsversuche zu einem allgemeinen Resultat führt, das ich in einem ersten moralphilosophischen Lemma festhalten möchte. Es besagt: Je weiter eine moralphilosophische Konzeption das, was in ihrem Rahmen die Moralität ausmacht, von den faktischen Interessen und Neigungen der Individuen löst, um so schwieriger wird es für sie sein, eine plausible Lösung des Motivationsproblems vorzulegen.

Dieses Lemma wird offenbar von einer Allquantifizierung über alle moralphilosophischen Konzeptionen regiert und ist natürlich entsprechend schwer zu beweisen. Ich möchte die Plausibilität des Lemmas hier lediglich an zwei Beispielen illustrieren; das eine betrifft den moralphilosophischen Intuitionismus, das andere den Utilitarismus.

(aa) Eine sehr starke Trennung von Moral und Interesse ergibt sich im Rahmen des moralphilosophischen Intuitionismus. So sind z.B. bei N. Hartmann Werte Gegenstände einer eigenständigen, außerhalb von Raum und Zeit existierenden Wertwelt. Die Dinge, Ereignisse oder Handlungen der üblichen Welt können an diesen Werten ‘teilhaben’, und werden sozusagen im Grade ihrer Teilhabe von uns als wertvoll empfunden. Unser Wertfühlen erschießt uns also das Reich der Werte; im Gegensatz zu einem subjektivistischen Vorurteil schafft dieses Wertfühlen jedoch nicht die Werte, sondern ist seinerseits deren Reflex. – Man könnte hier durchaus konzedieren (im Ernst täte ich das übrigens nicht!), daß eine Handlung als wertvoll zu empfinden, bereits heißt, ein Motiv zu haben, sie zu tun. Aber die Nachfolgefrage ist: Wenn Werte uns ontologisch so fern stehen, wie kommt eigentlich, daß wir ausgerechnet das als wertvoll empfinden, was wert hat?

Hartmann hat diese Schwierigkeit durch eine recht aufwendige Konstruktion zu bewältigen gesucht: Ausgangspunkt ist die Annahme, daß es schon im idealen Ansichsein des Wertes ein Sollensmoment gebe, das aber nur ein ideales Seinsollen sei, dem nicht eindeutig ein Tunsollen entspreche (Hartmann 1926: 170ff.). Die Differenz von Wirklichkeit und idealem Seinsollen konstituiert dann ein aktuales Seinsollen, das seinerseits das Subjekt benötigt, um es auf seine Ziele hin zu lenken, denn „das Sollen hat von sich aus keine Seinsenergie; es braucht ein anderes, das ihm seine Seinsenergie darbietet, das sich mitsamt dieser seiner Energie von ihm leiten läßt" (a.a.O. 180). Über den Gesamtzusammenhang schreibt Hartmann dann: „Sofern nun das Sollen ins Sein greift und das aktual Seinsollende zum Seienden macht, kann es das nur, indem es sich ein bereits Seiendes gleichsam ‚greift' und dieses dahin determiniert, wohin seine Sollensrichtung weist. Es greift sich das Subjekt. Denn dieses allein läßt sich von der idealen Macht der Werte ergreifen. Das übrige Seiende ist dumpf und stumpf gegen den Ruf des Idealen. Es ‚vernimmt' ihn nicht, ist ‚vernunftlos' (a.a.O. 178)".

Diese Lösung Hartmanns gibt Rätsel über Rätsel auf. Unterstellen wir eine eher analoge und metaphorische Verwendung der Begriffe, dann bleiben die sprachlichen Bedeutungen zentraler Begriffe rätselhaft. Gehen wir hingegen von den üblichen Bedeutungen aus, dann entstehen sachliche Nachfolgeprobleme, bei denen nicht zu sehen ist, wie der Weg ins Abstrus-kuriose vermieden werden soll. Was soll es z.B. auch nur bedeuten, daß ein Ideales existiert, das rufen und auch greifen kann und dessen Ruf wir vernehmen? Angenommen aber, wir verstünden das, sollen dann Unmoralitätsphänome als Fälle von Weghören oder zu leisen Rufens verstanden werden? Wie soll auf dieser Linie mit dem historischen Wertwandel umgegangen werden? Hat das Ideale sich nicht immer gleich vernehmen lassen, ruft es manchmal undeutlich, hat es phasenweise ganz geschwiegen oder können seine Rufe im allgemeinen Lärm untergehen? – Mir scheint, daß eine weitere Ausarbeitung dieser Theorie zwangsläufig in Kuriositäten enden muß.

(bb) Daß das Motivationsproblem auch im Rahmen von moralphilosophischen Konzeptionen entsteht, die Moral und Interesse in einen vergleichsweise engen Zusammenhang bringen, zeigt sich am Beispiel des Utilitarismus. Das Motivationsproblem wird hier zu der Frage „Was könnte Motiv sein, sich an einer utilitaristischen Wohlfahrtsfunktion zu orientieren, in die die persönliche Nutzenfunktion zwar eingegangen ist, die aber allenfalls zufällig zur Auszeichnung jener Handlung (oder Handlungsweise) führt, die sich auf Basis der individuellen Nutzenfunktion ergäbe?" Harsanyi hat im Zusammenhang dieses Problems geltend gemacht, man müsse eben ein Interesse am gemeinschaftlichen Wohlergehen haben (vgl. Harsanyi 1985: 55). Dies mag sein. Es ist aber alles andere als selbstverständlich und vor unserem naturgeschichtlich-evolutionären Hintergrund auch nicht gerade naheliegend, daß wir de facto ein starkes Interesse am gemeinschaftlichen Wohlergehen haben bzw. haben könnten. Es ergibt sich daher eine Nachfolgefrage, die sich durch den

Verweis auf ein Interesse am gemeinschaftlichen Wohlergehen, das man für Moralität eben haben müsse, noch nicht erledigt.

Mir scheinen die hier an den Beispielen Intuitionismus und Utilitarismus skizzierten Schwierigkeiten typisch zu sein: Wirft man einen etwas genaueren Blick auf die Versuche, eine positive Lösung des Motivationsproblems zu geben, dann wird man – so meine Vermutung – recht häufig auf bloße Scheinerklärungen bzw. auf Lösungen stoßen, die sich im Bereich des semantisch Rätselhaften bewegen oder aber Nachfolgeprobleme erzeugen, bei denen rätselhaft ist, wie sie gelöst werden könnten. Von ihrem Status her, betreffen diese Schwierigkeiten nicht unmittelbar Begründungsprobleme moralischer Konzeptionen, sondern Voraussetzungen dafür, daß eine Moral de facto überhaupt wirksam und handlungsleitend werden könnte.

2. *Wozu könnte Moral gut sein ?*

Meine bisherigen Ausführungen zum Motivationsproblem legen eine bestimmte Lösungsstrategie nahe: Ließe sich zeigen, daß es ‚irgendwie' im wohlverstandenen Eigeninteresse liegt, moralisch zu sein, dann würde sich das Motivationsproblem recht leicht lösen lassen, ist doch der erkannte Umstand, daß etwas im eigenen Interesse liegt, häufig und für viele ein starkes Motiv, das derart im eigenen Interesse liegende eben auch zu tun. Andererseits scheint es gerade eine alltägliche Erfahrung zu sein, daß Forderungen der Moral mit dem konfligieren, was zu tun dann das vernünftigste wäre, wenn wir – rücksichtslos – nur an uns und unser Interesse dächten.

Offenbar droht hier eine Sackgasse. Ich möchte daher das Problem gewissermaßen von der anderen Seite her aufrollen. Statt zu fragen, welches Interesse wir haben könnten, moralisch zu sein, möchte ich nun fragen, was genauer die Folgen sind, die Moralität für die Interessen hätte.

Die damit aufgeworfene Frage kann nur dann mit Aussicht auf Erfolg beantwortet werden, wenn in etwa klar ist, was die Moralität ausmacht. In dieser Hinsicht möchte ich mich zunächst an moralischen Intuitionen orientieren, auf die im Alltag etwa mit Hinweisen von der Art „Und wenn das jeder täte?!" angespielt wird und denen in der Moralphilosophie jene Konzeptionen korrespondieren, deren Moralprinzipien, in der Tradition des kategorischen Imperativs stehend, auf die Verallgemeinerbarkeit von Maximen abheben.

Was sind das für Situationen, in denen der Hinweis „Und wenn das jeder täte?!" typischerweise in den Sinn kommen könnte? Ich denke, es könnte z.B. jene Alltagssituation sein, in der es darum geht, eine Mehrweg- oder aber eine Einwegflasche zu kaufen. Vor dem entsprechenden Regal des Supermarktes stehend, würde uns durch den Kopf gehen, daß wir einen Zustand, in dem alle Mehrwegflaschen verwenden, deutlich jenen Verhältnissen vorziehen, die dann eintreten, wenn alle Einwegflaschen kaufen. Es käme uns allerdings der weitere Gedanke, daß der Kauf der Einwegflasche die bequemere Lösung ist. Und es würde uns auch klar, daß die durch unsere Einwegflasche entstehenden Müllprobleme bedeutungslos sind: Sind es eher viele oder gar alle anderen, die Mehrwegflaschen verwenden, so würde unsere Einwegflasche den dann kleinen Müllberg nur unwesentlich größer machen. Wären es eher wenige andere, die Mehrwegflaschen verwenden, dann wird der Müllberg ohnehin sehr groß sein und der durch uns angerichtete zusätzliche Schaden ist wiederum vernachlässigbar. Wieviele andere also auch immer Mehrwegflaschen benutzen, das durch unsere Einwegflasche entstehende zusätzliche Müllbeseitigungsproblem ist immer vernachlässigbar. – Und wenn nach diesem Räsonnement die Hand schon zu der Einwegflasche greift, mag uns plötzlich die Frage „Und wenn das jeder täte?!" durch den Kopf schießen und darauf stoßen, daß nur jeder so denken und so handeln muß, damit etwas eintritt, was sich niemand wünscht: in unserem Fall gewaltige Flaschenberge.

Die Beispiele für Situationen mit einer ganz ähnlichen Struktur sind zahlreich (vgl. Hardin 1971; Hardin & Baden 1977; Barry & Hardin 1982). Sie treten bereits im Bereich elementarer Lebensvollzüge auf oder können z.B. die Bereitstellung, Pflege und Nutzung sog. kollektiver Güter („tragedy of the commons"), also beispielsweise den möglichen Raubbau an gemeinschaftlich genutzten Ressourcen (und sei es die Nutzung als affektiv besetzbare, ästhetische Resource) betreffen. Wenn Trittbrettfahrer-Probleme angesprochen werden, geht es um Situationsstrukturen, die der des Mehrwegflaschen-Beispiels analog sind. Viele der unter dem Stichwort „Reziprozität" angesprochenen Strukturen gehören ebenfalls hierher. Strukturen, die isomorph zu der des Mehrwegflaschen-Beispiels sind, betreffen so unterschiedliche Dinge wie die Verwendung der beliebten Weichspüler, die Einhaltung von Versprechen oder die mit Aufwand verbundene Beteiligung an der Regelung öffentlicher Belange.

Die gemeinsame Grundstruktur all dieser – offenbar nicht exotischen – Situationen läßt sich mit spieltheoretischen Mitteln recht gut, nämlich einfach und aufschlußreich, charakterisieren.[1] Die Grundstruktur selbst wird dort, und zwar aus Gründen, die ich hier nicht erläutern möchte, Gefangenendilemma (Prisoner's dilemma) genannt. Diese Grundstruktur möchte ich für den Fall genauer charakterisieren, daß genau 2 Personen involviert sind.

In einem klassischen Gefangenendilemma stehen zwei Spieler[2] jeweils vor der Alternative, eine kooperative oder eine unkooperative Strategie zu wählen. Die gesamten Umstände bringen es mit sich, daß es für jeden der beiden das jeweils beste Resultat wäre, wenn er sich unkooperativ, der andere sich aber kooperativ verhalten würde; umgekehrt führt es für jeden zum schlechtest-

---

[1] Vgl. die bahnbrechende Arbeit von Neumann & Morgenstern (1944).

[2] Im Rahmen dieser Theorie werden die in Situationen strategischer Interdependenz involvierten Personen generell „Spieler" genannt. Spiele im spieltheoretischen Sinne können dabei ebensogut Spiele im üblichen Sinne als auch Kriege oder eher alltägliche Situationen sein.

möglichen Resultat, wenn er sich kooperativ verhält, während der andere unkooperativ spielt. Beidseitige Kooperativität sei für beide das zweitbeste, beidseitige Unkooperativität sei für jeden das drittbeste Resultat. Die Situation der beiden Spieler kann daher z.B. durch die folgende Matrix dargestellt werden. Die Rangordnung der Resultate, die sich aus den vier möglichen Strategiekombinationen ergeben, werden durch natürliche Zahlen repräsentiert. Der jeweils linke Eintrag in einer Zelle gibt den Wert für den Zeilenspieler, der rechte den für Spaltenspieler.

(1)

	kooperativ		unkooperativ	
kooperativ	3	3	3	5
unkooperativ	5	3	1	1

Weiterhin wird vorausgesetzt, daß die beiden Spieler keine bindenden Vereinbarungen treffen können. Man kann sich nun klarmachen, daß gleichgültig, was der jeweils andere jeweils tut, für jeden Spieler die Wahl der unkooperativen Strategie gegenüber jeder möglichen Strategiewahl des jeweils anderen die höhere Auszahlung liefert. Eine Strategie, die einzige beste Antwort auf jede mögliche Strategie des Gegenspielers ist, nennt man (stark) dominant. Nimmt man nun an, daß rationale Spieler stark dominante Strategien spielen, dann ist die Strategienkombination, bei der beide Spieler unkooperativ spielen, die Lösung des Spiels. Diese Lösung des Spiels ist in gewissem Sinne aber eine Katastrophe für beide Spieler, denn für jeden der beiden ist die mit beidseitiger Kooperativität verbundene Auszahlung höher als die bei beidseitiger Unkooperativität. Das Spielresultat, das rationale Spieler herbeiführen, ist daher in dem Sinne suboptimal, daß ein alternatives Resultat existiert, das jeden Spieler besser stellt.

Um die Tragweite dieses Befundes für die hier behandelten Probleme abzuschätzen, müssen zwei Dinge berücksichtigt werden. Erstens scheint mir, daß wir die Spieltheorie als eine Explikation dessen auffassen sollten, was es heißt, unter Bedingungen strategischer Interdependenz relativ zu gegebenen Präferenzen rational zu entscheiden.[3] Unterstellen wir nun zweitens, daß die zugrundeliegenden Präferenzen egoistische Präferenzen sind, dann liegt es natürlich nahe, die so spezialisierte Theorie als eine Explikation dessen aufzufassen, was es heißt unter Bedingungen strategischer Interdependenz klug zu entscheiden.[4] Die Theorie würde uns zeigen, wie man sich unter dem Ge-

---

[3] Darstellungen der Spieltheorie geben z.B Luce&Raiffa (1957) und Harsanyi (1977). Für eine Einführung vgl. Binmore (1992). Hinsichtlich der Bedeutung der Spieltheorie für die Moralphilosophie vgl. Braithwaite (1963) und Gärdenfors (1981).

[4] Die Spieltheorie ist völlig neutral gegenüber Annahmen darüber, ob menschliche Präferenzen eher altruistisch, eher egoistisch oder gar ausgesprochen mißgünstig sind (wie es Hobbes an manchen Stellen anzunehmen scheint; vgl. dazu aber Schüßler in diesem Band.); die zugrunde liegenden Präfe-

sichtspunkt egoistischer Präferenzen am besten stellt, wenn man zusammen mit anderen in Situationen involviert ist, in denen jeder jeweils zwischen bestimmten alternativen Handlungen wählen kann, jeder eine nur beschränkte Kontrolle über die eintretenden Resultate hat, weil diese auch davon abhängen, welche Strategien die anderen einschlagen, die ebenfalls versuchen, sich unter dem Gesichtspunkt ihrer egoistischen Präferenzen so gut wie möglich zu stellen.

Akzeptiert man das gerade Ausgeführte, dann ist die Analyse des Gefangenendilemmas der Nachweis dafür, daß Klugheit eine böse Falle sein kann: Macht man die Annahme, daß sich in den oben angegebenen Auszahlungen für die verschiedenen Spielresultate selbstinteressierte, egoistische Präferenzen ausdrücken, und nennt man solche Spieler klug, die auf Basis selbstinteressierter Präferenzen im Sinne der Spieltheorie rational spielen, dann gibt es offenbar Situationen, in denen kluge Spieler die Vorteile gemeinsamer Kooperativität verschenken und rationalerweise in suboptimale Unkooperativität verfallen müssen. Die „invisible hand" Adam Smiths kann also versagen.

Soziale Gemeinschaften haben auf unterschiedliche Weise Gefangenendilemma-Situationen zu entschärfen verstanden, z.B. durch rechtliche Normierungen mit korrespondierenden Sanktionen, Einführung von Zwangsabgaben und die Einrichtung professioneller Überwachungs- und Erzwingungsstäbe. Zugleich springt aber geradezu ins Auge, daß der kategorische Imperativ bzw. verwandte Verallgemeinerbarkeitsprinzipien gerade in Gefangenendilemma-Situationen gute Dienste leisten könnten.[5] So erfordert es keine große Mühe (möglicherweise aber eine kleine Verdrehung), den kategorischen Imperativ so zu reformulieren, daß er in Gefangenendilemma-Situationen greift. Eine prominente Formulierung des kategorischen Imperativs lautet: „Handle nur nach derjenigen Maxime, durch die Du zugleich wollen kannst, daß sie ein allgemeines Gesetz werde" (GMS: 421). Es liegt nahe, diesen kategorischen Imperativ in der Terminologie der Spieltheorie so zu formulieren: Spiele eine Strategie, von der Du wollen kannst, daß alle Spieler ebenfalls eine dazu äquivalente Strategie aus ihrer Strategienmenge wählen!

Damit dieser Imperativ greift, muß die Wendung „wollen können" präzisiert werden. Kant hat in seinen vier Beispielen aus der Grundlegung recht unterschiedliche, nicht sehr präzise und auch fragwürdige Kriterien des Wollen-könnens verwandt. Ich möchte hinsichtlich des Wollen-könnens eine Annahme machen, die man möglicherweise als teleologische Umdeutung Kants, also evtl. als eine hermeneutische Sabotage ansehen könnte, die mir aber gleichwohl sachlich naheliegend zu sein scheint. Annehmen möchte ich nämlich, daß eine Strategiewahl aller Spieler jedenfalls nur dann gewollt werden

---

renzen könnten auch moralische Präferenzen sein. Man wird die Spieltheorie daher in moralphilosophischen Kontexten als ein neutrales Rekonstruktionsinstrument ansehen können.

5 So haben z.B. Rapoport (1960: 369 f., Anm. 51), Sen (1974: 56), Ullmann-Margalit (1977: 55) und Kliemt (1986: 181ff.) den kategorischen Imperativ bzw. verwandte Verallgemeinerbarkeitsprinzipien in einen Zusammenhang mit Gefangenendilemma-Situationen gebracht.

kann, wenn zu dem dadurch eintretenden Spielresultat keine Alternative existiert, die jeden besser stellen würde.[6] Die Spieler stehen nun gerade vor der Wahl zwischen der kooperativen und der unkooperativen Strategie. Da die unkooperative Strategie diejenige ist, die, wird sie von allen gespielt, zu einem suboptimalen Resultat führt, während die durchgängige Wahl der kooperativen Strategie ein optimales Resultat ergibt, läuft der so reformulierte kategorische Imperativ schlicht auf die Forderung hinaus, kooperativ zu spielen. Nennt man weiterhin solche Strategien verallgemeinerbar, die dem in meinem Sinne verstandenen kategorischen Imperativ genügen, dann wird es beweisbar, daß die verallgemeinerbaren Strategien genau die kooperativen Strategien sind.

Insgesamt ergibt sich aus den bisherigen Überlegungen das folgende Resultat: In Gefangenendilemma-Situationen müssen Spieler, die klug sind, die Vorteile gemeinsamer Kooperativität verschenken. Lassen sich alle Spieler jedoch vom kategorischen Imperativ leiten, wählen sie also verallgemeinerbare Strategien, dann können sie kooperative Resultate herbeiführen. Durch ein kooperatives Resultat wird dabei jeder unter dem Gesichtspunkt seiner egoistischen Präferenzen gegenüber jenem Resultat bessergestellt, das für kluge Spieler einzig erreichbar ist. Moralität aller kann sich also auszahlen, denn sie kann jeden besser stellen. Ganz ähnlich wie es z.B. Mackie (1977: 244), Sen (1974), Baier (1958:287), Warnock (1971: 26) u.a. betont haben, könnte man also sagen: Es gibt Situationen, in denen es für jeden vorteilhaft ist, wenn niemand auf seinen unmittelbaren Vorteil schielt. Moral kann also eine Art ‚List der Vernunft' sein.[7]

---

[6] Daß dies keine Annahme ist, die Kant völlig fremd wäre, sieht man daran, daß er den Maximentest einmal so formuliert: „Würde ich wohl damit *zufrieden* (Hervorhebung durch R.H.) sein, daß meine Maxime .... als ein allgemeines Gesetz (sowohl für mich als andere) gelten solle..."(GMS: 403).

[7] An dieser Stelle ist auf ein ernstes Nachfolgeproblem aufmerksam zu machen: Die kooperative Lösung eines Gefangenendilemmas kann darin bestehen, daß alle durch Nichtbetreten eines Rasens zum Entstehen einer ästhetischen Ressource beitragen. Die kooperative Lösung kann aber auch auf die Kooperativität einer Gangsterbande hinauslaufen. Der Effizienzgewinn, den diese Bande durch ‚Moralität' realisieren könnte, ginge vermutlich zu Lasten Dritter. (Vgl. in diesem Zusammenhang auch Zintl in diesem Band.) Will man ausschließen, daß auch diese Form von Kooperativität als Moralität gilt, so könnte man sich auf Gefangenendilemma-Situationen beschränken, in denen Kooperativität jedenfalls keine negativen Effekte für nicht am Spiel Beteiligte hat. Eine solche Restriktion findet sich bei Ullmann-Margalit (1977: 42). Verzichtet man auf eine solche Beschränkung, sollte man im Auge behalten, daß Verallgemeinerbarkeit auf eine Gruppenmoral hinauslaufen kann, deren Funktionieren für Dritte wenig wünschenswert ist. Könnte man daher zeigen, daß es unter gewissen Bedingungen klug ist, moralisch zu sein, dann wären die potentiellen Opfer dieser Moralität gut beraten, dafür zu sorgen, daß diese Bedingungen gerade nicht erfüllt sind. – Mackie gibt übrigens den Rat, die Gangstermoral zum Ausgangspunkt zu nehmen, um dann von ihr aus ein Verständnis dessen zu gewinnen, was wir üblicherweise die Moral nennen (Mackie 1977: 9).

3. *Verallgemeinerbarkeit innerhalb der Grenzen bloßer Klugheit*

Es liegt nahe, an dieser Stelle die Überlegungen zum Motivationsproblem wieder aufzunehmen und nun zu fragen: Wenn einerseits Klugheit eine so böse Falle sein kann und andererseits jeder besser gestellt werden kann, wenn sich in Situationen von der Struktur eines Gefangenendilemmas jeder in seinen Strategiewahlen vom kategorischen Imperativ leiten ließe, ist das denn nicht Motiv genug, Klugheitsgrundsätze aufzugeben und das Verallgemeinerbarkeitsprinzip zum Prinzip seiner Wahlen zu machen? Die Antwort darauf scheint sein zu müssen: „Leider nein!".

Warum? Im Grunde sind wir unversehens in ein Spiel geraten, in dem es darum geht, ob wir in Gefangenendilemma-Situationen nach Klugheitsgrundsätzen oder aber gemäß dem kategorischen Imperativ unsere Entscheidungen treffen wollen. Wir können es als ein gestuftes Spiel ansehen, ich möchte es Moralspiel nennen, in dem zunächst zwei Wahl- oder Lebensstrategien ihrerseits zur Wahl stehen, nämlich die Strategie „Verallgemeinerbarkeit" und die Strategie „Klugheit". Je nach der auf dieser Ebene getroffenen Strategiewahl regiert dann entweder Klugheit oder Verallgemeinerbarkeit die nachfolgende Strategiewahl in einem zugrundeliegenden Gefangenendilemma. Nach den früheren Überlegungen steht dabei fest, daß derjenige, der die Strategie „Verallgemeinerbarkeit" wählt, kooperativ spielt; wer sich hingegen für die Anwendung von Klugheitsgrundsätzen entscheidet, spielt im Anschluß unkooperativ. Man kann dieses Spiel also etwa so charakterisieren:

(2)

		Verallgemeinerbarkeit ⇓ kooperativ		Klugheit ⇓ unkooperativ	
Verallgemeinerbarkeit ⇒	kooperativ	3	3	3	5
Klugheit ⇒	unkooperativ	5	3	1	1

Wäre es nun im Sinne einer Klugheit 2. Stufe klug, die Anwendung von Klugheitsgrundsätzen in Gefangenendilemma-Situationen aufzugeben und statt dessen den Verallgemeinerbarkeitsgrundsatz anzuwenden? Offensichtlich nicht, und zwar deshalb nicht, weil das so entstehende Moralspiel selber auch wieder ein Gefangenendilemma ist! Gleichgültig nämlich, ob der jeweils andere sich für Verallgemeinerbarkeit oder aber für Klugheit entscheidet, die einzige beste Antwort darauf ist immer die eigene Klugheit. Rationale Egoisten werden sich daher für die Klugheit und gegen die Verallgemeinerbarkeit entscheiden – und sich eben dadurch unter egoistischem Gesichtspunkt schlechter stellen als sie gestellt wären, wenn sie sich gemeinschaftlich zu einer durch den kategorischen Imperativ regierten Lebensform hätten entschließen können. Es ist die traurige, triviale, aber eben nicht unwichtige Lektion, die der Analyse von Gefangenendilemma-Situationen entnommen werden kann, daß die einzig erreichbare Lösung eines Spiels ein Resultat sein kann, zu dem Alternativen existieren, die jeden besser gestellt hätten, aber gleichwohl unerreichbar sind. Dies wiederum hat eine häufig übersehene Konsequenz: Natürlich ziehen rationale Egoisten einen Zustand, in dem sich jeder vom kategorischen Imperativ leiten ließe, einem Zustand vor, in dem die Klugheit regiert. Gleichwohl: Daß die moralische Lösung einer Situation in dem Sinne im Interesse aller liegt, daß bei Moralität aller jeder gewinnen würde, kann für selbstinteressierte und strategisch rationale Individuen kein Motiv sein, sich an einer moralischen Lösung zu beteiligen. Den Ruin der rationalen Egoisten führt herbei, daß sie der daraus resultierenden Verführung erliegen, daß die Moralität aller für jeden nur die zweitbeste, Moralität der anderen bei eigener Unmoralität hingegen für jeden die beste Lösung wäre.

Ganz andere Ergebnisse erhält man jedoch dann, wenn man eine Annahme aufgibt, die wir bisher gemacht haben, nämlich die, daß unser Spiel mit seinen Strategiealternativen verallgemeinerbar-kooperativ versus klug-unkooperativ nur einmal gespielt wird. Es ist aber häufiger so, daß sich die gleichen Interaktionspartner wiederholt in Gefangenendilemma-Situationen verstrickt finden. So leben z.B. viele in sozialen Gruppen, in denen für jeden täglich gewisse lästige Gemeinschaftsaufgaben anfallen, deren Erledigung sich jeder lieber entzieht, deren allgemeine Nichterledigung aber für jeden unerträglich ist. Will man solche wiederholten Situationen untersuchen, dann bietet sich an, Folgen von Spielen, also sog. Superspiele zu betrachten. Die konstituierenden Spiele, deren Folge das Superspiel ausmacht, seien Spiele wie durch (2) charakterisiert. Hinsichtlich der Länge des Superspiels sei vorausgesetzt, daß es jeweils eine konstante, positive Wahrscheinlichkeit α dafür gibt, daß das jeweilige Spiel nicht das letzte ist. Vom Effekt her läuft diese Annahme u.a. darauf hinaus, daß das Ende des Superspiels ungewiß wird. α könnte man als ein Maß für die Stabilität der Interaktion ansprechen.

In dem Superspiel verfügen die Spieler über sog. Superspielstrategien, die für jedes einfache, konstitutierende Spiel angeben, ob dort klug oder verallgemeinerbar entschieden wird. Eine Superspielstrategie wäre also z.B.: „Entscheide Dich in jedem konstituierenden Spiel nach Klugheitskriterien, spiele also unkooperativ". Eine andere Superspielstrategie könnte sein: „Wähle in jedem konstituierenden Spiel mach Verallgemeinerbarkeitsgesichtspunkten, spiele also kooperativ". Eine charakteristische Gemeinsamkeit der beiden gerade skizzierten Superspielstrategien ist, daß sie die eigene Strategiewahl nicht abhängig machen davon, wie die Gegenspieler sich in vergangenen Interaktionsperioden verhielten. Genau das aber könnte man in Superspielen dann tun, wenn man die bisherige Spielgeschichte kennt. Eine sehr naheliegende bedingte Superspielstrategie könnte dabei sein: „Stelle Dich im ersten Spiel auf den Standpunkt der Verallgemeinerbarkeit und tue im jeweils folgenden Spiel immer genau das, was Deine Gegenspieler im letzten Spiel taten". Diese Strategie, auch unter dem Namen TIT-FOR-TAT-Strategie bekannt, beginnt niemals mit einer nicht-verallgemeinerbaren Strategiewahl, beantwortet aber jede klug-unkooperative Strategiewahl eines anderen dadurch, daß der Standpunkt der Moral aufgegeben und der der Klugheit eingenommen wird. Unversöhnlich ist die TIT-FOR-TAT-Strategie dabei nicht: Nimmt der Gegenspieler wieder den Standpunkt der Verallgemeinerbarkeit ein, dann würde ein TIT-FOR-TAT-Spieler das im Anschluß auch wieder tun. Eine ebenfalls bedingte, aber völlig unversöhnliche Superspielstrategie wäre die, zunächst verallgemeinerbar zu spielen, auf die erste Unkooperativität des Gegenspielers hin sich jedoch für alles weitere auf den Standpunkt der Klugheit zu stellen.

Die Superspielstrategien zweier Spieler legen fest, wie sie sich in allen konstituierenden Spielen verhalten. Damit liegt auch fest, welche Auszahlungen sich für die Spieler in den konstituierenden Spielen ergeben und es liegt insgesamt nahe, die mit einer Kombination von Superspielstrategien verbundene Auszahlung mit einer gewichteten Summe der Auszahlungen in den konstituierenden Spielen zu identifizieren. Es bietet sich dabei an, den Payoff einer Periode t mit der Wahrscheinlichkeit, diese Periode überhaupt zu erreichen, zu gewichten. Es würde also α^t $(0 < \alpha < 1)$ zum Gewichtungsfaktor der Auszahlungen in der Periode t. Der Gegenwartswert sehr weit in der Zukunft liegender Auszahlungen sinkt daher gegen Null. Bei einer solchen exponentiellen Abdiskontierung zukünftiger Auszahlungen ergibt sich der wünschenswerte Effekt, daß die Superspielauszahlungen gegen einen endlichen Wert konvergieren. α kann man auch als Diskontparameter ansprechen; in ihm drückt sich das Gewicht aus, das die Zukunft für einen Spieler hat.

Wendet man die Resultate der spieltheoretischen Arbeiten etwa von Taylor (1976), Friedman (1977) und Axelrod (1984) auf das hier betrachtete Superspiel an, dann ergibt sich als zentrales Resultat: Unter gewissen Bedingungen ist es durchaus möglich, daß rationale und selbstinteressierte Spieler in jedem konstituierenden Spiel verallgemeinerbar, also kooperativ wählen. Dieser Zustand ist allerdings nur auf Basis bedingter Superspielstrategien erreichbar. Sie machen es nämlich möglich, für eine kluge und unkooperative Strategiewahl des jeweils anderen im Anschluß Vergeltung zu üben – und dies kann jeder bereits vorab antizipieren. Bedingte Superspielstrategien schaffen also Sanktionsmöglichkeiten. Damit die Drohung, in einer zukünftigen Spielperiode für eine nicht verallgemeinerbare Strategiewahl Vergeltung zu üben, ihre segensreiche Wirkung entfalten kann, muß es allerdings hinreichend wahrscheinlich sein, daß es die weitere Spielperiode, in der Vergeltung geübt werden könnte, überhaupt gibt. Zugleich muß eine zukünftige Vergeltung des anderen bereits in der Gegenwart so stark ins Gewicht fallen, daß sie die kurzfristigen Vorteile einseitiger Unkooperativität kompensiert.[8] Rationale Egoisten würden sich hingegen niemals bedingungslos auf den Standpunkt der

[8] Axelrod spricht in diesem Zusammenhang davon, daß „die Zukunft ... einen Schatten auf die Gegenwart zurückwerfen und dadurch die aktuelle strategische Situation beeinflussen" kann (1984: 11).

Verallgemeinerbarkeit einlassen, sondern würden Superspielstrategien folgen, die vorsehen, für den Fall, daß der andere sich von Klugheitskriterien leiten läßt, die Anwendung des Verallgemeinerbarkeitsgrundsatzes aufzugeben, um zur Anwendung von Klugheitsgrundsätzen zurückzukehren. Andernfalls begibt man sich der Möglichkeit zur Vergeltung, während man zugleich zur Ausbeutung einlädt.

Es kann also Bedingungen geben, unter denen rationale und egoistische Spieler Superspielstrategien wählen, die in jedem konstituierenden Spiel zur Anwendung des kategorischen Imperativs führen. Dieses Resultat ergibt sich dabei im Rahmen einer recht gut ausgearbeiteten und sehr präzisen Theorie. Sie dürfte die beste Explikation strategisch rationalen Verhaltens sein, über die wir überhaupt verfügen.[9]

Im Sinne eines zweiten moralphilosophischen Lemmas will ich festhalten: Es kann(!) durchaus im rational verfolgten Eigeninteresse liegen, also klug sein, sich auf den Standpunkt der Moral zu stellen. Für solche Situationen, in denen das der Fall ist, könnte man in diesem Nachweis zugleich eine Lösung des Motivationsproblems sehen.

Es gibt allerdings mindestens zwei Einschränkungen und Relativierungen dieses Resultats:

(a) Die Existenz von Superspielgleichgewichten, die im iterierten Spiel auf durchgängige Kooperation in den Basisspielen hinauslaufen, hängt davon ab, daß die Wahrscheinlichkeit eines nächsten Spiels hinreichend hoch ist. Wie hoch sie sein muß, hängt von den Payoffs des Basisspiels ab, und sie wächst ceteris paribus mit dem Gewinn aus einseitiger Defektion. Umgekehrt heißt das, daß für eine gegebene Stabilitätswahrscheinlichkeit $\alpha < 1$ immer PD-spiele mit einer Auszahlungsstruktur existieren, die nicht kooperativ gelöst werden können.

(b) Selbst wenn die Stabilitätswahrscheinlichkeit hinreichend hoch ist, um Superspielgleichgewichte, die im iterierten Spiel auf durchgängige Kooperati-

---

9 Man könnte auch ein Moralspiel konzipieren, in dem es darum geht, ein PD-Spiel entweder auf Basis der egoistischen oder aber auf Basis moralischer Präferenzen zu spielen. Ginge man von moralischen Präferenzen aus, die Kooperation zur dominanten Strategie machen, könnte man von kantischen Präferenzen sprechen. Auch für dieses Spiel ergäbe sich, daß rationale Spieler im Falle der Iteration des Spiels unter bestimmten Bedingungen in jedem konstituierenden Spiel moralische Präferenzen zugrunde legen. – Ein anderes Moralspiel wird in der Arbeit Hegselmann/Raub/Voss (1986) analysiert. Im Hinblick auf ein zugrunde liegendes Gefangenendilemma stehen den Spielern eine Reihe alternativer Präferenzordnungen über den möglichen Spielresultaten als Strategien zur Verfügung. Eine dieser Präferenzordnungen ist die egoistische Bewertung, die das Dilemma überhaupt entstehen läßt. Die anderen Präferenzordnungen weichen von der egoistischen Bewertung ab und können als moralische Präferenzordnungen angesprochen werden. Unter den in dieser Arbeit gemachten Voraussetzungen ergibt sich, daß die Spieler moralische Präferenzen wählen, die auch ohne Iteration zu kooperativem Verhalten führen. Erstens ist allerdings zu beachten, daß das zugrunde liegende Spiel damit kein Gefangenendilemma mehr ist. Zweitens werden in der Sache viel zu weitgehende Selbstbindungsmöglichkeiten unterstellt.

on in den Basisspielen hinauslaufen, möglich zu machen, bleibt als Problem, daß daneben zahllose weitere Superspielgleichgewichte existieren.[10] Darunter sind solche, die zwar erstens pareto-optimal sind und die Spieler daher auch besser stellen als sie bei beidseitiger Defektion gestellt wären. Zugleich aber stellen sie zweitens die Spieler unterschiedlich gut. Es könnte z.B. sein, daß ein Gleichgewicht darin besteht, daß Spieler 1 nur jedes fünfte Spiel kooperiert, während Spieler 2 durchgängig kooperiert. Dies kann eine beste Antwort von Spieler 1 auf Spieler 2 sein, falls der bei der ersten Defektion von Spieler 2 mit ewiger Defektion antworten würde. Allgemeiner: In iterierten Spielen existieren zahllose Gleichgewichte, die insgesamt zu einem nicht trivialen Gleichgewichtsauswahlproblem führen.[11] Für die oben vorgetragene Argumentation ist dies deshalb brisant, weil dann unter rationalen Spielern im Prinzip auch viel weniger „faire" Lösungen realisiert werden könnten. Zu fragen wäre, ob nicht bestimmte evolutionäre Dynamiken zur Koordination auf ein mehr oder weniger „faires" Gleichgewicht führen können (vgl. Binmore: 1994).

4. Ist Moral nur eine Reaktion auf Fallen der Klugheit ?

Ausgangspunkt der Überlegungen waren Situationen, in denen Klugheit eine Falle ist und Moralität aller jeden besser stellt. Ist damit – so wäre nun allerdings zu fragen – Intention, Aufgabe, Bereich und Effekt der Moral bereits korrekt und – vor allem – vollständig identifiziert? Daß die Moral – oder jedenfalls ihr reflexionsstabiler Kern – auf genau solche Situationen zugeschnitten sei, in denen, würde sie von allen befolgt, jeder gegenüber einem moralfreien Zustand besser gestellt werden könnte und in gewissem Sinne daher auch „im Interesse eines jeden" läge, wird von vielen gemeint. So scheint z.B. K. Baier in „The moral point of view" einen solchen Standpunkt zu vertreten. Daß Moral ausschließlich eine Reaktion auf suboptimale Konsequenzen bloßer Klugheit sei und auch nichts anderes sein dürfe, ist ebenfalls eine der zentralen Thesen, die D. Gauthier in seinem einflußreichen Buch „Morals by Agreement" aufgestellt hat.[12] Aber bestehen moralische Forderungen wirklich nur im Hinblick auf Situationen, in denen jeder „schlecht dran" ist, wenn jeder strategisch rational seinen egoistischen Präferenzen

---

[10] Vgl. die sog. Folk-Theoreme der Spieltheorie z.B. in Holler & Illing (1993: 147ff.).

[11] Vor diesem Hintergrund hat Binmore (1994) die Idee ausgearbeitet, Moralprinzipien als ein Koordinierungsinstrument angesichts von Gleichgewichtsauswahlproblemen aufzufassen.

[12] Er schreibt dort z.B: „Morality , as a system of rationally required constraints, is possible if the constraints are generated simply by the understanding that they make possible the more effective realization of one's interests ..." (Gauthier 1986: 103; vgl. 93). Für eine Kritik vgl. Hegselmann (1989).

folgt?[13] Gibt es „moralische Lösungen" nur für Situationen, die kluge Spieler bzw. rationale Egoisten nicht optimal bewältigen können?

Diese Frage zu bejahen, läuft auf die Behauptung hinaus, daß Spiele bzw. Situationen, deren Lösung für rationale und selbstinteressierte Akteure in einem Resultat besteht, zu dem keine Alternative existiert, die jeden besser stellt, moralisch 'in Ordnung sind'. Pareto-Optimalität wäre demnach ein Garant für ein moralisches „Nihil obstat".

Eine solche Sicht ist unter Ökonomen u.a. in Reaktion auf die bekannten Schwierigkeiten eines intersubjektiven Nutzenvergleichs weit verbreitet[14]; sie findet sich aber auch in vielen moralphilosophischen Konzeptionen, und zwar teils auf, teils zwischen den Zeilen. Gleichwohl: Diese Sicht ist nicht unproblematisch, denn viele haben damit völlig unvereinbare Moralbegriffe und moralische Intuitionen. So meinen nicht wenige, daß die moralische Lösung einer Situation durchaus darauf hinauslaufen könne, daß einige, und zwar insbesondere sehr gut Gestellte, schlechter gestellt werden, um andere, insbesondere sehr schlecht Gestellte, besser zu stellen.[15] Wenn die dabei erfolgende Umverteilung unter Berücksichtigung aller Umstände nicht nur kurz-, sondern auch langfristig strikt redistributiv wirkt, dann kann es für die durch die moralische Lösung Schlechtergestellten nicht klug sein, sich auf eine solche Umverteilungen einzulassen. So ist z.B. schwer zu sehen, wie man auf Basis bloßen Selbstinteresses und unter Verwendung plausibler(!) Annahmen zur Einhaltung von Verpflichtungen motiviert sein sollte, die nach dem Urteil vieler gegenüber Wesen bestehen, die zwar leidens-, aber sicher nicht vergeltungsfähig sind. Nach der Überzeugung vieler haben wir moralische Verpflichtungen gegenüber zukünftig Geborenen, mit denen wir heute Lebenden jedoch weder kooperieren noch überhaupt interagieren werden. In einem normativethischen Kapitel diskutiert auch Gauthier, dem es erklärtermaßen um eine Moral innerhalb der Grenzen bloßer Klugheit geht, dieses Problem. Auf einen Ressourcen-Raubbau zu verzichten, ergebe sich – so sein Argument – aus der übergreifenden, nicht-diskreten Generationenfolge, die jeden dazu zwinge, sowohl mit Älteren wie mit Jüngeren zu interagieren (vgl. Gauthier 1986:

13 Im Rahmen der Klärung der damit aufgeworfenen Frage ist zunächst darauf hinzuweisen, daß sicherlich nicht jede Situation, die von rationalen und selbstinteressierten Spielern nicht optimal bewältigt werden kann, eine Situation ist, in der nach üblicher Auffassung moralische Überlegungen greifen könnten. Für eine allgemeine Charakterisierung von Situationen mit ineffizienten Lösungen vgl. Harsanyi (1977: 278-280); Voss (1985: 122-134). Unter problematischen Situationen – vgl. für diesen Begriff Raub/Voss (1986) – sind nämlich z.B. auch solche, in denen es um die Lösung bloßer Koordinationsprobleme geht, also um Entscheidungen etwa von der Art „Rechtsverkehr oder Linksverkehr". Hier besteht zwar ein Regelungbedarf, wichtig ist aber lediglich, daß überhaupt eine Regelung gefunden wird. Offensichtlich ist also nicht jede Situation, die für kluge Spieler problematisch ist, auch moralisch bedeutsam.

14 Für eine Kritik vgl. Sen (1987).

15 So würden die wenigsten von uns meinen, was Gauthier meint: „The rich man may feast on caviar and champagne, while the poor woman starves at his gate. And she may not even take the crumbs from his table, if that would deprive him of his pleasure in feeding them to his birds" (Gauthier 1986: 218).

298ff.). Aber reicht das hin? Es ließen sich leicht Konstellationen denken, in denen das für alle gegenwärtig Lebenden – gleich welcher Generation – optimale Resultat zugleich auf ein Desaster ferner Generationen hinausliefe. Für viele wäre das ein Grund, das optimale Resultat für moralisch bedenklich zu halten.

In einem dritten moralphilosophischen Lemma möchte ich daher festhalten: Nach Überzeugung vieler gibt es Situationen, deren moralische Lösung jedenfalls für einige darauf hinausliefe, etwas zu tun oder hinzunehmen, was für sie sicher nicht klug wäre.

5. Das Dilemma der Moralphilosophie

Mein erstes moralphilosophisches Lemma besagte: Je weiter eine moralphilosophische Konzeption das, was in ihrem Rahmen die Moralität ausmacht, von den faktischen Interessen und Neigungen der Individuen löst, um so schwieriger wird es für sie sein, eine plausible Lösung des Motivationsproblems anzugeben. Zusammen führen das erste und dritte Lemma nun unmittelbar in ein Dilemma, das – wie ich denke – für die Moralphilosophie zentral ist und in etwa so formuliert werden kann: Eine moralphilosophische Konzeption, die allen unseren moralischen Intuitionen gerecht würde, wird es zugleich sehr, sehr schwer haben, das Motivationsproblem zu lösen.[16]

Müssen wir angesichts dieses Dilemmas resignieren – ähnlich wie Kant es vor einem der Sache nach sehr verwandten Problem tat?[17] Bevor man dies tut, ist es den Versuch wert, nach Möglichkeiten einer Auflösung des Dilemmas zu suchen. Da das Dilemma im Kern darauf hinausläuft, daß – wie es scheint – für eine Reihe moralischer Intuitionen keine korrespondierenden Motivationen sichtbar sind, würde das Dilemma in dem Maße an Brisanz verlieren, wie es gelänge, die moralischen Intuitionen und die Motivationen zu Moralität einander anzunähern. Eine erste Strategie – sie setzt an den Motivationen an – könnte also in dem Nachweis bestehen, daß die Individuen faktisch nicht nur selbstinteressierte, egoistische Präferenzen haben. Im Rahmen einer zweiten Strategie – sie würde auf Seiten der Intuitionen ansetzen – könnte man zu zeigen versuchen, daß gerade der überschießende Teil der moralischen Intuitionen nicht ganz so Ernst zu nehmen ist.

---

16 Vor dem Hintergrund dieses Dilemmas wird leicht verständlich, daß sich bestimmte Stärken und Schwächen moralphilosophischer Konzeptionen bemerkenswert komplementär verhalten: Es ist aufschlußreich, daß diejenige moralphilosophische Konzeption, innerhalb derer es am leichtesten fällt, unseren unmittelbaren moralischen Intuitionen gerecht zu werden, nämlich der Intuitionismus, zugleich diejenige Konzeption ist, für die die Lösung des Motivationsproblems nahezu aussichtslos erscheint.

17 Mir scheint dieses Dilemma sozusagen die metaphysikfreie, säkulare Variante jenes Dilemmas zu sein, vor das sich Kant im Zusammenhang der Frage „Wie kann reine Vernunft praktisch sein?" gestellt sah.

Zunächst zur ersten Strategie. Was unsere motivationale und emotionale Struktur betrifft, so ist den allermeisten ein gewisses Mitleid, Mitgefühl und ein Wohlwollen nicht völlig fremd, wenngleich diese Gefühle individuell und situativ sehr unterschiedlich stark ausgeprägt sind. Nähmen wir in der Tradition Humes, Smiths und vieler anderer daher eine gewisse natürliche, wenngleich auch stark nahbereichsorientierte Empathie, Sympathie und Benevolenz an, dann ließe sich die Kluft zwischen Motivation und moralischer Intuition für soziale Nahbereiche ein Stück weit schließen.

Die Frage, wieso es altruistische Komponenten unserer Präferenzen überhaupt geben könne, ließe sich dabei mit dem Hinweis auf evolutionsbiologische Theorien beantworten: Ist – wie in diesen Theorien behauptet – der evolutionäre Maximand weder die Lebenszeit noch das Lebensglück und nicht einmal das individuelle Überleben, sondern lediglich der genetische Reproduktionserfolg, dann würden sich leicht Gene ausbreiten können, die zu einem gewissen Altruismus disponieren, sofern dies den relativen genetischen Reproduktionserfolg erhöht. Zugleich würde die Nahbereichsorientierung verständlich: Unter den direkten oder indirekten Nutznießer altruistischer Dispositionen müssen genetisch Nahestehende sein, was zwar altruistische Akte gegenüber genetisch Fernstehenden nicht ausschließt, aber an erwartbare mittelbare Effekte für genetisch Nahestehende bindet (vgl. Alexander 1987). Ebenso könnte man über einen leicht in die Irre führbaren Mechanismus der Verwandten-Erkennung spekulieren, der uns jeden sozial Nahestehenden wie einen genetischen Verwandten behandeln läßt, mit dem Effekt, daß Altruismus zwar nahbereichsorientiert, nicht aber auf genetische Verwandte begrenzt wäre. – Wie auch immer im einzelnen, es könnte jedenfalls durchaus eine naturgeschichtlich-genetische Stütze für altruistische Dispositionen geben.

Um die Kluft zwischen Motivation und moralischer Intuition zu schließen, kann man auch – der zweiten Strategie folgend – an den Intuitionen rütteln. Dies geschieht häufig so, daß der Hiat auf eine Weise erklärt wird, die die überschießenden Intuitionen in einem ganz anderen Licht erscheinen läßt. Drei solcher Erklärungen mit die Intuitionen zersetzendem Effekt möchte ich skizzieren.

(a) Man könnte erstens behaupten, unsere moralischen Intuitionen seien teilweise (oder auch insgesamt) Resultate von Sozialisierungs- und Internalisierungsprozessen, die nur innerhalb eines heute nicht mehr akzeptablen Welt- und Gesellschaftsverständnisses sinnvoll gewesen seien, jedoch im Rahmen einer erklärbaren Tradierungsdynamik immer noch (allerdings möglicherweise mit Abschwächungseffekten) weitergegeben würden. – Die moralischen Intuitionen wären also jedenfalls zum Teil erklärbare Illusionen. So argumentierend würde man sich in den Fußstapfen von G.E.M. Anscombe (vgl. 1958) bewegen.

(b) Zweitens könnte man kann sagen, Moral sei der institutionellen Genese nach ein Kleingruppenphänomen und überfordere dort normalerweise auch nicht die individuelle motivationale Basis. In immer größeren Gemeinschaften lebend, erweitern wir jedoch den Anwendungsbereich moralischer Vorschriften und Prinzipien auf immer größere Gruppen bis hin zu einem Punkt, wo die gesamte Menschheit, möglicherweise sogar inklusive ihrer zukünftigen Mitglieder, eingeschlossen ist, und stehen mittlerweile sogar im Begriffe auch darüber noch hinauszugehen und alle schmerzempfindlichen Wesen überhaupt einzuschließen. Damit aber – so würde dann durch dieses Argument weiter behauptet – extrapolieren wir den Anwendungs- und Geltungsbereich moralischer Prinzipien und Vorschriften weit über jene Grenzen hinaus, bis zu denen die motivationale Basis trägt. Mit unseren überschießenden moralischen Intuitionen würden wir also gewissermaßen Opfer einer überzogenen Extrapolation. Ein solches Argument würde anknüpfen an Thesen, wie sie z.B. Arnold Gehlen (vgl. 1969) vertrat.

(c) Ein drittes Argument geht direkt an die Substanz unseres moralischen Selbstverständnisses. Es geht auf den Evolutionsbiologen Richard D. Alexander zurück und besagt im Kern, daß durch das evolutionsbiologisch leicht erklärbare Faktum eines begrenzten (Oberflächen-) Altruismus die Kluft zwischen Motivation und moralischer Intuition bei weitem nicht geschlossen werden könne. Die bleibende Differenz sei jedoch lediglich ein trickreiches Täuschungsmanöver, mit dem wir sowohl andere als auch uns selbst über unsere eigentliche Natur hinters Licht führen. Ein struktureller Anreiz, die anderen zu täuschen, entstehe nämlich dadurch, daß eine Reputation für (genotypisch) selbstinteressiertes Verhalten aus dem so Angesehenen einen unzuverlässigen Interaktionspartner mache (vgl. Alexander 1987: 120) – und das könne sehr schädlich sein.[18] Sich darüber hinaus auch noch selbst über sich zu täuschen, habe den Vorteil, im Anschluß glaubwürdiger den spielen zu können, der man nicht ist. Substantiell, d.h. genotypisch altruistische Verhaltensdispositionen werde es hin und wieder geben, sie seien aber evolutionäre Fehler und die natürliche Selektion werde solche Mutanten eher über kurz als über lang eliminieren. – Auf der Linie dieses Arguments wäre also eine eben-

[18] Alexander schreibt: „One way of avoiding the impression that this might be so is to deny that hedonism or self-interest could possibly be a reasonable creed. Another is to believe sincerely that one is not self-interested. We see in these arguments a reason for promoting an ideally moral model of society that carries benefits for the promotor: it is a way of assisting others to believe that we are more moral than we are" (Alexander 1987: 120; vgl. 152f.). In dieser Perspektive wird das Eintreten für eine universalistische Moral zu einer image-pflegerischen Maßnahme im Rahmen einer von nepotistischen Interessen geleiteten Reputationspolitik. Aus einer solchen Sicht heraus weist Alexander auch das Argument Singers zurück, nach dem z.B. das Blutspendeverhalten im Rahmen des britischen Gesundheitsdienstes einen substantiell altruistischen Zug in der menschlichen Natur offenbare (vgl. Alexander 1987: 157ff.). – Im Zusammenhang einer Kritik an Brandt, Baier, Frankena und deren Verständnis von Moralität als substantiell nicht-egoistisch heißt es: „Assuming that morality has to be self-sacrificing is what has led moral philosophers into their worst intellectual quagmires" (Alexander 1987: 151; vgl. 161).

so profitable wie täuschende Reputation bzw. eine chancenlose Mutation das Geheimnis der überschießenden moralischen Intuitionen.

Daß von den hier angedeuteten Erklärungsversuchen nach der Art ‚erklärbare Illusion', ‚überzogene Extrapolation', ‚chancenlose Mutation' und ‚profitable Reputation' starke Ernüchterungseffekte ausgehen und der letzte Erklärungsversuch sogar die Möglichkeit moralischer Integrität[19] überhaupt bedroht, kann natürlich kein Grund sein, sie abzulehnen. Es gibt allerdings gute Gründe, sie allesamt mit Vorsicht zu behandeln.[20]

Was zunächst das Argument von der erklärbaren Illusion betrifft, so hängt seine Triftigkeit entscheidend von der Möglichkeit, den Chancen und der Reichweite des Projekts einer säkularen Moral bzw. den Wegen, auf denen Individuen sie sich zu eigen machen könnten, ab. Im Zusammenhang des Projekts „Ethik ohne Metaphysik" – so ein programmatischer Buchtitel Patzigs (1971) – ist das letzte Wort aber sicher noch nicht gesprochen.

Das Argument von der täuschenden Reputation scheint mir abwegig zu sein, und zwar aus ziemlich deprimierenden Gründen, die zugleich in gewissem Umfang das Argument von der überzogenen Extrapolation stützen: Mir scheint, daß wir faktisch um so weniger von jemandem erwarten, daß er im Sinne seiner möglicherweise auch öffentlich bekundeten, moralischen Überzeugungen handelt, je weiter das, was er danach zu tun hätte, über das hinausgeht, was von einem Wesen mit Nahbereichsaltruismus erwartet werden kann. Wer Beispiele für solche Phänomene sucht, findet sie z.B. (aber nicht nur) im Bereich der unterlassenen Notfallhilfe für Fernstehende. Wir sehen es uns wechselseitig nach und das heißt vor allem: niemand verliert in den Augen der anderen oder vor sich selbst die moralische Integrität, wenn er in solchen Bereichen nicht tut, was tun zu sollen er durchaus meint. Wir nehmen dann den Standpunkt des „Eigentlich müßte man..." ein, und tun im übrigen – und das scheint mir moralphänomenologisch so bemerkenswert – guten(!) Gewissens nicht, was man eben eigentlich tun müßte. Und schlimmer noch: Es kann sogar geschehen, daß wir es als eine moralisch verwerfliche(!) Zumutung empfinden, zu etwas gedrängt zu werden, das nach eigener Überzeugung, aber eben wieder nur ‚eigentlich' zu tun wäre.[21] Es ist in solchen Fällen so, als ob wir den „Ultra posse nemo obligatur"-Grundsatz auf unsere moralischen Überzeugungen anwendeten, dann die motivationale Überforderung, also ein Nicht-Können, diagnostizierten und uns im Anschluß davon entbänden, ge-

---

19 Vorausgesetzt natürlich, daß andere nicht zu täuschen, conditio sine qua non moralischer Integrität ist.

20 Es gäbe im übrigen weitere Erklärungsversuche, die ebenso ernüchternd wären, so z.B. den, daß sich in unseren moralisch überschießenden Intuitionen eben einfach ausdrückt, was wir anderen dann wünschen und gönnen, wenn es uns nichts kostet, und daher dann nicht befolgen, wenn es uns etwas kostet.

21 Wer das nicht glaubt, der mache sich zunächst seine moralischen Intuitionen hinsichtlich der Verpflichtung zur Notfallhilfe klar. Im Anschluß stelle man sich vor, wie man reagiert, würde man gedrängt, größere Einkommensanteile als Notfallhilfe für ansonsten Verhungernde zur Verfügung zu stellen.

mäß unserer Überzeugung zu handeln. Bezüglich des Arguments von der täuschenden Reputation heißt das: Mit den überschießenden, insbesondere die soziale und zeitliche Ferne betreffenden moralischen Überzeugungen kann man niemanden täuschen, weil in diesem Bereich moralischer Überzeugungen jedermann eine Urteil-Handlung-Inkonsistenz wie selbstverständlich erwartet. Daher sind es auch umgekehrt jene seltenen Fälle von in solchen Bereichen gezeigter Urteil-Handlung-Konsistenz, die uns in Erstaunen versetzt. Hingegen scheint mir, daß moralische Überzeugungen erheblich ernster genommen werden, wenn wir soziale Nahbereiche ins Auge fassen; es sind die Nahbereichsinteraktionen, in denen Phänomene wie Schuld, Reue, Scham, die Urteil-Handlung-Konsistenz, moralische Selbstachtung und moralischer Respekt unmittelbar bedeutsam werden.

Sind solche Beobachtungen richtig, dann sind sie jedenfalls prima facie Stützen für das Argument von der überzogenen Extrapolation. Auf unserem heutigen Wissens- und Reflexionsstand ist allerdings auch hinsichtlich des Arguments von der überzogenen Extrapolation Vorsicht geboten: Man wird sicher vermuten dürfen, daß nicht nur unser physiologischer Aufbau, sondern auch unser emotional-affektives Leben und Erleben und damit auch Mitgefühl und Mitleid, Empathie und Sympathie einen evolutionär-genetischen, also naturgeschichtlichen Hintergrund haben. Aber wie sieht dieser Zusammenhang genauer aus? Nahezu alle behaupteten Zusammenhänge sind nicht im einzelnen entschlüsselt. Niemand wird behaupten wollen, daß unsere Emotionalität und Affektivität nach Art eines in den Genen gespeicherten Computerprogramms zu verstehen ist. Die Sozialgeschichte, Traditionen und kulturellen Umstände, in die wir hineingeboren werden, werden die weiten, wenn auch nicht grenzenlosen, genetischen Spielräume in bestimmter Weise ausfüllen. Darüber hinaus hat offenbar die soziale und psychische Individualgeschichte ganz erhebliche Bedeutung für die individuelle Emotionalität und Affektivität. Schließlich hat das, was man weiß, Folgen für das, was man fühlt. Und dies kann z.B. den Effekt haben, daß sich unter dem Einfluß von mikroskopischen Untersuchungen an Nervenbahnen, den Resultaten von Experimenten hinsichtlich des Fluchtverhaltens, der Analyse von Enzephalogrammen und vielleicht auch infolge von Ergebnissen der vergleichenden Embryologie die Auffassung sich ändert, daß man Tiere zwar verkommen lassen, aber nicht im eigentlichen Sinne quälen könne; und daß sich diese Auffassung ändert, kann dann selbst wiederum Folgen dafür haben, wie man fühlt, wenn man daran denkt, wie sie sich fühlen, wenn das mit ihnen gemacht wird, was wir mit ihnen machen. Manches muß einem nahegebracht werden, damit es einem nahegeht. Allgemeiner: Der komplexe Zusammenhang von Natur-, Kultur-, Sozial- und Individualgeschichte, die Dynamik der Identitätsaus- und fortbildung – all das kann heute als allenfalls in Ansätzen verstanden gelten. Dies wiederum macht ein endgültiges Urteil über die prinzipiellen Grenzen von Mitgefühl, Mitleid und Altruismus unmöglich.

Dieser theoretischen Vorsicht sollte allerdings eine praktische Vorsicht korrespondieren. Sie besteht darin, jenes Explanandum, das das Argument der überzogenen Extrapolation nur skizzenhaft und möglicherweise falsch erklärt, zunächst einmal im Sinne einer ‚Worst-case-Annahme' als ein möglicherweise unabänderliches Faktum in Rechnung zu stellen. Es wäre also davon auszugehen, daß die Individuen im großen und ganzen eher oder sogar allenfalls eine Moral praktizieren werden, der zu folgen für denjenigen rational ist, dessen Präferenzen neben einer selbstinteressiert-egoistischen Komponente nur im Hinblick auf den jeweiligen sozialen Nahbereich eine altruistische Komponente enthält. Im Anschluß wären unter dieser Annahme ‚Was-wäre-wenn-Untersuchungen', also moralphilosophische ‚Worst-case-Analysen' durchzuführen.

Solche Analysen hätten einen doppelten Wert: Erstens können sie den Blick schärfen für solche Situationen und Strukturen, in denen zwar möglicherweise moralische Verpflichtungen bestehen, aber angesichts fehlender motivationaler Grundlagen wohl kaum handlungsleitend sein werden. Mit Blick auf eine ganze Reihe drängender Gegenwartsprobleme wird deutlich, daß wir heute einen wachsenden Bedarf an Untersuchungen haben, die der Frage nachgehen, welche Arten institutioneller Arrangements und welche Konstellationen von Umständen die Einhaltung moralischer Verpflichtungen eher unwahrscheinlich machen bzw. wie solche Situationen vermieden bzw. so entschärft werden könnten, daß Moralität nicht unbedingt eine Verliererstrategie ist. Zweitens – und das wäre für jede moralphilosophische Konzeption interessant zu wissen – ließe sich durch moralphilosophische Worst-case-Analysen abschätzen, wann unter Rückgriff auf Selbstinteresse und/oder begrenzte Sympathie für Moral und Moralität demjenigen gegenüber argumentiert werden kann, dessen spezifisch moralischer Sinn nicht richtig funktioniert, der wertblind ist oder dem z.B. die Bereitschaften fehlen, einen ‚veil of ignorance' zu fingieren, einen utilitaristischen Nutzen zu maximimieren bzw. sich auf die Prozesse und Resultate diskursiver Willensbildung einzulassen.

Literatur

Anscombe, G.E.M. (1958). Modern moral philosophy. Dt. Moderne Moralphilosophie. In: G. Grewendorf, G. Meggle (Hg), *Seminar: Sprache und Ethik – Zur Entwicklung der Metaethik*, Frankfurt 1974, 217-243.

Axelrod, R. (1984). *The Evolution of Cooperation*. Dt.: *Die Evolution der Kooperation*. München 1987.

Baier, K. (1958). *The Moral Point of View*. Dt.: *Der Standpunkt der Moral – Eine rationale Grundlegung der Ethik*. Düsseldorf 1974.

Barry. B., Hardin, R. (Eds) (1982). *Rational Man and Irrational Society? – An Introduction and Sourcebook*. London.

Binmore, K. (1992). *Fun and games – A text on game theory*. Toronto.

— (1994). *Game theory and the social contract. Playing fair*. Cambridge.

Braithwaite, R.B. (1963). *Theory of Games as a Tool for the Moral Philosopher*. Cambridge.

Diekmann, A., Mitter, P. (Eds) (1986). *Paradoxical Effects of Social Behavior – Essays in Honor of Anatol Rapoport*. Heidelberg.

Friedman, J.W. (1977). *Oligopoly and the Theory of Games*. Amsterdam.

Gärdenfors, P. (1981) Game Theory and Ethics. In: E.Morscher, R.Stranzinger (Hg), *Ethik – Grundlagen, Probleme und Anwendungen* (Akten des Fünften Internationalen Wittgenstein-Symposiums). Wien, 194-197.

Gauthier, D. (1986). *Morals by Agreement*. Oxford.

Gehlen, A. (1969). *Moral und Hypermoral. Eine pluralistische Ethik*. Frankfurt.

Hardin, G., Baden, J. (Eds) (1977). *Managing the commons*. San Francisco.

Hardin, R. (1971). *Collective action as an agreeable n-prisoners' dilemma*. Behavioral Science 16, 472-481; wieder abgedruckt in: B. Barry / R. Hardin (Eds), *Rational Man and Irrational Society? – An Introduction and Sourcebook*. London 1982, 121-135.

Harsanyi, J.C. (1977). *Rational Behavior and Bargaining Equilibrium in Games and Social Situations*. Cambridge.

— (1985). Does reason tell us what moral code to follow and, indeed, to follow any moral code at all? *Ethics* 96, 42-55.

Hartmann, N. (1926). *Ethik*. Berlin.

Hegselmann, R. (1989). Rational Egoism, Mutual Advantage and Morality. A review-discussion of „D. Gauthier, Morals by Agreement, Oxford 1986". *Erkenntnis* 31, 143-159.

Hegselmann, R., Raub, W., Voss, Th. (1986). Zur Entstehung der Moral aus natürlichen Neigungen. Eine spieltheoretische Spekulation. *Analyse und Kritik* 8, 150-177.

Holler, M., Illing, G. (1993). *Einführung in die Spieltheorie*. Berlin.

Kant, I. (GMS). *Grundlegung zur Metaphysik der Sitten* (Akademieausgabe Bd. IV).

Kliemt, H. (1986). *Antagonistische Kooperation. Elementare spieltheoretische Modelle spontaner Ordnungsentstehung*. Freiburg.

Luce, R.D., Raiffa H. (1957). *Games and Decisions – Introduction and Critical Survey*. New York.

Mackie, J.L. (1977). *Ethics. Inventing Right and Wrong*. Dt.: *Ethik – Auf der Suche nach dem Richtigen und dem Falschen*. Stuttgart 1981.

Neumann, J.v., Morgenstern, O. (1944). *Theory of Games and Economic Behavior*. Dt.: Spieltheorie und wirtschaftliches Verhalten, Würzburg 1973.

Patzig, G. (1971). *Ethik ohne Metaphysik*. Göttingen.

Rapoport, A. (1960). *Fights, Games, and Debates*. Ann Arbor.

Raub, W., Voss, Th. (1986). Conditions for Cooperation in Problematic Social Situations. In: A.Diekmann, P.Mitter (Eds), *Paradoxical Effects of Social Behavior – Essays in Honor of Anatol Rapoport*. Heidelberg, 85-104.

Rawls, J. (1971). *A Theory of Justice*. Dt.: Eine Theorie der Gerechtigkeit. Frankfurt 1979.

Sen, A.K. (1974). Choice, Orderings and Morality: S. Körner (Ed*), Practical Reason*. New Haven, 54-67.

— (1982). *Choice, Welfare, and Measurement*. Oxford.

— (1987). *On Ethics and Economics*. Oxford.

Taylor, M. (1976). Anarchy and Cooperation. London. 2. Aufl.: *The possibility of cooperation*. London 1987.

Toulmin, St. (1950). *Reason in Ethics*. Oxford 1970 (Neuauflage).

Ullmann-Margalit, E. (1977). *The Emergence of Norms*. Oxford.

Voss, Th. (1985). *Rationale Akteure und soziale Institutionen – Beitrag zu einer Theorie des sozialen Tausches*. München.

Warnock, G.J. (1971). *The Objekt of Morality*. London.

Über den quasi-naturrechtlichen Charakter der Pflicht, Versprechen zu halten

Bernd Lahno

Es ist eine allgemein verbreitete und häufig von Philosophen geteilte Ansicht, daß die fundamentalen Regeln des Rechts überflüssig wären, wäre nur ein ausreichendes Maß an gegenseitigem Wohlwollen unter den Menschen anzutreffen. Ich glaube, daß diese Auffassung falsch ist. Aristoteles sagt: „Sind die Bürger einander freund, so ist kein Rechtsschutz nötig" (Eth. Nic. 1155a 26). Die These, die ich hier kritisieren möchte, geht über diese Aussage hinaus. Sie behauptet, daß es unter einander wohlwollenden Menschen nicht nur keiner externen Macht zur Durchsetzung des Rechts bedarf, sondern daß die Regeln des Rechts sich gleichsam selbst schon aus der Sorge um das Wohl des anderen ergeben würden, wäre diese Sorge nur groß genug. Nach dieser Auffassung handelt ein Altruist schon allein deshalb gerecht, weil er Altruist ist. Er braucht keine zusätzlichen, über die Liebe zu dem Nächsten hinausgehenden Regeln des rechten Verhaltens.

Meine Kritik an der beschriebenen Auffassung stützt sich auf die Analyse der Struktur bestimmter fundamentaler Entscheidungssituationen, die – wie ich an zwei Beispielen zeigen werde – für Altruisten wie für Egoisten gleichermaßen entstehen können. Zur Lösung des in der Struktur solcher Situationen liegenden Entscheidungsproblems ist Selbstbindungsmacht und damit die Institution des Versprechens oder des Vertrags erforderlich. Die Erfahrung lehrt, welche entscheidende Rolle die Möglichkeit, bindende Vereinbarungen zu treffen, für das Zusammenleben der Menschen spielt. Ich werde argumentieren, daß dies nicht nur tatsächlich der Fall ist, sondern angesichts notwendigerweise in jeder Gesellschaft auftretender Koordinations- und Kooperationsprobleme auch der Fall sein muß. Die universelle Nützlichkeit der Versprechensinstitution, unabhängig von der Motivationsrichtung der Individuen, kann als Hinweis auf ihren naturrechtlichen Charakter gewertet werden. Dabei ist der Begriff des „Naturrechts" in einem weiten, auf die empiristische Naturrechtstheorie von H.L.A. Hart zurückgehenden Sinn zu verstehen.

Ich werde in Anlehnung an Hart in Abschnitt 1 präzisieren, was im weiteren unter dem naturrechtlichen Charakter einer Rechtsregel verstanden werden soll. Im 2. Abschnitt werde ich ein klassisches Beispiel von David Hume vorstellen und analysieren (2.1). Ich werde dann eine formale Charakterisierung der Lösung des zugrundeliegenden Problems angeben (2.2) und anschließend argumentieren, daß ein Versprechen dieser Charakterisierung entspricht (2.3). In Abschnitt 2.4 wird ein formales Spiel vorgestellt, das die entscheidenden Strukturmerkmale der zuvor beschriebenen Situation aufweist. Ein weiteres Beispiel einer Situation mit diesen Struktureigenschaften wird zeigen, daß auch Altruisten zur Lösung ihrer Probleme Selbstbindungsmacht benötigen (2.5). Einige allgemeine Überlegungen bilden den Abschluß (3).

1. Harts Theorie des Minimalgehalts des Naturrechts

Mit seiner Konzeption eines Minimalgehalts des Naturrechts greift Herbert L.A. Hart, der bedeutendste angelsächsische Rechtstheoretiker dieses Jahrhunderts, einen altbekannten, von Kritikern wie Anhängern einer strikten Naturrechtstheorie geteilten Grundgedanken auf (Hart 1973: 266 ff. Vgl. auch die Neuübersetzung wesentlicher Teile in Hoerster 1987: 109 ff). Ausgangspunkt seiner Überlegung ist die These, daß die Natur den Menschen so ausgestattet hat, daß er nur in der Gemeinschaft mit anderen überleben kann. Das Zusammenleben in einer Gesellschaft ist den Menschen aber nur möglich, wenn einige grundlegende Regeln beachtet werden. Hart beruft sich explizit auf David Hume (Hart 1973: 264). Betrachtet man jedoch die von ihm genannten Bedingungen menschlichen Lebens und seine Folgerungen daraus genauer, so findet man eine noch stärkere Affinität seiner Gedanken zu Hobbes' Theorie der natürlichen Gesetze (Hobbes 1976: 118 ff; Hobbes 1994: 85 ff).

Mit Hobbes ist Hart einig: Alle Menschen haben ein grundlegendes Ziel gemeinsam, sie wollen überleben. Im Gegensatz zu Hobbes, der noch im Sinne des traditionellen Naturrechts von einer „natürlichen Pflicht", das eigene Überleben zu sichern, ausging, handelt es sich allerdings bei Hart um eine rein faktische Bedingung. Nehmen wir es einmal als gegeben an, daß die Menschen dieses Ziel teilen. Betrachten wir außerdem einige einfache Wahrheiten über den Menschen und die Beschaffenheit der Welt, die bei der Verwirklichung dieses Ziels in einer Gesellschaft generell relevant sein werden. Hart nennt:

- die Menschen sind verwundbar;
- sie sind annähernd gleich an Fähigkeiten;
- ihr Altruismus ist beschränkt;
- ebenso beschränkt sind ihre Einsichtsfähigkeit und ihre Willenskraft;
- außerdem ist die Menge der den Menschen zur Verfügung stehenden Güter begrenzt.

Wenn wir davon ausgehen, daß diese Bedingungen in nahezu jeder denkbaren Situation erfüllt sein werden, läßt sich argumentieren, daß einige grundlegende Regeln von allen oder nahezu allen Menschen eingehalten werden müssen, wenn das Ziel des Überlebens gesichert werden soll. Diese Regeln bilden für Hart den „Minimalgehalt des Naturrechts". Zu ihnen zählt er etwa das Tötungsverbot, einen minimalen Eigentumsschutz und die Pflicht, Versprechen zu halten.

Harts Theorie kann erklären, warum wir grundsätzliche Einigkeit über die Gültigkeit dieser einfachen moralischen Regeln in allen Kulturen finden. Insoweit leistet sie mit den herkömmlichen Naturrechtstheorien Vergleichbares. Gleichzeitig werden durch die Hartschen Überlegungen vernünftige Gründe angegeben, an den fundamentalen Rechtsregeln festzuhalten. Diese Art der Rechtfertigung von moralischen oder rechtlichen Prinzipien entspricht freilich nicht der klassischen Idee des Naturrechts. Denn sie erkennt explizit an, daß die Gültigkeit der grundlegenden Rechtsprinzipien kontingent ist. Sie ist an ganz bestimmte empirisch feststellbare Bedingungen gebunden: an grundlegende Eigenschaften der Menschen und der sie umgebenden Welt, an das menschliche Ziel zu überleben und die natürliche Unzulänglichkeit der Menschen im gesellschaftlichen Leben. Die grundlegenden Rechtsprinzipien von Hart sind also keine ewigen moralischen Wahrheiten, die der Vernunft allein – unabhängig von den konkreten empirischen Bedingungen des Lebens – gegeben sind. Sie sind insbesondere – da sie nur mit Bezug auf bestimmte, wenn auch universelle menschliche Ziele begründet werden können – im Sinne von Kant hypothetische Imperative (vgl. in diesem Zusammenhang auch die verwandten Überlegungen von Hoerster (1982, 1983)).

Dennoch kann man in einem weiteren Sinne durchaus von „Naturrecht" sprechen, da es sich um Prinzipien handelt, die in ausnahmslos allen menschlichen Normordnungen verwirklicht sind und ohne die menschliche Gesellschaften realistischerweise nicht bestehen können. Ich möchte hier dafür argumentieren, daß die Pflicht, Versprechen zu halten, tatsächlich in dem weiten Hartschen Sinne naturrechtlichen Charakter hat. Sie muß in jeder denkbaren menschlichen Gemeinschaft notwendigerweise anerkannt werden. Wie ich versuchen werde zu zeigen, muß man, um dies zu begründen, nur wenige, sehr allgemeine Annahmen über die Beschaffenheit der Welt und die Ziele der Menschen machen.

2. Analyse von Versprechenssituationen

2.1 Humes Beispiel der Erntehilfe

Mein Argument stützt sich auf Überlegungen von David Hume. Hume beginnt seine Untersuchung der moralischen Pflicht, Versprechen zu halten, mit einem typisch philosophischen Zug. Er führt ein Gedankenexperiment durch. Was würde geschehen, wenn es keine Pflicht gäbe, treu zu seinem Wort zu stehen? Hume betrachtet beispielhaft folgende charakteristische Situation:

> „Dein Korn ist heute reif, das meinige wird es morgen sein. Es ist für uns beide vorteilhaft, daß ich heute bei dir arbeite und du morgen bei mir. Ich habe keine Neigung zu dir, und weiß, daß du ebenso wenig Neigung zu mir hast. Ich strenge mich daher nicht um deinetwillen an; und würde ich um meinetwillen, d. h. in Erwartung einer Erwiderung bei dir arbeiten, so weiß ich, daß ich enttäuscht werden und vergeblich auf deine Dankbarkeit rechnen würde. Also lasse ich dich bei deiner Arbeit allein. Und du behandelst mich in gleicher Weise. Nun aber wechselt das Wetter; wir verlieren beide unsere Ernte vermöge des Mangels an gegenseitigem Vertrauen und der Unmöglichkeit, uns einer auf den anderen zu verlassen." (Hume 1906: 268).

Könnte nur der eine dem anderen eine bindende und glaubwürdige Zusage machen, eine vorausgegangene Hilfeleistung zu erwidern, – es wäre beiden gedient. Hume nimmt aber gerade an, daß diese Möglichkeit nicht besteht. Betrachten wir die auf diese Weise gegebene problematische Entscheidungssituation und Humes Analyse etwas genauer.

Wir haben zwei Personen, die Hume „Ich" und „Du" nennt. Ich will – der Einfachheit halber – die erste Person, also Humes „Ich", mit A und die zweite mit B bezeichnen. A und B stehen vor einem Entscheidungsproblem. Beide müssen für sich entscheiden, ob sie dem jeweils anderen bei der Ernte helfen oder nicht. A´s Situation unterscheidet sich von der seines potentiellen Partners insofern, als er zuerst entscheiden muß und nicht weiß, wie B handeln wird. B´s Lage ist etwas einfacher. In Abhängigkeit von A´s Entscheidung gibt es für ihn zwei denkbare Situationen. Seine Entscheidungsmöglichkeiten in beiden Situationen sind gleich, er kann A bei der Ernte helfen oder er kann ihn allein lassen. B beurteilt die Folgen seiner Entscheidung je nach der Entscheidung von A jedoch unterschiedlich.

Spieltheoretiker stellen die zeitliche Abfolge der Entscheidungen und die damit verbundene Abhängigkeit anschaulich durch einen Baum dar (Bild 1). Die Entscheidungssituation von A wird in dem Diagramm durch einen kleinen Kreis am Ursprung des Baumes symbolisiert. Seine beiden Entscheidungsoptionen sind „Äste", die zu den durch sie verwirklichten neuen Situationen führen. Um Schreibarbeit zu sparen, wird hier die Entscheidung zu helfen mit C (wie „Cooperation") und die gegenteilige Entscheidung mit D („Defection") bezeichnet. Die durch die Entscheidungen von A erreichten Situationen sind die beiden möglichen Entscheidungssituationen von B. Von den Kreisen, die diese Entscheidungssituationen symbolisieren, gehen ebenfalls jeweils zwei Äste aus, denn B kann in jedem Falle seinerseits Hilfe leisten oder verweigern. Wir erhalten ein abstraktes Bild der Entscheidungsfolge in der von Hume beschriebenen Situation. Die vier Enden des Baumes stehen für die vier möglichen Situationen, die durch die Entscheidungen der beiden entstehen können. Sie können sich wechselseitig helfen, A kann B helfen, ohne daß seine Hilfe erwidert wird. Ebenso kann B helfen, ohne daß dem eine Vorleistung von A vorherging oder beide können sich wechselseitig allein lassen. Am Ende jedes der vier Pfade durch den Baum steht ein Zahlenpaar. Es gibt an, wie die beiden Akteure die Ergebnisse ihres Handelns beurteilen. Die jeweils untere Zahl steht für B's Urteil. Größere Zahlen zeigen höhere Wertschätzung an.

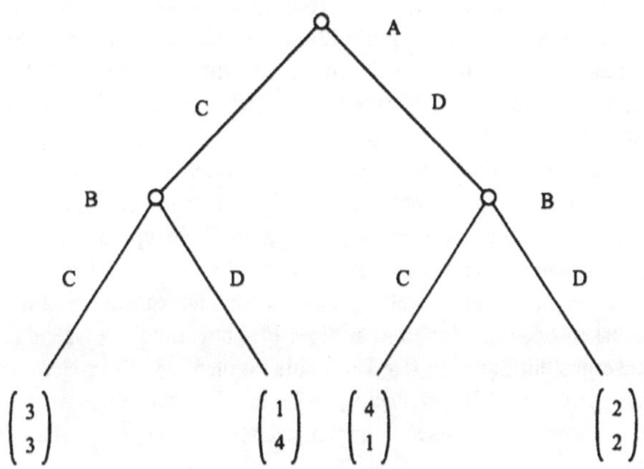

Bild 1: Erntehilfe

Wie die beiden Akteure die möglichen Ergebnisse nach ihrer Wertschätzung ordnen, ergibt sich aus Humes Kommentar. B hat in jedem Fall einen Vorteil von A's Hilfe und einen Nachteil, wenn er selbst helfen muß, – er muß nämlich zusätzliche Zeit und Mühe aufwenden. Er favorisiert deshalb das Ergebnis, bei dem er selbst nicht hilft, aber die Hilfe des anderen in Anspruch nimmt, und er findet dasjenige Ergebnis am schlechtesten, bei dem er einseitig Hilfe leistet. Diese Ergebnisse erhalten deshalb die Bewertungen 4 für das aus B's Sicht beste und 1 für das schlechteste Ergebnis. Nach den Ausführungen Humes zieht B aber wechselseitige Hilfe dem Ergebnis beidseitiger Unterlassung von Hilfeleistung vor. Wenn sich die Akteure nicht helfen, verdirbt ein Teil der Ernte, der sonst zum Wohl beider hätte verwendet werden können. Das Ergebnis CC erhält deshalb den Wert 3, das Ergebnis DD den Wert 2. A bewertet die Ergebnisse spiegelbildlich, seine Bewertungen werden jeweils in der oberen Zeile des Ergebnisvektors angegeben.

Humes Analyse läßt sich nun leicht an dem Diagramm nachvollziehen. Betrachten wir zunächst die möglichen Situationen von B. Ob nun A geholfen hat oder nicht, B zieht immer das Ergebnis der Entscheidung D seiner Alternativentscheidung C vor. Wichtig für diese Feststellung ist, daß B nicht aus Dankbarkeit eine Vorleistung von A honorieren wird. Nur deshalb kann nämlich tatsächlich gesagt werden, daß B das Ergebnis von CD dem Ergebnis von CC vorzieht. Daß die Bewertung tatsächlich so und nicht anders ist, begründet Hume damit, daß die beiden Akteure keinerlei besondere Neigung zueinander verspüren. B will deshalb nicht aus Rücksicht auf das Wohl von A helfen und er hat – wie Hume feinsinnig bemerkt – auch keinen Grund, dankbar zu sein. Wenn A ihm nämlich geholfen hat, so geschah dies nicht um B's Wohl willen, sondern weil A dabei sein eigenes Wohl im Auge hatte. Unter diesen Bedingungen wird B sich in jedem Falle für D entscheiden. A kann nicht mit einer Erwiderung seiner Hilfe rechnen. Hume beginnt seine Analyse der Situation mit dieser Einsicht von A. Wenn aber A nicht mit der Hilfe von B rechnen kann, so hat er selbst keinen Grund mehr, B zu helfen. Wechselseitige Hilfe bleibt deshalb aus, und beide haben einen erheblichen Nachteil.

Es ist wichtig zu sehen, daß nach unserer Analyse dennoch beide vernünftig entscheiden. Jeder verfolgt seine eigenen Ziele mit der größtmöglichen Effektivität. Aber jeder tut dies jeweils nur für sich. Das Ergebnis, das sich auf diese Weise einstellt, stellt keinen der beiden zufrieden. Im Gegenteil, beide müssen erkennen, daß ein anderes Ergebnis möglich war, das jeden für sich bessergestellt hätte. In der Tat, beide können leicht einsehen, daß es viel vernünftiger wäre, sich gegenseitig zu helfen. Merkwürdigerweise führen individuell vernünftige Entscheidungen jedes einzelnen aber nicht zu diesem Ergebnis.

Die von Hume beschriebene Situation besitzt eine bemerkenswerte Eigenschaft. Sie beschreibt ein mögliches kooperatives Projekt – wechselseitige Hilfeleistung – zum Vorteil aller beteiligten Personen. Obwohl alle Personen ihren Vorteil zielstrebig und rational verfolgen, läßt sich das kooperative Projekt jedoch nicht verwirklichen. Das Beispiel der Erntehilfe zeigt damit ein allgemeines und in jüngerer Zeit am Beispiel des sogenannten „Gefangenendilemmas" häufig diskutiertes Problem rationaler Entscheidung auf: Es gibt Situationen, in denen individuell vernünftiges Handeln nicht zum wechselseitigen Vorteil führt. Wenn die Verwirklichung eines kooperativen Projekts auch zum Vorteil aller Beteiligten ist, so folgt daraus doch offenbar nicht, daß es aus der Sicht eines einzelnen Individuums auch vernünftig wäre, seinen Beitrag zu leisten. Die Ursache für das Dilemma liegt weitgehend in der abstrakten Entscheidungsstruktur der jeweiligen Situation und nicht in der begrenzten Vernunft der beteiligten Individuen.

2.2 Eine formale Lösung des Problems

Was muß geschehen, damit das dargestellte Dilemma gelöst werden kann? Zunächst einmal muß verhindert werden, daß B eine Vorleistung von A ausbeutet. B selbst hat ein Interesse daran, nach einer Hilfe durch A gezwungen zu sein, die Hilfe zu erwidern. Nur unter dieser Voraussetzung kann er überhaupt mit der vorteilhaften Hilfe von A rechnen. Daß B ein Interesse daran hat, für den Fall einer Hilfeleistung gebunden zu sein, bedeutet aber noch nicht, daß er auch tatsächlich gebunden ist. Wenn A tatsächlich Hilfe leistet, verschwindet B's Interesse. Sein Motiv ist ja, A zu einer Hilfeleistung zu bewegen. Ist die Hilfeleistung erfolgt, wird B's Interesse an einer Bindung gegenstandslos. Ausschlaggebend für seine Entscheidung ist dann wieder ausschließlich seine Bewertung der möglichen Folgen, und es gilt nach wie vor: B zieht einseitige Hilfeleistung zu seinen Gunsten vor.

Es muß also – auch in B's Interesse – ein Grund geschaffen werden, der B bewegt, nachdem die Hilfeleistung von A erfolgt ist – also an dem linken Knoten des Baumes – die Hilfe zu erwidern. Es ist aus praktischen Erwägungen klar, daß dies nicht geschehen kann, indem B die Möglichkeit, Hilfe zu verweigern, gänzlich genommen wird. An den Entscheidungsoptionen kann man in der sozialen Realität kaum etwas ändern. Es gibt jedoch Mechanismen, die die Bewertung der möglichen Ergebnisse durch B verändern. Jede realistische Lösung des Problems muß in diesem Sinne dazu führen, daß B Hilfeleistung nach erfolgter Hilfe durch A der einseitigen Ausbeutung vorzieht. Die Präferenzen von B müssen entsprechend geändert werden. Dies kann z.B. geschehen, indem die Ergebnisse CC und CD in der Bewertung durch B die Plätze tauschen. Man erhält dann den in Bild 2 dargestellten Baum.

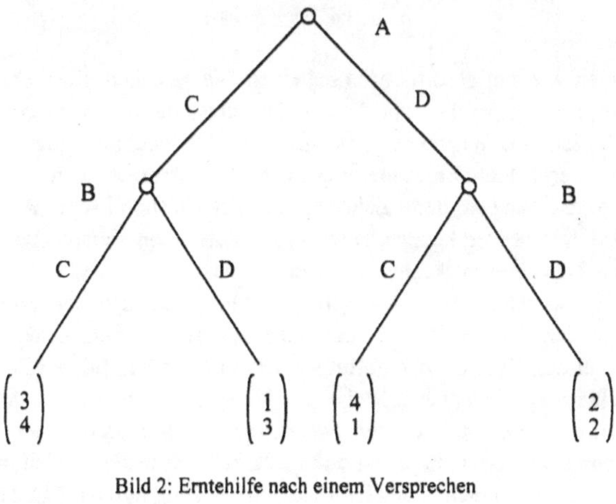

Bild 2: Erntehilfe nach einem Versprechen

Eine Änderung der Präferenzen von B allein bewirkt jedoch noch keine Lösung des Problems. A muß auch in die Lage versetzt werden, auf die Leistung von B vertrauen zu können. Nur dann wird er seinerseits bereit sein, seinen Beitrag zu leisten. D.h. A muß ein verläßliches Zeichen erhalten, daß B seine Hilfe erwidern wird. Ist allerdings ein solches Zeichen gegeben, so sieht sich A vor die Wahl zwischen wechselseitiger Hilfeleistung und wechselseitig unterlassener Hilfeleistung gestellt. Er wird sich angesichts seiner eigenen unveränderten Bewertung der Situation für Hilfe entscheiden. Das Problem ist gelöst.

Nach dieser Analyse ist zur Lösung des Entscheidungsproblems ein Mechanismus erforderlich, der zwei Charakteristika vereint:

1. Der Lösungsmechanismus muß bewirken, daß B das kollektiv erwünschte Ergebnis, in unserem Beispiel also wechselseitige Hilfeleistung, der einseitigen Vorteilnahme durch B vorzieht.
2. Der Mechanismus muß ein Zeichen beinhalten, das A die Änderung der Präferenzen von B mit hinreichender Sicherheit anzeigt.

Jeder Mechanismus, der diese beiden Eigenschaften hat und die wesentlichen Strukturmerkmale der Entscheidungssituation ansonsten nicht ändert, wird das geschilderte Entscheidungsproblem lösen. Man beachte, daß es insbesondere nicht erforderlich ist, daß A in irgendeiner Weise an eine Hilfeleistung gebunden werden muß. Sein eigenes Interesse wird A bei korrekter Information über die Präferenzen von B ohne weitere Änderung seiner eigenen Präferenzen zu einer kooperativen Entscheidung motivieren.

2.3 Versprechen

Betrachten wir nun genauer, was bei einem Versprechen geschieht, so sehen wir, daß ein Versprechen von B, eine Hilfeleistung von A zu erwidern, tatsächlich den aus abstrakten strategischen Überlegungen abgeleiteten Lösungsweg eröffnet. Die Äußerung einer als Versprechen zu verstehenden Wendung ist das geforderte Zeichen. Wenn B ein moralischer Akteur ist, so wird A ihm vertrauen können. B wird dann durch sein Versprechen gebunden sein, d.h. er wird es tatsächlich vorziehen zu helfen.

Die Versprechensinstitution stellt den Menschen also den erforderlichen Lösungsmechanismus für das analysierte strukturelle Entscheidungsproblem zur Verfügung. Wie es scheint, tut sie dies in einer besonders effektiven und der Problemlage angepaßten Weise. Ein Versprechen verursacht für die beteiligten Akteure minimale Kosten. Moralische Akteure können sich eines Versprechens bedienen, ohne dabei auf zusätzliche Hilfe von außen angewiesen zu sein. Das Versprechen beinhaltet das zur Lösung notwendige Zeichen und es bewirkt die für die Bindung notwendige Änderung der Präferenzordnung. Es bewirkt genau dies und nicht mehr. Man könnte auf die Idee kommen, daß die Versprechensinstitution genau zu diesem Zwecke geschaffen wurde. Hume sagt: „ ... das Versprechen ist die Sanktion des eigennützigen Austausches von Leistungen zwischen den Menschen." (Hume 1906: 269) Und er geht in der Tat so weit zu behaupten, daß die Pflicht, Versprechen zu halten, zu diesem Zweck von den Menschen gleichsam „erfunden“ wurde (z.B. Hume 1906: 266, 277). Ungeachtet der interessanten Frage, wie man sich denn eine solche „Erfindung“ vorzustellen hat (vgl. hierzu auch Lahno 1995a), scheint doch soviel klar zu sein: Ein Versprechen zu geben, ist die kanonische Art der Lösung eines Selbstbindungsproblems von der beschriebenen Struktur.

Man mag hier einwenden, daß bei den wirklich wichtigen Dilemmasituationen die Menschen nicht nur ein Versprechen geben, sondern in der Regel einen Vertrag abschließen. Ein Vertrag ist natürlich nichts anderes als ein Versprechen, dessen Durchsetzung durch staatliche Sanktionen sichergestellt werden kann. Gewiß, damit ein einzelnes Individuum seine vertraglichen Pflichten erfüllt, muß es sich nicht unmittelbar moralisch verpflichtet fühlen, die gegebene Zusage einzuhalten. Durch die Drohung der Anwendung von Rechtsmitteln allein werden die möglichen Folgen untreuen Verhaltens geändert, eine Änderung der Bewertung aus moralischen Gründen ist deshalb häufig nicht erforderlich. Der Vertragsinstitution als ganzer liegt aber nichts anderes zugrunde als die Idee der Verpflichtung durch ein Versprechen: daß nämlich ein unter bestimmten Umständen gegebenes Wort seinen Autor verpflichtet. In dieser grundlegenden Hinsicht muß Einigkeit in einer Gesellschaft bestehen, sonst ist eine effektive Vertragsinstitution nicht denkbar. Die Versprechensinstitution ist die historische und geistige Grundlage der Vertragsinstitution und die letztere kann ohne die erste nicht sein.

Es bleibt fraglich, wie eine Bindung durch ein Versprechen ohne äußere Sanktion zustande kommen kann. Warum sollte B plötzlich wechselseitige Hilfe der Ausbeutung des Partners vorziehen, nachdem er ein Versprechen gegeben hat? Hume beantwortet diese Frage aus der Sicht des Psychologen. Er nimmt an, daß uns ein spezieller Affekt – das Pflichtgefühl – nach einem Versprechen motiviert. Wie kann aber dieses neue Motiv allein durch die Äußerung einer Versprechenswendung erzeugt werden? Hume nennt zwei Möglichkeiten. Er weist zunächst auf einen durchaus eigennützigen Grund hin, Versprechen zu halten. Niemand darf nämlich erwarten, „daß man ihm je wieder traut, wenn er sich weigert, das zu tun, was er versprochen hat.“ (Hume 1906: 270) Man kann nun mit einem gewissen Recht bezweifeln, daß dieser Grund allein unsere Verpflichtungsgefühle bei Versprechen zu erklären vermag (vgl. hierzu genauer Lahno 1995b). Hume selbst gibt zu bedenken, daß das Eigeninteresse in größeren Gemeinschaften kein ausreichender Anreiz sein muß, sich vertrauenswürdig zu verhalten (Hume 1906: 284 f.). Zu groß sind möglicherweise die Gelegenheiten, der Strafe für den Vertrauensbruch durch den Wechsel zu einem uninformierten Partner zu entgehen. Neben dem Eigeninteresse gibt es für Hume aber einen rein moralischen Grund, vertrauenswürdiges Verhalten dem Vertrauensbruch vorzuziehen. Das „Sittlichkeitsgefühl“ hält uns unmittelbar dazu an, unsere Versprechen zu halten. Hume versucht, dieses grundlegende Motiv vertrauenswürdigen Verhaltens aus den sozialen Gegebenheiten des menschlichen Lebens und der allgemeinen psychologischen Beschaffenheit der Menschen zu erklären.

Die Frage, wie durch die bloße Äußerung einer Versprechenswendung die Präferenzen einer Person geändert werden können, ist wichtig und bedarf einer Klärung. Dazu müssen schwierige Fragen über die psychische Beschaffenheit der Menschen beantwortet werden. Im Rahmen dieser Abhandlung ist dies nicht möglich. Es ist aber auch nicht erforderlich. Mein Argument stützt sich auf eine funktionale Analyse. Zur Lösung bestimmter wichtiger Entscheidungsprobleme ist Selbstbindungsmacht erforderlich; die Versprechensinstitution gibt uns diese Macht. Ob nun kühle Berechnung oder das Gewissen letztlich der Grund ist, Versprechen zu halten, muß hier nicht beantwortet werden. Vieles deutet darauf hin, daß in den meisten Fällen beide Motive eine Rolle spielen. Für den gegenwärtigen Argumentationszusammenhang ist es lediglich wichtig, *daß* durch ein Versprechen eine geänderte Bewertung der Handlungsalternativen verursacht wird, aber nicht *wie* und aufgrund welcher psychologischer Gesetzmäßigkeiten dies im einzelnen geschieht. Daß eine solche Änderung tatsächlich erfolgt, scheint schon einfache Selbstbeobachtung zu bestätigen.

Die Diskussion des Humeschen Beispiels legt einige allgemeine Schlüsse nahe. Die grundsätzliche Lehre des Humeschen Beispiels ist: *Mit Hilfe von Versprechen können vernünftig entscheidende Menschen wichtige Kooperationsprobleme auch unabhängig von wechselseitiger Zuneigung und selbstloser Hilfsbereitschaft lösen.* Die Institution des Versprechens kann deshalb offenbar einen sozialen Zweck erfüllen, indem sie es verhindert, daß Menschen in Dilemmasituationen von der beschriebenen Art gefangen sind. Unsere Überlegungen zeigen auch, *wie* die moralischen Regeln des Versprechens beschaffen sein müssen, damit der Zweck tatsächlich erreicht werden kann. Drei Bedingungen können zusammenfassend festgehalten werden:

1. Ein Versprechen muß für den Versprechenden eine Änderung der Bewertung der möglichen Folgen seines Handelns bewirken.

Ich habe in Anlehnung an Hume auf mögliche Ursachen einer solchen Änderung hingewiesen, ohne daß diese Frage hier im einzelnen erschöpfend diskutiert werden könnte.

2. Die Änderung der Präferenzen des Versprechensgebers muß den anderen offenbar sein.

Der Versprechende muß als vertrauenswürdige Person, d.h. als eine solche Person, die tatsächlich durch ihre Versprechen gebunden ist, bekannt sein; im Falle einer rein formalen rechtlich gesicherten Durchsetzung eines Vertrage muß die Zuverlässigkeit der Sanktionsmechanismen bekannt sein. In dem hier betrachteten Fall gilt offenbar darüber hinaus:

3. Die Bindung durch ein Versprechen muß an eine Vorleistung gebunden werden können.

B wird ja nur Hilfe für den Fall einer empfangenen Hilfeleistung von A versprechen. Allein ein solches bedingtes Versprechen kann das hier vorliegende Problem zum gegenseitigen Vorteil lösen. Wäre B auch dann gebunden, wenn A ihm nicht hilft, so könnte das Problem nicht gelöst werden. Wenn sich nicht gleichzeitig auch die Situation von A ändert, würde A seine Hilfe verweigern und B wegen dessen Versprechen ausbeuten können. Angemerkt sei, daß zweifellos nicht jedes Versprechen in diesem Sinn ein bedingtes Versprechen ist. In vielen Situationen wird sich jedoch bei näherem Hinsehen ergeben, daß eine versprochene Leistung implizit an eine Vorleistung gebunden ist.

2.4 Das Vertrauensspiel

Man wird nun möglicherweise einwenden, daß Humes Beispiel eine spezielle Einzelsituation ist, aus der man kaum weitreichende allgemeine Schlüsse ziehen kann. Hume zeichnet außerdem ein im allgemeinen recht unrealistisches Bild von dem Verhältnis der Menschen zueinander. Für seine Überlegung und meine daran anschließende strukturelle Analyse ist ja die Annahme entscheidend, daß keiner der beiden beteiligten Personen ein Interesse – sei es positiv oder negativ – an dem Wohl des anderen hat. Außerdem geht es in dem Beispiel um den Austausch von wirtschaftlichen Leistungen. Diese spezielle Art des sozialen Austausches spielt aber nur in Gesellschaften, deren Sozialstruktur wesentlich durch die Produktion von Waren bestimmt ist, eine entscheidende Rolle.

Diese Einwände verkennen jedoch den allgemeinen Charakter des auf eine bestimmte *Entscheidungsstruktur* zielenden Argumentes. Betrachten wir – um die Kernstruktur des Entscheidungsdilemmas etwas klarer herauszuarbeiten – noch einmal den linken Entscheidungsknoten von B. Er wird relevant, wenn A seine Hilfe verweigert. Es ist vollkommen klar, wie B in diesem Falle handeln wird: Er wird ebenfalls seine Hilfe verweigern. Wir wissen also mit Sicherheit, daß die Entscheidung D von A dazu führen wird, daß wechselseitig keine Hilfe geleistet wird. Dies gilt nach unseren Bemerkungen über den bedingten Charakter eines möglichen Versprechens unabhängig davon, ob ein Versprechen gegeben wird oder nicht.

A kann B nach Lage der Dinge überhaupt nicht ausbeuten und er wird sich dieser Tatsache natürlich bewußt sein. Der Pfad DC des Baumes ist deshalb praktisch ohne Relevanz. Man kann von vornherein ausschließen, daß er jemals verwirklicht wird. Es liegt deshalb nahe, das wechselseitig nicht kooperative Ergebnis direkt auf die nicht kooperative Entscheidung von A folgen zu lassen. Es ergibt sich dann die einfachere extensive Form eines Spieles in Bild 3.

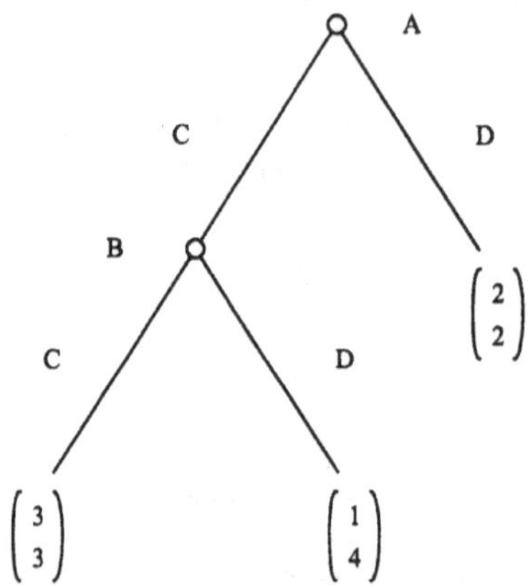

Bild 3: Reduzierte Form des Erntehilfe Beispiels; Vertrauensspiel

Diese allgemeine Struktur, die unserem Beispiel zugrundeliegt, ist unter Entscheidungstheoretikern unter dem Namen *Vertrauensspiel* wohlbekannt. Sie wurde gerade in den letzten Jahren vielfach diskutiert (Dasgupta 1988, Kreps 1990).

Die wesentlichen Momente des Entscheidungsdilemmas werden durch den einfacheren Entscheidungsbaum des Vertrauensspiels verdeutlicht: Zwei Personen A und B können ein kooperatives Projekt verwirklichen, das beide in eine bessere Lage versetzt als der Status quo, der resultiert, wenn A seine Leistung verweigert. Zur Verwirklichung des Projekts müssen beide eine Entscheidung C treffen. A muß allerdings vorleisten, B kann dann frei entscheiden, ob er die Leistung von A erwidern will. Da A seinen Beitrag schon geleistet hat, kann B profitieren, ohne selbst beitragen zu müssen. A sieht dies vorher und wird deshalb D entscheiden. Das kooperative Projekt kommt nicht zustande, obwohl beide einig darüber sind, daß es eine echte Verbesserung gegenüber dem Status quo darstellt. Wenn B aber die Möglichkeit besitzt, bindend und glaubwürdig C zu versprechen, kann das Problem zum Nutzen beider behoben werden.

Man sieht leicht, daß jeder sukzessive Austausch von Gütern oder Leistungen im Grunde diese Entscheidungsstruktur aufweist. Umgekehrt kann jede Entscheidungssituation mit der Struktur des Vertrauensspiels als eine Situation des sukzessiven Austausches verstanden werden. Man muß nur die Entscheidung C als die Erbringung einer Leistung, D als die Unterlassung der Leistung interpretieren.

2.5 Vertrauen und Altruismus – ein weiteres Beispiel

Für die Analyse des Erntehilfebeispiels war die Voraussetzung wichtig, daß beide Akteure A und B kein direktes Interesse an dem Wohl des jeweils anderen haben. Unter Freunden entsteht das beschriebene Problem nicht. Jeder wird dem anderen helfen, um ihm einen Gefallen zu erweisen. Die Kooperation ergibt sich deshalb direkt aus den Neigungen der Personen füreinander. Es scheint also, daß das ganze Problem darauf zurückzuführen ist, daß die Menschen in erster Linie Egoisten sind. Dies trifft jedoch nicht zu. Man betrachte etwa das folgende Beispiel:

> Beate hat ein Studium fernab ihres Heimatorts aufgenommen. Sie bezieht Bafög und eine kleine zusätzliche Unterstützung von Zuhause. Am Studienort hat sie ein Zimmer in einer Wohngemeinschaft bezogen. Das Wohl ihrer Mitmenschen liegt Beate sehr am Herzen. Sie unterstützt deshalb verschiedene soziale Projekte. Außerdem greift sie ihren Freunden aus der Wohngemeinschaft immer wieder unter die Arme, wenn es nötig ist.
>
> Beates Engagement hat dazu geführt, daß sie sich zur Zeit in akuter Geldnot befindet. Ihr Problem ist so groß, daß sie möglicherweise ihr Studium vorübergehend aufgeben und eine Arbeit annehmen muß.
>
> Vater Alois weiß von den Problemen seiner Tochter. Er möchte ihr gerne mit einer kleinen zusätzlichen Finanzspritze helfen. Er befürchtet allerdings, daß seine Zuwendung von Beate aufgrund ihres sozialen Engagements sehr bald aufgebraucht sein wird und deshalb langfristig gar keine echte Hilfe darstellt.
>
> Beate könnte tatsächlich einige ihrer Aufwendungen für andere streichen oder kürzen, sie ist jedoch verständlicherweise ganz anderer Meinung als Alois.

Wir haben hier erneut eine Situation, in der 2 Personen Entscheidungen fällen können, die das Wohl des jeweils anderen betreffen. A, wie Alois, kann B, wie Beate, eine Geldzuwendung zukommen lassen oder nicht. Wir bezeichnen die erste Entscheidung wieder mit C, die zweite mit D. Erfolgt die Zahlung, kann Beate mit dem Geld einen finanziellen Neuanfang versuchen, sie kann aber auch alles beim alten lassen und nur die akuten Geldprobleme lösen. Auch hier werden die möglichen Entscheidungen mit C, respektive D bezeichnet. Die Abfolge der Entscheidungen und die Zahl der Entscheidungsalternativen entspricht vollkommen der allgemeinen Struktur eines Vertrauensspiels.

Tatsächlich ist auch die Bewertung der möglichen Ergebnisse durch Alois und Beate entsprechend. Alois möchte gerne helfen. Sein favorisiertes Ergebnis ist, daß Beate mit seiner Hilfe einen neuen Start findet (CC). Er möchte aber in jedem Falle verhindern, daß sein Geld ausgegeben wird, ohne daß nach seiner Vorhersage eine grundsätzliche Besserung von Beates Angelegenheiten erreicht wird (CD). Da würde er es schon lieber hinnehmen, daß Beate aus eigener Kraft ihr Problem lösen muß (D). Beate muß dies natürlich hinnehmen, sie findet jedoch, daß dies die schlechteste Lösung ist. Sie glaubt andererseits, daß ihr Problem vorübergehender Natur ist und mit dem Geld ihres Vaters ohne grundsätzliche Änderung ihrer Lebensweise behoben werden kann. Sie favorisiert deshalb diejenige Lösung, bei der ihr Vater zahlt, sie aber nichts ändert (CD).

Weil die Situation die Struktur eines Vertrauensspiels hat, werden Alois und Beate ihr Problem leicht zu lösen wissen. Alois wird seiner Tochter das Versprechen abnehmen, ihren Lebenswandel zu ändern. Beate wird dies Versprechen geben, und Alois wird ihr vertrauen. Gäbe es jedoch keine Möglichkeit der Selbstbindung für Beate, so würde – weil Alois Beates Einschätzung der Situation kennen wird – Beate wohl Umschau nach einem geeigneten Job halten müssen.

Obwohl es letztlich die gleiche Struktur besitzt, unterscheidet sich das zweite Beispiel merklich von Humes Beispiel der Erntehilfe. Zunächst handelt es sich bei der geschilderten Situation nicht mit der gleichen Deutlichkeit wie vorher um ein Problem des Austausches von Leistungen. Gewiß, es ist nach wie vor möglich, das Ergebnis CC als den Austausch von Leistungen zu verstehen. Dies ist jedoch eine eher formale Interpretation. Man wird im allgemeinen nicht von einer Leistung von Beate für Alois reden, wenn Beate ihre Lebensführung ändert. Der Grund liegt einfach darin, daß es bei der Entscheidung von Beate nicht um das Wohl von Alois im engeren Sinne geht.

Hier liegt tatsächlich der Hauptunterschied. Beide Akteure sind in unserem Beispiel durchaus altruistisch motiviert. Dies schützt sie jedoch nicht davor, in eine ähnliche Klemme zu geraten wie die Egoisten in Humes Erntehilfebeispiel. Das zugrundeliegende fundamentale Problem entsteht eben nicht wegen der besonderen Art der Entscheidungsmotive der beteiligten Personen. Der eigentliche Grund des Dilemmas ist vielmehr, daß die Akteure über die anzustrebenden Ziele und Wege uneinig sind. Das geschieht bei Altruisten so gut wie bei Egoisten oder bei Personen, die ihr eigenes *und* das Wohl anderer bei ihren Entscheidungen im Auge behalten.

Im Verein mit dem ersten Beispiel zeigt das zweite, wie grundlegend das in der Struktur der beiden Beispielsituationen enthaltene Problem ist. Menschen besitzen die Fähigkeit, ihre Entscheidungen danach zu fällen, welche Folgen sie von den Entscheidungen erwarten und wie sie diese bewerten. (Viele Philosophen halten im übrigen gerade diese Eigenschaft für charakteristisch menschlich.) Andererseits sind Menschen Individuen, deren Ziele sich unterscheiden. Zwei verschiedene Menschen können und werden deshalb oft hinsichtlich der Bewertung möglicher Handlungsfolgen zu ganz unterschiedlichen Ergebnissen kommen.

Das Problem liegt eben genau darin, daß Menschen einerseits unterschiedliche Ziele und unterschiedliche Vorstellungen darüber haben, wie diese Ziele zu realisieren sind, daß sie andererseits aber zur Verwirklichung ihrer Ziele aufeinander angewiesen sind. Diese Feststellung gilt weitgehend unabhängig davon, von welcher speziellen Art die Motive sind, die die Menschen bewegen, ob die Menschen etwa egoistisch oder altruistisch motiviert sind. Alle jene, die das Konfliktpotential in zwischenmenschlichen Beziehungen auf menschlichen Egoismus reduzieren wollen, mißverstehen daher die Allgemeinheit und den eigentlichen strategischen Charakter des Problems selbst. Es ist die konsequenzenorientierte menschliche Rationalität als solche und nicht die Motivrichtung, die zu seiner Entstehung führt.

3. Schluß

Ich habe hier zwei Beispiele von Zielkonflikten vorgestellt. In beiden Fällen existiert ein möglicher Kompromiß, von dem die beteiligten Akteure jeweils beide profitieren können. Wenn sie allerdings jeweils ihre Ziele individuell rational verfolgen, kann der Kompromiß nicht in einfacher Weise erreicht werden. Es ist dann Selbstbindungsmacht erforderlich. Die Analyse der Entscheidungsstruktur der beiden Situationen zeigte, daß dies an den strukturellen Eigenschaften der Situationen lag. Die Möglichkeit, ein bindendes Versprechen zu geben, verleiht die erwünschte Selbstbindungsmacht. Sie tut dies in ausgezeichneter und grundlegender Weise.

Offenbar muß man davon ausgehen, daß jede Gesellschaft mit strukturellen Problemen der hier beschriebenen Art behaftet ist. Menschen schließen sich zu Gesellschaften zusammen, um ihre Fähigkeiten und Leistungen wechselseitig nutzbar zu machen. Der Austausch von Leistungen im weitesten Sinne ist ein notwendiges Merkmal jeder Gesellschaft. Dabei wird es im Einzelfall erforderlich sein, daß Vorleistungen im Vertrauen auf eine entsprechende Erwiderung erbracht werden. Dies gilt auch dann, wenn die Menschen von vornherein bemüht sind, nicht nur das eigene Wohl, sondern auch das Wohl der anderen nach Kräften zu fördern. Selbst dann nämlich wird es erforderlich sein, die von unterschiedlichen Bewertungen und von unterschiedlichen Erwartungen über den Verlauf der Welt getriebenen Bemühungen der einzelnen zum gemeinsamen Wohl zu koordinieren. Die Institution des Versprechens erfüllt hier eine soziale Funktion. Sie macht Kooperation auch dann möglich, wenn die beteiligten Personen zwar ein gemeinsames kooperatives Ziel, ansonsten aber entgegengesetzte individuelle Erwartungen und Wertvorstellungen haben.

Diese recht allgemeinen Beobachtungen werden im übrigen durch unsere Erfahrungen bestätigt. Bei der Verfolgung unserer Ziele sind wir immer wieder auf die Hilfeleistung anderer, auf Kooperation und wechselseitiges Entgegenkommen angewiesen. Wir wissen, daß jeder für sich seine eigenen Ziele verfolgt, aber wir finden Lösungen, die jedem Vorteil versprechen. Wir vereinbaren wechselseitig, die notwendigen Schritte zu tun, und oft können wir uns darauf verlassen, daß solche Vereinbarungen ohne weitere Maßnahmen eingehalten werden. Wenn wir uns nicht sicher sind oder wenn eine Vereinbarung präziser Formulierung bedarf, schließen wir einen Vertrag ab. Man stelle sich vor, es sei nicht möglich, sich in dieser Weise Sicherheit in der Zusammenarbeit mit anderen zu verschaffen. Kooperation wäre dann nur noch in einem solch eingeschränkten Maße möglich, daß von einer Gesellschaft kaum die Rede sein kann.

Hart argumentiert, daß man unter Berücksichtigung der natürlichen Eigenschaften der Menschen und der allgemeine Beschaffenheit der Welt, in der sie leben, zu dem Schluß kommen muß, daß in jeder funktionierenden Gesellschaft die Pflicht, Versprechen zu halten, anerkannt werden muß. Die Analyse der Beispielsituationen bestätigt seine These. Auch bei der Durchführung gemeinsamer Projekte bleiben Menschen Individuen mit persönlichen Vorstellungen darüber, was zu erwarten und was zu wünschen ist. Jede Gesellschaft muß die daraus entstehenden Kooperations- und Koordinationsprobleme lösen. Dazu ist es erforderlich, daß die Individuen die Möglichkeit haben, sich selbst für zukünftige Handlungen zu binden. Der Grundsatz „Ein Versprechen ist einzuhalten!" muß deshalb allgemein anerkannt werden.

Die Voraussetzungen der vorangehenden Überlegungen sind denkbar gering. Es wurde lediglich benutzt, daß jede Gesellschaft kooperative Probleme von der Struktur eines Vertrauensspiels oder ähnlicher Struktur zu lösen hat. Hart geht in seiner empiristischen Naturrechtslehre wesentlich davon aus, daß die Menschen nur in einem begrenzten Maße zum Altruismus fähig sind. Dies mag richtig sein. Für mein Argument ist es unwesentlich. Es kommt, wie das zweite Beispiel zeigt, gar nicht auf den speziellen Charakter der Motive der Menschen an. Entscheidend ist lediglich, daß Menschen Individuen sind, die die Folgen ihrer Handlungen unterschiedlich bewerten und die zielgerichtet die von ihnen – auf welcher Grundlage auch immer – bevorzugten Ziele verfolgen.

Dies gibt Anlaß zu einer allgemeineren Beobachtung über den Charakter der Moral überhaupt. Es wird häufig als charakteristisch für moralische Handlungen angesehen, daß sie den unmittelbaren Interessen des Handelnden entgegenstehen. Für die Durchführung einer versprochenen Handlung in einem der vorgestellten Beispiele ist dies zweifellos richtig. Gemessen an seiner ursprünglichen Bewertung wählt derjenige, der sein Versprechen hält, eine

Handlung, die seinen in den ursprünglichen Präferenzen zum Ausdruck kommenden Zielen widerspricht. Wie ich argumentiert habe, ist aber die Fähigkeit, sich auf die „zweitbeste" Handlung festlegen zu können, insgesamt vorteilhaft. Der moralische Akteur, der sich durch ein Versprechen binden kann, kann in der Kooperation mit anderen Vorteile für sich realisieren, die für das nicht-moralische, zielgerichtet handelnde Individuum unerreichbar bleiben.

Wenn die Moral also von uns fordert, entgegen unseren unmittelbaren Neigungen zu handeln, so bedeutet dies nicht, daß moralische Menschen insgesamt schlechter gestellt sind als nicht-moralische. Moralische Akteure haben in einer Hinsicht einen entscheidenden Vorteil: Sie sind gern gesehene Partner für kooperative Unternehmungen (vgl. hierzu weitergehend auch Baurmann 1996 oder Frank 1992).

Literatur

Aristoteles (1969). *Nikomachische Ethik.* Übersetzung und Nachwort von Franz Dirlmeier, Stuttgart.

Baurmann, M. (1996). *Der Markt der Tugend.* Tübingen.

Dasgupta, P. (1988). Trust as a Commodity. In: D. Gambetta (ed.), *Trust: Making and Breaking Cooperative Relations*. Oxford, 49-72.

Frank, R. (1992). *Strategie der Emotionen.* München.

Hart, H.L.A. (1973). *Der Begriff des Rechts*. Frankfurt.

Hobbes, T. (1976). *Leviathan*. Stuttgart.

Hobbes, T. (1994). *Vom Menschen. Vom Bürger* (3. Aufl.). Hamburg.

Hoerster, N. (1982). Rechtsethik ohne Metaphysik. *Juristenzeitung* 37, 265-272.

Hoerster, N. (1983). Moralbegründung ohne Metaphysik. *Ertkenntnis* 19, 225-238.

Hoerster, N. (1987) (ed.). *Recht und Moral*. Stuttgart.

Hume, D. (1906). *Ein Traktat über die menschliche Natur*, Bd.II. Hamburg.

Kreps, D.M. (1990). Corporate Culture and Economic Theory. In: J.E. Alt, K.A. Shepsle (eds.). *Perspectives on Positive Political Economy.* Cambridge.

Lahno, B. (1995a). *Versprechen. Überlegungen zu einer künstlichen Tugend.* München.

Lahno, B. (1995b). Trust and Strategic Rationality. *Rationality and Society* 7, 442-464.

Universalisierung und Partikularisierung der Moral

Ein individualistisches Erklärungsmodell*

Norbert Hoerster gewidmet zum 60. Geburtstag

Michael Baurmann

1. Die Krise der Moderne und der Mythos der Gemeinschaft

Universalistische Werte und Normen wurden eine lange Zeit als selbstverständliche Bestandteile der modernen Gesellschaft betrachtet. Die Verallgemeinerung von Wertsystemen, die Durchsetzung formaler Gleichheit, die fortschreitende Einbeziehung in eine globale „organische Solidarität" schienen zwangsläufige Konsequenzen des Modernisierungsprozesses zu sein. Soziologische Modernisierungstheorien von Marx über Weber bis Parsons stimmen darin überein, daß durch zunehmende Arbeitsteilung und expandierende Marktbeziehungen die Bedeutung lokaler Gemeinschaften und partikularer Zugehörigkeiten immer geringer werde. Als Marktteilnehmer sind alle Menschen gleich. In einer optimistischen Interpretation dieser Entwicklung erhoffte man sich vor allem auch eine Universalisierung der *Moral*, eine prinzipielle Gleichbehandlung unabhängig von Herkunft, Sprache, Rasse, Klasse oder Glauben und eine Zurückdrängung willkürlich gewährter Vorrechte und Privilegien: „Obwohl sich die ‚Diskriminierung' wegen Zugehörigkeit zu einer Sippe, einer sozialen Klasse, einem Volk, einer Religion, einer Rasse usw. hartnäckig zeigt, scheint es auf lange Sicht einen beständigen und wirkungsvollen Druck in Richtung auf eine Bewertung – und damit auch auf Zulassung zu Mitgliedschaft und Erfolgschancen – nach vorwiegend universalistischen Kriterien zu geben" (Parsons 1972: 140). In der Moralphilosophie und Ethik machte man sich in diesem Klima kaum noch die Mühe, das universalistische Moralprinzip einer unparteilichen Berücksichtigung der Interessen aller ernsthaft zu begründen. Es schien ohnehin unstrittig und in der politischen Ideengeschichte der modernen Gesellschaft sowie als implizite oder explizite Voraussetzung moralischen Argumentierens von ihren Bürgern „immer schon" in Anspruch genommen.

---

* Dieser Aufsatz wurde in seinen Grundzügen im Jahr 1993 unter dem Eindruck der fremdenfeindlichen Gewalttaten in Deutschland geschrieben. Für wertvolle Anregungen und Hinweise danke ich Norbert Hoerster, Karl Otto Hondrich, Hartmut Kliemt und Klaus Peter Rippe.

Die heutige Wirklichkeit „der Moderne" mit blutigen Bürgerkriegen, militantem Chauvinismus, ethnischem Separatismus und auf Abgrenzung bedachtem Nationalismus steht in einem krassen Gegensatz zu diesem Weltbild. Statt der Ausdehnung der Moral und der gleichberechtigten Einbeziehung in ihren Schutz stehen Ausgrenzung und selektive Anwendung moralischer Prinzipien auf der Tagesordnung. Die Mitgliedschaft in einem bestimmten Kollektiv entscheidet zunehmend über die Gewährung moralischer Rechte. Diese Phänomene lassen sich weder zu bloßen Relikten vormoderner Gesellschaften noch zu vorübergehenden Begleiterscheinungen einer „nachholenden" Modernisierung verharmlosen – sie machen vielmehr deutlich, daß der bisherige Entwicklungspfad der westlichen Gesellschaften wohl nicht der vorgezeichnete Vollzug eines allgemeingültigen Musters der Modernisierung war, sondern ein singulärer Glücksfall der Geschichte: „Das Wunder Europa"[1].

Die Tendenzen zu einer Partikularisierung der Moral beschränken sich dabei keineswegs auf Staaten jenseits oder an der Schwelle zur „Moderne". Sie haben längst die Kernländer der modernen Gesellschaft selbst erreicht. Man könnte versucht sein, in Abwandlung von Max Weber festzustellen: „Die alten Götter entsteigen ihren Gräbern und beginnen untereinander wieder ihren ewigen Kampf." Vor allem die fremdenfeindlichen Gewalttaten hierzulande, deren Täter auch vor moralischen Elementarnormen wie dem Tötungsverbot keinen Respekt zeigten, machen mit Nachdruck klar, daß eine universalisierte Moral, deren Schutzbereich alle Menschen einschließt, auch *innerhalb* entwickelter moderner Gesellschaften nicht zwangsläufig auf verläßlichen Fundamenten ruht. Die vorliegenden empirischen Untersuchungen (vgl. etwa Willems et al. 1993; Heitmeyer et al. 1992) zeigen darüber hinaus, daß es sich bei den Tätern nicht um desintegrierte und benachteiligte Randgruppen handelt. Es sind keine isolierten „Asozialen", die hier ihren Frustrationen freien Lauf lassen. Die Urheber der ausländerfeindlichen Gewalttaten stammen – wie man allerorten bestürzt feststellte – „aus der Mitte unserer Gesellschaft". Typische Biographien oder besondere Persönlichkeitsmerkmale sind bei ihnen nicht feststellbar. Das aber heißt: Die Ursachen für ihre Handlungsweisen sind stärker mit den Kerninstitutionen der modernen Gesellschaft verbunden als manche wahrhaben wollen.

Die Entwicklungen der jüngeren Vergangenheit haben deshalb denjenigen Auftrieb gegeben, die an die moralfördernde Wirkung gesellschaftlicher Modernisierung ohnehin nie geglaubt haben, sondern in ihr eine moralisch destruktive Kraft sehen. Für diese Sichtweise spielt eine Auffassung eine dominierende Rolle, die man als *Mythos der Gemeinschaft* bezeichnen kann – eine Auffassung, die ihrerseits auf eine lange Tradition zurückblickt und seit eini-

---

[1] Vgl. die eindrucksvollen Schilderungen langfristiger historischer Entwicklungen in Jones 1991. Einen theoretischen „Überbau" liefert North 1988 und 1992. In prägnanter Kürze: Albert 1986.

ger Zeit eine bemerkenswerte Renaissance erlebt.[2] Kern dieser Auffassung ist die Annahme, daß vor allem der *Liberalismus* als Theorie und Praxis der westlichen Marktgesellschaften die Moral in diesen Gesellschaften untergrabe. Die liberalistische Sichtweise des Menschen als eines von allen sozialen Bezügen unabhängigen „atomisierten Selbst" werte einen verpflichtenden Gemeinsinn ab und legitimiere den Rückzug auf private Ziele. Die Anonymität und Mobilität der modernen liberalen Gesellschaft zerstöre soziale Bindungen und setze einen unaufhaltsamen Individualisierungsprozeß in Gang. Gewachsene Gemeinschaften mit einer überschaubaren Zahl von Mitgliedern, die sich in einem gemeinsamen Lebens- und Traditionszusammenhang verstehen können, würden durch „künstliche" Kollektive ersetzt, deren Mitglieder sich nur auf Zeit zu einem instrumentellen Zweck zusammenfinden. Ohne soziale Fundamente für gegenseitiges Vertrauen und wechselseitige Verpflichtungen würden die Menschen aber in ein „äußerliches" Konkurrenzverhältnis zueinander gezwungen, das durch die Mechanismen des wirtschaftlichen Marktes zusätzlichen Antrieb erhalte. Die zunehmende Vereinzelung dränge die Menschen zu einer eigensüchtigen Orientierung an persönlichen Interessen und entziehe so *jeder* Art von Moral ihr gesellschaftliches Fundament – erst recht einer Moral, die eine gleiche Berücksichtigung *aller* verlange.

Eine wirksame Moral benötige dagegen die „soziale Einbettung" des Individuums, seine sichere Mitgliedschaft in einer abgrenzbaren und festgefügten Gemeinschaft mit einer eigenen Tradition, einer eigenen Definition des gemeinsamen Guten und der Verläßlichkeit und Berechenbarkeit sozialer Beziehungen. Nur eine solche Einbettung erlaube das Entstehen sozialen Pflichtbewußtseins und die Identifikation mit anderen Menschen, die Impulsen zu einer Verfolgung von Eigeninteressen entgegenwirken. Gemäß dem Mythos der Gemeinschaft kann man ohne eine *kollektive Identität* des einzelnen, wie sie sich nur aus einer Einbindung des Menschen in dauerhafte Gemeinschaftsbezüge ergibt, kein Handeln im Interesse des allgemeinen Wohls erwarten und kann nicht erwarten, daß persönliche Interessen zugunsten der Forderungen der Moral zurückgestellt werden. Indem die liberale Gesellschaft Gemeinschaftsstrukturen zerstöre, Individualisierung und Isolierung Vorschub leiste, zerstöre sie auch die Voraussetzungen für die Herausbildung einer solchen kollektiven Identität. Dem einzelnen, in der entwickelten liberalen Gesellschaft der Anonymität überlassen und auf sich und seine persönlichen Interessen zurückgeworfen, bleibe gar nichts anderes übrig, als diese persönlichen Interessen zur Leitlinie seines Handelns zu machen.

Nun wird der Mythos der Gemeinschaft nicht immer in einer so dezidierten und expliziten Weise vertreten wie durch den sog. „Kommunitarismus" in der

---

2 Innerhalb der Sozialphilosophie vor allem durch den sog. „Kommunitarismus". Zu seinen wichtigsten Vertretern gehören Autoren wie Alasdair MacIntyre, Michael Sandel, Charles Taylor oder Michael Walzer. Einen einführenden Überblick über diese Strömung vermittelt Honneth 1993.

heutigen Sozialphilosophie. Auch die ihn stützenden Hintergrundannahmen sind durchaus nicht einheitlich. Sein großer Einfluß und seine weite Verbreitung erklären sich denn auch gerade daraus, daß er in zahlreichen Varianten und häufig auch nur unterschwellig und unausgesprochen in Anspruch genommen wird. In dieser Form ist der Mythos der Gemeinschaft allerdings heute wieder allgegenwärtig. Er findet sich in der Philosophie, der Ethik und den Sozialwissenschaften, ist aber auch in der breiteren Öffentlichkeit der Feuilletons, der Politik, der Kunst oder im Alltagsbewußtsein präsent. Die Anklage der „Ellenbogengesellschaft" gehört ebenso hierher wie die Dämonisierung des „Molochs Markt".

Es ist daher nicht überraschend, daß der Mythos der Gemeinschaft insbesondere auch dann eine prominente Rolle spielt, wenn es um die Erklärung fremdenfeindlicher Gewalt innerhalb moderner Gesellschaften geht. So benennt etwa die Politologin Gesine Schwan als Ursachen „das Leben ohne Gott in einem säkularen Zeitalter, die gesellschaftliche Differenzierung und Atomisierung, die es immer schwerer macht, zuverlässige persönliche Beziehungen aufzubauen und zu erhalten" (1993: 35). Dem Rechtsextremismus-Forscher Wilhelm Heitmeyer verdanken wir die „Instrumentalismus-These", dergemäß Ideologien der Ungleichheit und Gewaltakzeptanz mit „Individualisierungsschüben" in der konkurrenzbestimmten Industriegesellschaft zu erklären sind: Durch den in „Individualisierungsprozessen immer auch eingelagerten Zwang zur Selbstdurchsetzung" würden „die Folgen des eigenen Handelns für andere immer weniger oder gar nicht mehr berücksichtigt" (1992: 595). Von Claus Leggewie hören wir, daß das Ausländerproblem „nur ein symbolischer Platzhalter für Identitätskrisen und Zerfallserscheinungen der westlichen Gesellschaften" sei (1993: 93f.), und Kurt Imhof vermutet schließlich, daß die „stigmatisierende Typisierung des Fremden" der „Identitätssicherung" einer Gesellschaft diene, die sich „über modernisierungsinduzierte strukturelle Spannungen, Orientierungsverlust und Zukunftsunsicherheit" einer „Komplexitätssteigerung ... ausgesetzt sieht" (1993: 349).

Diese Erklärungsversuche sind bei näherer Betrachtung aber alles andere als einleuchtend. Denn bei den ausländerfeindlichen Gewalttaten handelt es sich offenkundig um Taten, die ihrer Gesinnung nach *gegen* die Grundinstitutionen der modernen Gesellschaft gerichtet sind: Sie sind gegen eine Gesellschaft gerichtet, die freien Zugang zu ihrem Territorium und ihren Märkten gestattet, sie bekämpfen eine soziale Ordnung, in der die Grenzen zwischen Mitgliedern und Nicht-Mitgliedern nicht eindeutig definiert sind, und sie repräsentieren die Sehnsucht nach abgeschlossenen und homogenen sozialen Gruppen. Diese Taten verkörpern *nicht* die Exzesse eines entfesselten Individualismus. Sie verdanken sich eher der distanzlosen Bindung an das eigene Kollektiv.[3] Es handelt sich nicht um den Vollzug des Liberalismus, sondern

---

[3] Bezeichnenderweise ereigneten sich ausländerfeindliche Gewalttaten besonders häufig in Kleinstädten und ländlichen Gemeinden.

um eine Revolte *gegen* den Liberalismus, ein *Auflehnen* gegen die moderne liberale Gesellschaft mit ihrem nivellierenden Gleichheitsprinzip, das – unabhängig von der Zugehörigkeit zu bestimmten Gemeinschaften – grundlegende Rechte und Chancen allen zugesteht.

Mit anderen Worten: Es ist gerade eine krude Form des Mythos der Gemeinschaft, der den Handlungen der fremdenfeindlichen Gewalttäter zugrunde liegt.[4] Wie verquer sich dieser Mythos in ihren Vorstellungen nun auch immer wiederfinden mag, es muß zu denken geben, daß ausgerechnet die durch diesen Mythos getragenen gesellschaftlichen Bewegungen jene Unmoral im Übermaß produzieren, die doch angeblich den destruktiven Auswirkungen der modernen Gesellschaft und *ihrer* Ideologie zuzuschreiben ist. Liegt hier nur ein „Irrtum" intellektuell minderbemittelter Gewalttäter vor, die den Sinn des Konzepts Gemeinschaft falsch verstanden haben, oder gibt es vielleicht doch einen tieferen Zusammenhang zwischen dem Mythos der Gemeinschaft und den Vorgängen einer Partikularisierung der Moral, die wir in der heutigen Zeit erleben?

Diese Frage drängt sich verstärkt auf, wenn man den Blick über unsere geographischen und historischen Grenzen richtet. Klaus Hartung hat zu Recht auf die Merkwürdigkeit hingewiesen, daß bei allen Forschungen, Reportagen und Recherchen zu dem Problem der Fremdenfeindlichkeit in Deutschland eine Seite der Gegenwart ausgeblendet wurde: „die Tatsache nämlich, daß in Europa Krieg herrscht und Kriege vor der Tür stehen; daß wir in einer Gegenwart leben, in der Eroberungen belohnt und Völkermorde straflos bleiben" (Hartung 1993: 148). Schließlich sei es „inzwischen nur eine Frage von ein paar hundert Kilometern ... ob Jugendliche nur barbarische Einzeltäter sind oder als Milizionäre, Wächter von Konzentrationslagern, durch Massenerschießungen und Vergewaltigungen ihre Volksgemeinschaft verteidigen" (a.a.O.: 153).

Blendet man diese Seite der Gegenwart jedoch nicht aus, dann ist es unverkennbar nicht ein übersteigerter Individualismus, sondern die Überidentifikation mit der eigenen Gemeinschaft, die sich heute wieder bis zur blutigen „ethnischen Säuberung" steigert. Der Bürgerkrieg auf dem Balkan kann ebensowenig mit der Vereinzelung seiner Bürger erklärt werden wie der gewaltsame Separatismus in den Staaten der ehemaligen Sowjetunion mit dem Instrumentalismus einer Marktgesellschaft oder die nicht endende Kette von Krieg und Unterwerfung in der menschlichen Geschichte insgesamt mit einer mangelhaften sozialen Einbindung des einzelnen. Wer in dem Individualismus, in der Anonymität und Mobilität der modernen Gesellschaft die Hauptursachen für die Partikularisierung der Moral sehen will, der verkennt, daß es sich keineswegs um ein Phänomen handelt, das auf Gesellschaften mit sol-

4 Symptomatisch insofern die Äußerung eines Einwohners von Hünxe: „Wie kann man uns das antun, hier in diesem friedlichen, freundlichen, netten Dorf, hier so viele Ausländer hereinzusetzen, die verderben uns doch unsere Gemeinschaft" (zitiert nach Willems et al. a.a.O.: 221).

chen Merkmalen *beschränkt* ist. In der Geschichte der Menschheit ist es vielmehr die Regel, den Interessen und Zielen der eigenen Gruppe unzweideutig den Vorzug gegenüber den Interessen und Bedürfnissen von Außenstehenden einzuräumen. Es wäre offenkundig absurd, wollte man die gesamte Geschichte und Gegenwart gewalttätiger Ausgrenzung und moralischer Diskriminierung mit „Individualisierungsschüben" oder „Modernisierungswidersprüchen" erklären.

Es ist demnach festzustellen, daß *weder* die soziologischen Modernisierungstheorien *noch* eine auf den Mythos der Gemeinschaft gestützte kommunitaristische Sichtweise überzeugende Erklärungen dafür anzubieten haben, von welchen gesellschaftlichen Bedingungen eine Universalisierung bzw. Partikularisierung der Moral abhängig ist. Während angesichts der Entwicklungen der jüngeren Vergangenheit die Auffassung der Modernisierungstheorien wenig plausibel erscheint, daß der gesellschaftliche Modernisierungsprozeß zwangsläufig eine Universalisierung der Moral zur Folge hat, kann angesichts der Tatsache, daß eine partikularisierte Moral in allen Epochen der menschlichen Gesellschaft vorzufinden ist, der Versuch ebenfalls nur wenig überzeugen, nunmehr im umgekehrten Verfahren in der modernen Gesellschaft selbst die Hauptursache einer Partikularisierung der Moral zu suchen.

Im folgenden möchte ich deswegen ein zu *beiden* Ansätzen alternatives Erklärungsmodell skizzieren. Dieses Modell ist sowohl auf die Verhältnisse in modernen als auch in vormodernen, traditionalen Gesellschaften anwendbar. Es führt die Partikularisierung der Moral auf Antriebe zurück, die im Prinzip in allen Gesellschaftsformen wirksam sind – die also *weder* für die moderne Gesellschaft spezifisch sind *noch* in ihr vollständig beseitigt werden können. Das Modell gibt allerdings den Modernisierungstheorien insofern Recht, daß tatsächlich *nur* in einer modernen Gesellschaft die Chance besteht, die Antriebe der moralischen Ausgrenzung erfolgreich einzudämmen und eine universalisierte Moral durchzusetzen. Die dauerhafte und verläßliche Durchsetzung einer solchen Moral ist jedoch auch in der modernen Gesellschaft keine Selbstverständlichkeit, die sich als Nebenfolge „funktionaler Differenzierung" oder „struktureller Imperative" gesellschaftlicher Systeme quasi selbsttätig einstellt.[5] Um das zu erkennen, muß man von einer solchen holistischen Betrachtungsweise Abstand nehmen. Erst mit einem individualistischen Ansatz

---

[5] Exemplarisch für eine solche „Erklärung" sind die folgenden Formulierungen Niklas Luhmanns: „Menschenrechte haben es mit der Unübersichtlichkeit der Verhältnisse, also wesentlich auch mit den Effekten funktionaler Differenzierung zu tun. Sie sind ein genaues Korrelat der strukturell erzwungenen Zukunftsoffenheit der modernen Gesellschaft. ... Funktional dienen Menschenrechte dem Offenhalten von Zukunft für je systemverschiedene autopoietische Reproduktion. Keine Einteilung, keine Klassifikation und erst recht: keine politische Sortierung von Menschen darf die Zukunft einschränken." (1993: 115f.) Wie es aber diese „strukturellen Imperative der modernen Gesellschaft" bewerkstelligen, daß solche universalistischen Menschenrechte tatsächlich vertreten, durchgesetzt und befolgt werden, darüber verliert Luhmann ebensowenig ein Wort wie zu dem Problem, warum die „strukturell erzwungene Zukunftsoffenheit der modernen Gesellschaft" von fremdenfeindlichen Gewalttätern einfach ignoriert werden kann.

kann deutlich werden, daß der Prozeß der Modernisierung und der Etablierung einer universalistischen Moral abhängig ist und bleibt von individuellen Interessen, die diesen Prozeß fördern oder unterminieren.[6]

Im 2. Abschnitt geht es zunächst generell um Moral als Erklärungsgegenstand einer positiven Sozialtheorie. Der 3. Abschnitt erläutert das Prinzip der individuellen Zurechnung als Instrument der Moraldurchsetzung. Die zentrale Frage, wie man eine Universalisierung der Moral erklären kann, ist Inhalt des 4. Abschnitts. Der 5. Abschnitt analysiert die Interessen, die einer Universalisierung der Moral entgegenstehen. Im 6. Abschnitt werden Erklärungsthesen zur Partikularisierung der Moral vorgestellt. Das „Dilemma der Zurechnung" ist Gegenstand des 7. Abschnitts, während im 8. Abschnitt Fehlinterpretationen des Prinzips der individuellen Zurechnung erörtert werden. Der 9. Abschnitt enthält schließlich als Anwendungsfall des zuvor entwickelten Modells eine Erklärungsskizze für fremdenfeindliche Gewalt in modernen Gesellschaften.

2. Moral als Erklärungsgegenstand positiver Sozialtheorie

Als erstes muß die Ausgangsfrage anders formuliert werden. Die meisten einschlägigen Diskussionen und Untersuchungen – vor allem wenn es um das Phänomen fremdenfeindlicher Gewalt in unserer eigenen Gesellschaft geht – beginnen mit der Frage nach den *Ursachen* für moralischen Partikularismus, für Ausgrenzung, Diskriminierung und Gruppenegoismus. Damit suggeriert man, daß das Normale und nicht weiter Erklärungsbedürftige ein Zustand ist, in dem in wesentlichen Bereichen menschlichen Zusammenlebens zwischen Angehörigen der eigenen Gemeinschaft und Außenstehenden nicht unterschieden wird, in dem Angehörige anderer Nationen, Völker, Religionen, Rassen oder Klassen in gleicher Weise unter dem Schutz der Moral- und Rechtsordnung stehen wie die Mitglieder der eigenen Gruppe, in dem der Ausländer und Fremde die gleichen Grundrechte genießt wie der Einheimische und Nachbar.

Das Normale und Selbstverständliche in der Geschichte der Menschheit ist aber mitnichten die Praktizierung einer universalisierten, in ihrer Reichweite uneingeschränkten Moral, wonach alle Menschen in gleicher Weise Anspruch auf Achtung ihrer Interessen und Bedürfnisse haben. Das Normale und Selbstverständliche ist vielmehr das genaue Gegenteil: Klare Grenzen zwischen denjenigen Personen, denen man den Schutz der Moral zukommen läßt, und solchen, denen man diesen Schutz verweigert, weil sie nicht zur eigenen Gruppe gehören. Die Vergangenheit *und* Gegenwart zeigen überdeutlich, daß Diskriminierung und Ausgrenzung, Raub und Ausbeutung, Unterjochung und

6 Für eine individualistische Analyse des mit der hier untersuchten Problematik verwandten Phänomens der „ethnischen Differenzierung" vgl. Esser 1988.

Versklavung der „anderen", daß Krieg und Massenmord an Angehörigen fremder sozialer Gruppen nicht die Ausnahmen von der Regel, sondern der Normalfall sind. Sie zeigen auch, daß diese Phänomene ebensogut das Ergebnis einer kaltblütigen Interessenabwägung sein können wie das Resultat aufgewühlter Leidenschaften. Weder sein Verstand noch seine Gefühle haben den Menschen daran gehindert, Mitglieder anderer sozialer Gruppen zu unterwerfen und zu bloßen Objekten seiner Begierden zu degradieren.

Macht man sich diese ernüchternde Erkenntnis zu eigen, dann mag das *Erschrecken* nach wie vor den menschenverachtenden „ethnischen Säuberungen" im ehemaligen Jugoslawien oder der Eskalation fremdenfeindlicher Gewalt im eigenen Land gelten. Das *Erstaunen* aber sollte sich darauf richten, daß solche Handlungsweisen zumindest in einigen Gesellschaften für eine geraume Zeit überwunden waren und eine universalisierte Moral nicht nur als Lippenbekenntnis praktiziert wurde. Gemessen am durchschnittlichen Verlauf der menschlichen Geschichte muß es sich um eine ungewöhnliche und unwahrscheinliche Konstellation handeln, die diese zivilisatorische Leistung ermöglichte. Hier hat die Frage nach aufklärungsbedürftigen Ursachen tatsächlich ihr gutes Recht. Das Explanandum ist daher zunächst nicht die *Partikularisierung* der Moral, sondern ihre *Universalisierung*. Die Ausgangsfrage muß lauten: Wie konnte eine universalisierte Moral als eine wirksame, das Verhalten bestimmende Kraft empirisch überhaupt jemals entstehen?

Überlegen wir in einem ersten Schritt, wie sich aus dem Blickwinkel positiver Sozialtheorie das Phänomen der Moral generell als Erklärungsobjekt darstellt. Jedem von uns ist vertraut, welche Verhaltensweisen in der Regel Gegenstand der Moral sind: Es geht um Verhaltensweisen wie töten, verletzen, rauben, stehlen, betrügen, lügen, faulenzen, helfen, danken, belohnen, vergeben, beten, arbeiten oder maßhalten. Ein solcher Katalog hilft aber nicht so recht weiter, wenn man nach einer allgemeinen empirischen Erklärung dafür sucht, warum bestimmte Verhaltensweisen in diesen Katalog aufgenommen werden. Existiert darüber hinaus ein allgemeines, für das Erklärungsinteresse des Sozialtheoretikers relevantes Merkmal, das Verhaltensweisen, die Gegenstand der Moral sind, gemeinhin auszeichnet? Gibt es einen Generalschlüssel, der uns aus einer empirisch-explanativen Perspektive die Türen zu einem Verständnis der Moral öffnen kann?

Ich denke, ein solches Merkmal läßt sich relativ leicht angeben. Analysiert man den eben aufgeblätterten Katalog etwas näher, dann werden von der Moral Verhaltensweisen gefordert, die in bestimmten Situationen unseren Antrieben und Interessen widersprechen. Moral verlangt erst einmal Verzicht, fordert ein Opfer. Moralische Gebote kommen regelmäßig in Konflikt mit spontanen Gefühlen und unkontrollierten Leidenschaften, mit unmittelbaren Handlungsimpulsen, aber auch mit kühl kalkulierten Interessen: Moral verbietet Handlungen aus Eifersucht oder Habgier, die zügellose Jagd nach Reichtum, den Rausch der Sinne und die Sucht nach Drogen, Moral verlangt, sexuelle Empfindungen zu unterdrücken, diszipliniert zu arbeiten, Göttern und

Herrschern zu dienen, Mitmenschen nicht zu schädigen, ihnen zu helfen oder ihre Hoffnungen zu erfüllen. Bildlich gesprochen kann man daher sagen, daß für die Verwirklichung der Forderungen der Moral immer ein gewisser Widerstand bei demjenigen überwunden werden muß, an den sich die Moral richtet.

Für den Kernbereich der Moral, der uns im vorliegenden Zusammenhang allein interessiert, läßt sich diese Feststellung weiter eingrenzen. Unter dem Kernbereich der Moral verstehe ich die Forderungen einer „Minimal-" oder „Kernmoral"[7], die nicht für Heilige und Helden gelten, sondern die an Alltagsmenschen gerichtet sind und ohne deren einigermaßen verläßliche Befolgung keine menschliche Gesellschaft dauerhaft bestehen kann. Die Verbote zu töten, zu verletzen, zu rauben, zu stehlen, zu betrügen und zu lügen gehören ebenso hierher wie die Gebote zur Nothilfe, zur Vertragstreue und zu einer fairen Beteiligung an gemeinsamen Aufgaben. Auch für eine solche Kernmoral trifft zu, daß sie von ihren Adressaten Verzicht und Opfer verlangt, denn es kann durchaus im Interesse eines Menschen sein, zu töten, zu rauben, zu betrügen oder sich vor gemeinsamen Pflichten zu drücken.

Entscheidend aber ist, daß die Forderungen einer Kernmoral diesen Verzicht und dieses Opfer im Interesse *anderer* Personen verlangen. Eine Befolgung ihrer Vorschriften kommt anderen Personen individuell oder kollektiv zugute und ist – jedenfalls unmittelbar – einseitig für sie von Nutzen. Das gilt nicht für alle Forderungen der Moral. Die eigene Begabung zu entwickeln, einen gemäßigten Lebenswandel zu pflegen oder regelmäßig die Kirche zu besuchen, richtet sich zwar gegen möglicherweise bestehende aktuelle Wünsche und kurzfristige Ziele der handelnden Personen, kann aber ihren eigenen wohlverstandenen Interessen dienen. Anders jedoch im Bereich der Kern- oder Minimalmoral: Nutznießer etwa des Tötungs-, Raub- und Lügenverbots sind zunächst einmal diejenigen, die nicht getötet, beraubt und belogen werden. Hier geht es um Verhaltensweisen, bei denen es typischerweise „Täter" und „Opfer" gibt und bei denen – gravierende – Interessenkonflikte vorliegen können.

Daran ändert auch die Tatsache nichts, daß die allgemeine Geltung einer Kernmoral mittelbar durchaus im *gemeinsamen* Interesse aller Beteiligten sein kann. Die Existenz moralischer Gebote signalisiert vielmehr das Faktum, daß gemeinsame Interessen an einer allgemeinen Ausführung bestimmter Verhaltensweisen nicht immer mit den individuellen Interessen übereinstimmen, wenn es um die Ausführung dieser Verhaltensweisen im konkreten Einzelfall geht.[8]

---

7 Zu Begriff und normativen Aspekten einer Minimalmoral vgl. näherhin Hoerster 1981 und 1983.

8 Eine solche dilemmatische Struktur weisen bekanntlich viele soziale Situationen auf. Zu den verschiedenen Typen von sozialen Dilemmata vgl. etwa Voss 1985: 71ff. Die Funktion von sozialen Normen in dilemmatischen Situationen hat vor allem Edna Ullmann-Margalit (1977) analysiert. Wie man den „Fallen der Klugheit" durch Moral möglicherweise entkommen könnte, untersucht der Beitrag von Rainer Hegselmann in diesem Band.

Aus diesen einfachen und eher trivialen Feststellungen lassen sich Schlußfolgerungen ziehen, die aus der Sicht des Sozialtheoretikers durchaus nicht trivial sind:

1. Es folgt, daß die verhaltenswirksame Geltung einer Kernmoral gleichbedeutend mit dem Faktum ist, daß Menschen regelmäßig Verhaltensweisen ausführen, die nicht in ihrem, sondern im Interesse anderer Menschen sind. Eine Kernmoral besteht insofern typischerweise aus „kategorischen" Normen, in dem Sinne, daß diese Normen im Gegensatz zu „hypothetischen" Normen ein bestimmtes Verhalten unabhängig davon fordern, welche Ziele und Interessen der Normadressat verfolgt.

2. Es folgt, daß es Moral*interessenten* gibt, die die kategorischen Normen einer Kernmoral tatsächlich vertreten. Wenn es nämlich im elementaren Interesse von Menschen ist, daß sich andere Menschen ihnen gegenüber entsprechend einer Kernmoral verhalten, dann haben sie einen guten Grund, diese Verhaltensweisen ausdrücklich zu fordern.

3. Es folgt, daß es Moral*garanten* geben muß, die aktiv für eine Durchsetzung der Normen einer Kernmoral sorgen. Wenn nämlich die Normen einer Kernmoral Verhaltensweisen verlangen, die den Interessen der Moraladressaten zuwiderlaufen, dann haben die Moraladressaten einen guten Grund, diese Verhaltensweisen *nicht* auszuführen.

Aus diesen Folgerungen ergibt sich für den Sozialtheoretiker, der die Entstehung einer verhaltenswirksamen Kernmoral erklären will, die Anschlußfrage: Welche Möglichkeiten bestehen für die Moralinteressenten bzw. Moralgaranten, die kategorischen Normen der Kernmoral gegenüber den Moraladressaten durchzusetzen? Nur wenn der Sozialtheoretiker diese Frage beantworten kann, kann er erklären, warum Menschen als Adressaten einer Kernmoral regelmäßig Handlungsweisen ausführen, die nicht in ihrem, sondern im Interesse anderer Personen sind.

3. Das Prinzip der individuellen Zurechnung

Wenn man sich von anderen Personen Verhaltensweisen wünscht, die in bestimmten Situationen gegen ihre Interessen gerichtet sind, stehen grundsätzlich *zwei* Möglichkeiten offen: Entweder verändert man die *objektiven Bedingungen* ihres Handelns so, daß Situationen mit solchen Interessenkollisionen nicht mehr auftreten. Oder man verändert die *subjektiven Beweggründe* ihres Handelns so, daß in Situationen dieser Art die erwünschten Verhaltensweisen dennoch ausgeführt werden.

Die erste Möglichkeit wird häufig als der Königsweg betrachtet, den Moralinteressenten so weit wie möglich beschreiten sollten. Und es ist zweifellos auch zutreffend, daß Faktoren wie Armut, Arbeitslosigkeit, soziale Desintegration oder die ungleiche Verteilung von Besitztümern dazu beitragen, daß Interessengegensätze vertieft werden und insofern die Anreize für ein Handeln auf Kosten anderer wachsen. Wem der Weg versperrt ist, mit legalen und legitimen Mitteln an die Güter dieser Welt zu gelangen, hat eben einen stärkeren Grund, dieses Ziel mit illegalen und illegitimen Mitteln anzustreben – insoweit haben die traditionellen soziologischen Anomietheorien zur Erklärung abweichenden Verhaltens durchaus recht.

Und doch ist das bestenfalls die halbe Wahrheit. Denn auch wenn die Moralinteressenten gut beraten sein mögen, über eine Veränderung gesellschaftlicher Verhältnisse die Motive für ein moralwidriges Handeln abzuschwächen, so ist es eine gefährliche Illusion, daß durch eine Veränderung externer Randbedingungen das Problem der Moraldurchsetzung grundsätzlich gelöst werden könnte. Es droht die Gefahr, daß über die Aufmerksamkeit für diese Faktoren der eigentlich fundamentale Mechanismus der Moraldurchsetzung verkannt und vernachlässigt wird.

Denn auch in einer Gesellschaft ohne große Unterschiede zwischen arm und reich, ohne ein hartes Konkurrenz- und Leistungsprinzip, mit garantierten Arbeitsplätzen und einem umfassenden sozialen Netz, würden die Anreize für ein Handeln auf Kosten anderer Menschen nicht einfach verschwinden. Der Betrug ist auch zwischen Gleichsituierten ein Vorteil, auch der Wohlhabende kann von einer Übervorteilung seines Partners profitieren. Eine sozialistische Um- und Gleichverteilung beseitigt keineswegs die Knappheit und damit die grundsätzliche Konkurrenz um Güter und Lebenschancen. Leistungsunabhängige Bezahlung schützt nicht davor, daß Lasten auf andere abgeschoben werden können. Soziale Integration und Wohlstand sind als solche keine Garantien für Moral, sondern eröffnen einem moralwidrigen Handeln im Gegenteil sogar neue Gelegenheiten und erzeugen neue Versuchungen. Eine egalitäre Wohlstandsgesellschaft kann moralisch ebenso verrohen wie eine Klassengesellschaft mit einem großen sozialen Gefälle ein hohes Niveau an individueller Moralität aufzuweisen vermag. Es sind eben nicht ausschließlich und noch nicht einmal überwiegend die gesellschaftlich zu kurz Gekommenen, die Benachteiligten und Depravierten, die sich die schlimmsten Verstöße gegen Moral und Recht zuschulden kommen lassen.

Der fundamentale Irrtum, der mit der Annahme verbunden ist, man könne, grob gesprochen, durch einen Abbau sozialer Unterschiede zwischen den Menschen die Gründe für ein moralwidriges Verhalten nicht nur verringern, sondern *beseitigen*, besteht darin, daß die grundsätzliche Wurzel für Interessenantagonismen verkannt wird. Diese Wurzel ist in der Struktur menschlicher Sozialbeziehungen als solcher zu suchen. Diese Beziehungen schaffen regelmäßig Gelegenheiten und Anreize, zum eigenen Vorteil gegen das Wohl anderer Einzelpersonen oder der Allgemeinheit zu handeln – ganz unabhängig davon, ob man reich oder arm, sozial integriert oder desintegriert ist: Das Eigentum anderer verleitet zum Diebstahl, der eigene Besitz ermöglicht Bestechung, das Amt die Vorteilsnahme, Ohnmacht motiviert zur Rebellion, Macht zur Unterdrückung, Verträge eröffnen Betrugsmöglichkeiten, gemeinsame Aufgaben erlauben ungleiche Lastenverteilung, flüchtige Kontakte belohnen den Vertrauensbruch, die schiere Größe von Gruppen schafft eine Kluft zwischen individuellen und kollektiven Interessen und läßt eine Abwälzung von Kosten auf andere zu. Weder gibt es eine „natürliche" Interessenharmonie zwischen den Menschen noch läßt sich eine solche Harmonie „künstlich" herstellen.

Ein Moralinteressent kann aus diesem Grund nicht darauf hoffen, seine Wünsche nach einem moralkonformen Handeln seiner Mitmenschen allein dadurch zu verwirklichen, daß er mit den objektiven Bedingungen für Interessengegensätze die Ursachen moralwidrigen Handelns prinzipiell beseitigt. Er muß sich vielmehr damit abfinden, daß es strukturell bedingte Anreize zu einem Handeln auf Kosten anderer und damit auch zu einem Handeln gegen die Gebote der Kernmoral gibt, die seinem Einfluß grundsätzlich entzogen sind. Es bleibt ihm deswegen nichts anderes übrig, als an den *subjektiven* Ursachen des Handelns der Moraladressaten anzusetzen, um ein Gegengewicht zu den objektiv vorhandenen Versuchungen zu schaffen. Das Individuum selbst ist für ihn der „archimedische Punkt", an dem er in der Ursachenkette ansetzen muß, um die gewünschten Verhaltensweisen herbeizuführen. Unter dieser Voraussetzung gibt es aber nur einen gangbaren Weg: Ein Moralinteressent muß die Ausführung der erwünschten Verhaltensweisen bestärken und belohnen und die Ausführung der unerwünschten Verhaltensweisen mißbilligen und bestrafen. Kurz gesagt: Ein Moralinteressent muß sich zur Durchsetzung moralischer Normen an dem *Prinzip der individuellen Zurechnung* orientieren.

Dieses Prinzip ist in unserem Leben denn auch allgegenwärtig. Es verbirgt sich hinter unserer Praxis, Menschen für ihre Handlungen *verantwortlich zu machen.*[9] Dankbarkeit und Belohnung, Haftung und Strafe, Lob und Anerkennung, Haß und Vergeltung, Verehrung und Verachtung sind alles Phänomene, die das Prinzip der individuellen Zurechnung zum Ausdruck bringen. Vom freundschaftlichen Vorwurf bis zur Gefängnisstrafe, vom elterlichen Lob bis zur staatlichen Ordensverleihung regiert das Prinzip der individuellen Zurechnung unser Leben: das Prinzip, daß sich für eine Person aus ihren Handlungen positive oder negative Konsequenzen ergeben, die ihr von anderen gewährt oder auferlegt werden.

---

9 Eine mittlerweile klassische Analyse dieser Praxis und ihrer Bedeutung für die „Fabrik des Lebens" stammt von Strawson (1978). Strawson verbindet allerdings die Praxis individueller Zurechnung zu eng und ausschließlich mit gefühlsmäßigen Reaktionen; eine ausführliche kritische Erörterung Strawsons findet sich in Baurmann 1987: 145ff.

Individuelle Zurechnung als Mittel der Verhaltensbeeinflussung ist ein Instrument mit vielen Facetten. Es wirkt unmittelbar auf die Handlungen einer Person, insofern sie die positiven oder negativen Konsequenzen der ihr „zugerechneten" Handlungen in ihrer Entscheidung für den konkreten Fall antizipieren kann. Es nimmt aber auch mittelbar auf Handlungen Einfluß, indem es die Entstehung einzelfallübergreifender Handlungsdispositionen fördert. Positive und negative Reaktionen auf bestimmte Handlungen wirken als „Verstärker", die nicht nur die rationale Willensbildung und die Entscheidungsfindung im Einzelfall beeinflussen, sondern durch ihren kumulativen und stetigen Einfluß auch zur Herausbildung und Aufrechterhaltung von langfristig wirksamen Eigenschaften, Neigungen und Gewohnheiten beitragen.[10] Sozialisation und Erziehung sind ohne eine individuelle Zurechnung von Handlungen nicht denkbar. Das Prinzip der individuellen Zurechnung entfaltet demnach seine Wirkung sowohl in der aktuellen Handlungssituation als auch in kontinuierlichen Lern- und Entwicklungsprozessen, indem es die dauerhafte Aneignung bestimmter Handlungsdispositionen prämiiert und andere mit Kosten belegt.

Darüber hinaus können die Reaktionen, die gemäß dem Prinzip der individuellen Zurechnung erfolgen, sehr unterschiedlicher Natur sein: angefangen von spontaner Bewunderung und leidenschaftlicher Aggression über den emotionalen Abbruch einer Freundschaft und die kollektiv getroffene Entscheidung zu einem Ausschluß aus einer Gemeinschaft bis hin zur routinemäßigen Belohnung und kühl kalkulierten Rechtsstrafe. Gemeinsam ist diesen Reaktionen, daß sie für ihre Adressaten spürbare positive oder negative Folgen ihrer Handlungsweisen und damit Gründe darstellen, diese Handlungsweisen bzw. die sie bestimmenden Dispositionen beizubehalten oder zu ändern. Individuelle Zurechnung sorgt dafür, daß die Konsequenzen seiner Handlungen für den Handelnden „re-individualisiert" werden. Indem ihm die positiven oder negativen Auswirkungen, die seine Handlungen für *andere* haben, mittelbar *selber* auferlegt werden, wirken sie als Kausalfolgen seines Handelns auf ihn selbst zurück.

Das Prinzip der individuellen Zurechnung „konfrontiert" die Handelnden mit ihren Handlungen also in der unterschiedlichsten Weise. Es wirkt „spezialpräventiv" auf den direkt Betroffenen und „generalpräventiv" auf den Beobachter; es spricht über kalkulierbare Handlungsfolgen die Rationalität und durch psychologische Verstärkung die Emotionalität an; es zielt kurzfristig auf die Einzelentscheidung und langfristig auf die Herausbildung von Dispositionen; es kann informell und spontan praktiziert werden und formell insti-

---

[10] Eine in der Strafrechtswissenschaft mittlerweile verbreitete Auffassung besagt, daß gerade auch staatliche Strafe nicht primär als Mittel der Abschreckung im Einzelfall fungiert, sondern als Beitrag zum Aufbau und zur Aufrechterhaltung genereller Dispositionen der Normkonformität; vgl. (mit einschlägigen Literaturhinweisen) Baurmann 1994. Zur Bedeutung von Handlungsdispositionen und Konditionierungsprozessen für einen interessenbasierten und individualistischen Ansatz vgl. auch den Beitrag von Rudolf Schüßler in diesem Band.

tutionalisiert sein. Insgesamt gesehen handelt es sich um eines der elementarsten und grundlegendsten Prinzipien menschlicher Sozialverbände, das als Mittel der Normdurchsetzung und Verhaltenssteuerung unersetzbar ist – auch wenn es den Beteiligten als solches keineswegs immer bewußt ist und gerade heute wieder, wovon noch zu sprechen sein wird, in seiner Bedeutung verkannt wird.

Es ist jedoch kein Prinzip, das „von selbst“ zur Wirkung kommt. Jemand muß vorhanden sein, der „zurechnet“, der dafür *sorgt*, daß die Folgen ihres Handelns auf die Handelnden zurückfallen. Moral ist kein freies Gut, sondern muß von denjenigen, die Interesse an diesem Gut haben, bereitgestellt werden. Auf dieser Welt gibt es keine ausgleichende Gerechtigkeit, die ohne Zutun der Beteiligten sicherstellt, daß jeder ohnehin bekommt, was er aufgrund seiner Handlungen verdient. In diesem Zusammenhang sind vor allem zwei Aspekte von Bedeutung:

Erstens muß derjenige, der mit dem Mittel der individuellen Zurechnung seinen Willen gegenüber einer anderen Person durchsetzen und sie zu einer bestimmten Handlungsweise bewegen will, über eine gewisse *Macht* im Verhältnis zu dieser Person verfügen. Er muß in der Lage sein, in ausreichendem Maße positive oder negative Folgen mit ihren Handlungsweisen zu verknüpfen. Die Beziehungen etwa zwischen Eltern und Kindern, Lehrern und Schülern, Richtern und Angeklagten, Polizisten und Bürgern, Priestern und Gläubigen oder Arbeitgebern und Arbeitnehmern sind dadurch gekennzeichnet, daß die eine Seite überlegene Möglichkeiten zur Verfügung hat, um auf die Handlungsweisen der anderen Seite mit gewichtigen Konsequenzen zu reagieren. Über eine ausreichende Macht zur Anwendung des Prinzips der individuellen Zurechnung zu verfügen, bedeutet allerdings nicht, daß man eine dominierende oder auch nur überlegene Machtposition besitzen muß. Im Gegenteil: Die paradigmatische Situation ist eine Situation, in der die Beteiligten über annähernd gleiche Machtressourcen gebieten und deshalb wechselseitig die gewünschten Verhaltensweisen im Austausch „anbieten“ können.

Zweitens ist eine wirksame individuelle Zurechnung in aller Regel nicht kostenlos zu haben. Sie verlangt von dem Zurechnenden mehr oder weniger große Opfer. Das gilt für positive Reaktionen auf erwünschte Handlungsweisen ebenso wie für negative Reaktionen auf unerwünschte Handlungsweisen. Positive Reaktionen bestehen darin, daß man die Wünsche oder den Willen anderer Personen erfüllt. Das kann einen kostspieligen Transfer von Leistungen oder Gütern beinhalten. Es gibt freilich auch positive Reaktionen, die als solche keine Kosten verursachen: Die Aufnahme in eine Gemeinschaft, die Beförderung in einem Unternehmen, die Versetzung in eine höhere Klasse, das gute Zeugnis oder die fortwährende Freundschaft kommen als Gratifikationen in vielerlei Hinsicht auch demjenigen zugute, der sie gewährt. Ein Kostenfaktor ergibt sich jedoch daraus, daß diskriminiert werden muß zwischen denjenigen, denen diese Vorteile gewährt, und denjenigen, denen sie vorenthalten werden. Negative Sanktionen im Sinne einer direkten Übelszufügung erzeugen dagegen fast immer spürbare Kosten für den Sanktionierenden, wenn man einmal von gewissen spontanen Reaktionen absieht, die dem Ausdruck von unmittelbaren Vergeltungsgefühlen dienen. Kosten ergeben sich vor allem daraus, daß negative Sanktionen in den meisten Fällen gegen den Willen und den Widerstand des Sanktionierten durchgesetzt werden müssen, bis hin zu dem Risiko, Opfer von Gegenreaktionen zu werden. Erziehungsmaßnahmen gegenüber den eigenen Kindern sind ebensowenig angenehm wie der Verweis in der Schule, die vorenthaltene Versetzung, die Entlassung von Angestellten, der Ausschluß aus einem Verein, die Beendigung einer persönlichen Beziehung oder die Vollstreckung von Kriminalstrafen.

Sowohl der Machtfaktor als auch der Kostenfaktor, die mit der Anwendung des Prinzips der individuellen Zurechnung verbunden sind, können dazu führen, daß Personen, die sich grundsätzlich ein bestimmtes Handeln ihrer Mitmenschen wünschen, den Schritt von Norm*interessenten* zu Norm*garanten* dennoch nicht vollziehen. Fehlt es ihnen an Macht gegenüber den Normadressaten, bleibt eine individuelle Zurechnung zahnlos; sind die Kosten der Sanktionen für sie höher als ihr Gewinn aus einem normkonformen Verhalten der Adressaten, zahlt sich eine individuelle Zurechnung nicht aus.

4. Die Universalisierung der Moral

Wir besitzen jetzt bereits die Grundlagen eines einfachen Erklärungsmodells für die Entstehung einer Kernmoral. Generell gilt nach dem bisher Ausgeführten: Wirksame Normen werden immer dann entstehen, wenn es Norminteressenten gibt, die ein Interesse daran haben, daß diese Normen befolgt werden, und die aufgrund ihrer Machtposition dieses Interesse mit dem Instrument der individuellen Zurechnung bei annehmbaren Kosten realisieren können. Das bedeutet, daß für die Entstehung und wirksame Geltung einer Kernmoral prima facie günstige Voraussetzungen gegeben sind. Denn *erstens* wird praktisch jeder Mensch Interessent einer Kernmoral sein, denn praktisch jeder Mensch hat ein Interesse daran, daß er nicht von anderen getötet, verletzt, überfallen, belogen oder betrogen wird, d.h. jeder wird interessiert daran sein, daß andere ihm gegenüber die Normen einer Kernmoral befolgen. *Zweitens* wird praktisch jeder Interessent einer Kernmoral in der Lage sein, sein Interesse, daß andere ihm gegenüber die Normen einer Kernmoral befolgen, in einem gewissen Umfang auch zu realisieren – praktisch jeder Interessent einer Kernmoral wird also auch die Rolle als Moralgarant übernehmen können.

Das ist deshalb möglich, weil jeder Moral*interessent* gleichzeitig in der Rolle des Moral*adressaten* ist. Denn auch seine Mitmenschen wünschen sich von ihm ja ein Verhalten gemäß der Normen der Kernmoral. Aus dieser Symmetrie ergibt sich als wichtige Konsequenz, daß jeder Moralinteressent mindestens mit *einer* Ressource ausgestattet ist, die für Moraladressaten im Prinzip von Wert ist und dem Moralinteressenten so eine gewisse Machtposition als Basis individueller Zurechnung verschafft: Er kann sich gegenüber Moraladressaten seinerseits an die Normen der Kernmoral halten oder diese Normen brechen. In Reaktion auf die Moralkonformität oder Moralabweichung eines Moraladressaten kann der Moralinteressent selber ein konformes oder abweichendes Handeln praktizieren. Und da im Hinblick auf die Normen der Kernmoral das Opfer der eigenen Konformität in der Regel weitaus geringer wiegt als der Gewinn, der durch die Konformität eines anderen entsteht, ist diese Machtposition prinzipiell auch ausreichend, um die Normen der Kernmoral „kostengünstig" gegenüber einem Moraladressaten durchzusetzen – mit der Konsequenz, daß sich dann beide, nämlich Moralinteressent *und* Moraladressat, in Anwendung des Prinzips der individuellen Zurechnung *reziprok* moralkonform verhalten werden.[11]

Damit haben wir eine grundsätzliche Erklärung dafür erhalten, warum es Moralinteressenten gibt, von denen die Normen einer Kernmoral vertreten und sanktioniert werden, *und* warum es Moraladressaten gibt, von denen die Normen einer Kernmoral befolgt werden. Man kann insofern sagen, daß wir eine grundsätzliche Erklärung dafür erhalten haben, warum die Normen einer Kernmoral zu *sozialen Tatsachen* werden.[12] Erklärt werden kann aber nicht nur, daß es überhaupt zu der verhaltenswirksamen Geltung einer Kernmoral kommt. Mit der wechselseitigen Befolgung ihrer Normen durch Moralinteressenten und Moraladressaten wird darüber hinaus die *allgemeine* Befolgung und die *allgemeine* Geltung einer Kernmoral in einer sozialen Gruppe erklärbar. Die theoretisch begründete Feststellung, daß für die Entstehung einer Kernmoral insoweit günstige Voraussetzungen bestehen, wird durch das empirische Faktum bestätigt, daß es in der Realität kaum eine soziale Gruppe oder Gemeinschaft gibt, die das Problem der Etablierung einer Kernmoral nicht einigermaßen zufriedenstellend gelöst hätte.

Doch wie läßt sich auf der Basis der Annahmen dieses Erklärungsmodells die *Universalisierung* einer Kernmoral erklären?[13] Für eine solche Erklärung reicht es ja nicht aus, plausibel zu machen, daß innerhalb von sozialen Gruppen prinzipiell günstige Voraussetzungen für die Entstehung eine wirksamen Kernmoral vorhanden sind. Es geht vielmehr um die Frage, unter welchen Bedingungen die Reichweite einer Moral über die jeweiligen Gruppengrenzen ausgedehnt wird und auch andere Personen in ihren Schutz mit einbezieht. Eine Erklärung für eine solche Universalisierung der Moral läßt sich aus dem skizzierten Modell bislang nicht entnehmen. Denn auch wenn alle Menschen

---

[11] Zur Analyse eines Reziprozitätsmechanismus vgl. etwa Axelrod 1988; Vanberg 1975; Kliemt 1986.

[12] Zur Frage, unter welchen Bedingungen man mit einem individualistischen Ansatz von Normen als sozialen Tatsachen reden kann, vgl. Baurmann 1993.

[13] Vgl. zum folgenden die ausführliche Untersuchung in Baurmann 1996: 471ff.

Interessenten einer Kernmoral sind, kann doch nicht jeder Moralinteressent aus eigener Kraft sicherstellen, daß *alle* Moraladressaten die entsprechenden Normen ihm gegenüber auch einhalten. Nur dann aber wäre die resultierende Moral automatisch eine universalisierte Moral, die niemand aus ihrem Schutzbereich ausschließt. Nur wenn alle Moralinteressenten ihre Interessen verwirklichen können, wären sie auch alle im Schutzbereich der von ihnen durchgesetzten Moral.

Zwar wird fast jeder Moralinteressent aufgrund seiner Fähigkeit, sich selber moralisch oder moralwidrig zu verhalten, zumindest einige Personen als Moraladressaten dazu bewegen können, die Normen der Kernmoral ihm gegenüber einzuhalten. Eine solche Macht wird er aber nicht allen gegenüber haben, die für seine Interessen und damit als Adressaten moralischer Normen relevant sind: Nicht jedem, der mich schädigen kann, kann ich meinerseits mit einer Schädigung drohen; nicht jeden, dessen Kooperation für mich wichtig ist, kann ich meinerseits mit dem Entzug meines Wohlwollens beeindrucken; nicht jeden, der mich betrügen und hintergehen kann, kann ich aufspüren und sanktionieren. Nahezu jeder Moraladressat hat es folglich mit einer Vielzahl von Moralinteressenten zu tun, die nicht in der Lage sind, aus eigener Kraft eine Kernmoral ihm gegenüber durchzusetzen. Die wirksame Geltung einer universalisierten Kernmoral setzt aber gerade voraus, daß die Moraladressaten einen guten Grund haben, die Forderungen der Kernmoral uneingeschränkt *jedem* Moralinteressenten gegenüber zu respektieren.[14]

Eine *Universalisierung* der Moral kann deshalb nur dadurch zustande kommen, daß gewisse Moralinteressenten als Garanten *stellvertretend* für andere dafür sorgen, daß diese nicht aus der Reichweite der Moral ausgeschlossen werden. Nur auf diesem Weg können auch diejenigen zu Nutznießern der Moral werden, die selber nicht genügend in die Waagschale werfen können. Um die Universalisierung der Moral zu erklären, muß man infolgedessen plausibel machen können, daß es nicht nur im Interesse von Personen ist, daß die Normen der Moral *ihnen selbst* gegenüber eingehalten werden, sondern daß es darüber hinaus in ihrem Interesse ist, daß die Normen der Moral auch *anderen* gegenüber eingehalten werden.

Das zu zeigen, ist im Prinzip nicht schwierig. Es ist keineswegs so, daß es vom Interessenstandpunkt eines Moralinteressenten aus von vornherein nur rational begründet wäre, von Moraladressaten eine Einhaltung moralischer Normen ausschließlich zugunsten der eigenen Person zu fordern. Jeder muß sich z. B. zumindest innerhalb des eigenen Gemeinwesens die Einhaltung der

---

[14] Die grundlegende Problematik ändert sich auch dann nicht, wenn man die Möglichkeit berücksichtigt, daß sich die Moralinteressenten zu einem kollektiven Handeln in „Schutzgemeinschaften" zusammenschließen können. Denn aufgrund der Machtunterschiede zwischen solchen Gruppen wird nicht jede Schutzgemeinschaft ihre Mitglieder gleichermaßen schützen können. Die Problematik verschärft sich sogar weiter, denn die mächtigen Gruppen haben Anreize, die Mitglieder der schwächeren Gruppen dauerhaft zu unterwerfen. Zur näheren Analyse der Dynamik solcher Schutzgemeinschaften vgl. Nozick 1976; Kliemt 1980; Baurmann 1996: 197ff.

Moral gegenüber Kindern, Alten, Kranken und Behinderten wünschen, weil man selber Kinder haben kann, alt wird und krank oder behindert jederzeit werden kann. Man wird wollen, daß die Forderungen der Kernmoral auch gegenüber Angehörigen, Freunden und generell denjenigen gegenüber beachtet werden, für die man Sympathie empfindet.[15] Und schließlich wird man vor allem auch ein Interesse daran haben, daß die derzeitigen und zukünftigen Partner gemeinsamer Unternehmungen in den Schutzbereich der Moral aufgenommen werden.

Gerade dieses zuletzt genannte Motiv eines Moralinteressenten, von den Moraladressaten zu fordern, die Reichweite der Moral auf weitere Moralinteressenten auszudehnen, ist hier von besonderer Bedeutung. Die Interessen einer Person, stellvertretend für andere die Normen der Kernmoral durchzusetzen, werden demnach so weit reichen wie ihre *Kooperationsinteressen*. Sie wird sich von den Moraladressaten die Einhaltung der Kernmoral gegenüber all denjenigen wünschen, mit denen sie durch eine kooperative Beziehung bereits verbunden ist oder die für sie in Zukunft für eine kooperative Beziehung wichtig werden könnten. Das wird nicht aus altruistischen Gründen geschehen. Ein Moralinteressent wird eine Moral verlangen, die seine aktuellen und potentiellen Kooperationspartner einbezieht, um ein erfolgreiches und durch Dritte ungestörtes Zusammenwirken mit diesen zu sichern. Die Stabilität und Berechenbarkeit einer Kooperation mit anderen Personen ist in hohem Maße davon abhängig, daß in dem gesellschaftlichen Umfeld, in dem diese Kooperation eingebettet ist, die Normen der Kernmoral auch diesen Personen gegenüber eingehalten werden. Die wirtschaftliche Beziehung zu einem Partner, dessen Leben und Eigentum nicht respektiert werden, kann ebensowenig gedeihen wie freundschaftliche Beziehungen zu einer Person, die sozialer Diskriminierung und Verfolgung ausgesetzt ist. Der Schutz der eigenen Interessen gebietet auch den Schutz der Interessen von Kooperationspartnern.

Eine solchermaßen fundierte Präferenz für eine Ausdehnung der Reichweite der Moral muß kein abstrakter Wunsch des Moralinteressenten bleiben, wonach er es zwar begrüßen würde, wenn eine entsprechende Moral in seiner sozialen Gruppe allgemein gilt, ohne daß er jedoch ein handlungswirksames Motiv hätte, die Kosten für die Durchsetzung einer solchen Moral selber zu übernehmen. Er wird zu einer Durchsetzung der von ihm gewünschten Moral

[15] Zweifellos gibt es auch Menschen, die aus einem *generellen* Altruismus heraus jedem Menschen wünschen, daß er in den Genuß des Schutzes der Moral kommt, und die auch bereit sind, sich unter Opfern für dieses Ziel einzusetzen. Allerdings sollte man eine solche Disposition nicht zum *Ausgangspunkt* einer Erklärung für eine Universalisierung der Moral machen. Denn es spricht nichts dafür, daß eine solche Disposition in der Natur des Menschen verankert ist. Es ist viel plausibler, daß die Entstehung einer solchen Disposition zu einem generellen Altruismus selber schon *das Ergebnis* der Wirksamkeit einer universalisierten Moral ist, d.h. daß sie sich entwickelt, weil Menschen gemäß einer universalisierten Moral für den Besitz einer solchen Disposition belohnt werden. Dispositionen zu einem generellen Altruismus können die Universalisierung der Moral mithin nicht erklären, sondern sind selber eine Folge der Universalisierung der Moral – die sie dann allerdings im Sinne eines sich selbst verstärkenden Mechanismus wiederum stabilisieren können.

wirksam motiviert sein, denn diejenigen Moraladressaten, deren Verhaltensweisen für ihn besonders wichtig sind – nämlich diejenigen, die in seinem näheren sozialen Umfeld seine Kooperationspläne nachhaltig stören oder fördern können –, sind zugleich diejenigen, die sich in seinem persönlichen Machtradius befinden und auf die er naturgemäß einen besonders wirksamen Einfluß auszuüben vermag. Es kann sich deshalb für einen Moralinteressenten auszahlen, zur Ermöglichung und Sicherung seiner Kooperationspläne eine Moral mit einer entsprechenden Reichweite gegenüber den Moraladressaten auch im konkreten Einzelfall selber durchzusetzen. Sein Beitrag für die Durchsetzung moralischer Normen in seinem persönlichen Einflußbereich ist für ihn kein Beitrag für ein öffentliches Gut, das vor allem anderen zugute kommt. Es ist eine Investition, deren Erträge in Form eines moralkonformen Handelns der für ihn relevanten Personen in seinem sozialen Umfeld unmittelbar an ihn selbst zurückfließen. Ein Moralinteressent hat unter dieser Bedingung auch unter reinen Nützlichkeitserwägungen einen ausreichenden Anreiz, den Schritt zu einem aktiv tätigen Moralgaranten zu machen.[16]

Freilich wird nicht jeder Moralinteressent aufgrund seiner Kooperationsinteressen sogleich zu einem Vertreter einer *universalisierten* Moral, in deren Reichweite *alle* Menschen eingeschlossen sind. Kooperationsinteressen können ja selber eine höchst unterschiedliche Reichweite haben. Für einen „Sprung" zur Universalisierung müssen mindestens zwei weitere Voraussetzungen erfüllt sein (vgl. zum folgenden Baurmann 1996: 475ff.):

1. Der Moralinteressent darf nicht nur *lokal begrenzte Kooperationsinteressen* haben. Seine aktuellen und potentiellen Kooperationspartner dürfen nicht nur aus einem Kreis von Personen kommen, die sich nach einem eindeutigen Merkmal von anderen Personen unterscheiden lassen: ob das nun Sippen-, Stammes-, Klassen-, Rassen-, Religions- oder Volkszugehörigkeit ist. Wenn ein solches Abgrenzungsmerkmal existiert, kann ein Moralinteressent den Schutzbereich der Moral nach diesem Merkmal einschränken. Da er davon ausgehen kann, daß nur Personen, die dieses Merkmal erfüllen, als Kooperationspartner für ihn in Frage kommen, kann er sich damit begnügen, von den Moraladressaten eine partikulare Moral mit einer entsprechend begrenzten Reichweite zu verlangen, ohne fürchten zu müssen, seine Kooperationsinteressen zu schädigen. Er hat keinen Anlaß, eine Ausdehnung der Moral über diese Grenze hinaus zu fordern und von den Moraladressaten zu verlangen,

[16] In der Terminologie von Viktor Vanberg und James M. Buchanan stimmen in diesem Fall die „konstitutionellen Interessen" des Moralinteressenten an der Geltung bestimmter Normen mit seinen „Handlungsinteressen" überein, weil es in der konkreten Handlungssituation in seinem Interesse ist, die von ihm gewünschten Normen gegenüber ihren Adressaten auch tatsächlich durchzusetzen. Vgl. Vanberg/Buchanan 1988 und den Beitrag von Viktor Vanberg in diesem Band. Hartmut Kliemt unterscheidet in diesem Zusammenhang zwischen „Wunschgründen" und „Handlungsgründen"; vgl. 1988 und seinen Beitrag in diesem Band.

sich auch jenseits der Grenze anderen Personen gegenüber moralisch zu verhalten.

2. Die Kooperationsinteressen eines Moralinteressenten dürfen nicht ganz oder teilweise von *Machtinteressen dominiert* werden. Ausgrenzung und Diskriminierung, Ausbeutung und Erpressung, die Errichtung einer gewaltgestützten Herrschaft und die Unterwerfung anderer Menschen können unter bestimmten Bedingungen gewinnversprechender sein als eine auf Interessenausgleich beruhende friedliche Zusammenarbeit und ein freiwilliger Tausch von Leistungen und Gütern. Die beträchtlichen Machtunterschiede zwischen sozialen Gruppen können für die überlegenen Gruppen den Anreiz erzeugen, die schwächeren Gruppen gewaltsam zu unterdrücken – das gilt sowohl innerhalb eines Gemeinwesens gegenüber anderen Klassen und Schichten als auch außerhalb gegenüber anderen Völkern und Nationen. Dominieren gegenüber bestimmten Gruppen solche Machtinteressen, dann hat man als Moralinteressent einen Grund, eine partikulare Moral zu vertreten, die diese Gruppen aus ihrem Schutzbereich ausschließt.

Wenn dagegen die Kooperationsinteressen eines Moralinteressenten weder lokal begrenzt sind noch durch seine Machtinteressen ganz oder teilweise dominiert werden, hat er weder einen Grund, durch eine *positive* Diskriminierung nur bestimmte Personen in den Schutzbereich der Moral einzubeziehen, noch einen Grund, durch eine *negative* Diskriminierung bestimmte Personen aus ihrem Schutzbereich auszugrenzen. Im Gegenteil hat er einen guten Grund, prinzipiell *keine* partikulare Moral zu vertreten. Verfügt er nämlich über kein zuverlässiges Kriterium zur Abgrenzung seiner gegenwärtigen und zukünftigen Kooperationspartner und verspricht ihm ein solches Abgrenzungskriterium unter Machtinteressen keinen Vorteil, würde er sich mit der Propagierung einer partikularen Moral nur Nachteile einhandeln. Er müßte in diesem Fall das Risiko in Kauf nehmen, sich in einer falschen Weise „festzulegen" und durch ein diskriminierendes Merkmal zukünftige, noch nicht vorhersehbare Kooperationsinteressen zu schädigen. Das aber heißt: Es ist im Eigeninteresse eines solchen Moralinteressenten, eine Moral mit einer uneingeschränkten Reichweite, eine universalisierte Moral zu vertreten. Was ihn dabei antreibt, sind nicht moralische Ideale oder ein grenzenloser Altruismus. Eine „unsichtbare Hand" wird ihn dazu bringen, ausschließlich zum eigenen Vorteil eine unparteiliche Berücksichtigung *aller* zu fordern. Der „moralische Standpunkt" stimmt in diesem Fall mit einem Interessenstandpunkt überein.

Ob die notwendigen Voraussetzungen für ein solches „moralfreies Argument für Moralität" in Form nicht-lokaler Kooperationsinteressen und ihrer Dominanz über Machtinteressen tatsächlich erfüllt sind, ist wesentlich von der Existenz einer *offenen* Gesellschaft abhängig. Eine offene Gesellschaft fördert die Entstehung nicht-lokaler, überregionaler Kooperationsinteressen, weil sie abgegrenzte und voneinander isolierte soziale Gruppen auflöst. Mit der Ausbreitung von Marktbeziehungen und einer umfassenden Arbeitsteilung werden Gruppengrenzen zunehmend durchlässig und Gruppenzugehörigkeiten können wechseln. Viele Mitglieder einer offenen Gesellschaft verfügen infolgedessen über kein verläßliches diskriminierendes Merkmal, durch das Personen, die von ihren Kooperationsinteressen umfaßt werden, sich unterscheiden von Personen, bei denen das nicht der Fall ist. Ihre aktuellen und potentiellen Kooperationspartner können aus verschiedenen Familien, Klassen, Schichten, Rassen, Religionsgemeinschaften oder Völkern kommen.

Eine offene Gesellschaft fördert aber auch die Dominanz von Kooperationsinteressen über Machtinteressen, indem sie eine übergreifende Kooperation überhaupt erst ermöglicht. Je zahlreicher und weitreichender diese Möglichkeiten, desto eher kann es der Fall sein, daß Kooperationsinteressen Machtinteressen grundsätzlich überspielen, weil eine Orientierung an friedlichen Erwerbschancen langfristig gewinnträchtiger wird als eine Spekulation auf „politische Renten" durch den Einsatz von Zwang und Gewalt. Ein Produzent kann dann von der Leistungsbereitschaft von Mitarbeitern, der Konkurrenz auf einem Arbeitsmarkt und einer zahlungskräftigen Nachfrage mehr profitieren als der Feudalherr und Großgrundbesitzer von Zwangsarbeit und Zwangsabgaben. Händler können durch die ungehinderte Ausbreitung von Handelsbeziehungen und einen friedlichen Austausch mehr gewinnen als Freibeuter und Kriegerhorden durch geraubte und erpreßte Waren. Konsumenten können von der Qualität freiwillig produzierter Güter, der Vielfalt des Angebots und der Konkurrenz unter den Anbietern größere Vorteile haben als von erzwungener Produktion zu diktierten Preisen.

Es ist also in der Tat die moderne Gesellschaft, die gerade mit ihrer oft beklagten Mobilität und Anonymität das unverzichtbare Fundament für die Entstehung einer universalisierten Moral bildet. Dieses Ergebnis gibt nicht nur den soziologischen Modernisierungstheorien zumindest teilweise recht, sondern entzaubert auch den Mythos der Gemeinschaft. Denn man kann nicht die Mobilität der modernen Gesellschaft einschränken, ohne mehr oder weniger undurchlässige Barrieren zwischen sozialen Gruppen zu errichten. Man kann nicht die Anonymität sozialer Beziehungen beseitigen, ohne den Kreis der in Frage kommenden Kooperationspartner einzugrenzen. Will man eine Gesellschaft ohne Mobilität und Anonymität, muß man die Verhältnisse einer *geschlossenen* Gesellschaft in Kauf nehmen, in der Kooperationsinteressen lokal bleiben und ihre Begrenzung Anreize schafft, außerhalb dieser Grenzen Machtinteressen den Vorrang zu geben. Unter solchen Bedingungen wird sich keine universalisierte Moral entwickeln, sondern eine partikulare In-Group-Moral, die scharf zwischen Mitgliedern und Nicht-Mitgliedern diskriminiert und ihren Schutz Außenstehenden vorenthält.[17] Dieser Befund stimmt mit der

[17] Vgl. hierzu die Ausführungen Reinhard Zintls in diesem Band zu den Auswirkungen bestimmter „Clan"-Strukturen.

historischen Erfahrung nur allzugut überein. Die stabile Binnenmoral festgefügter Gemeinschaften war immer gut verträglich mit Feindseligkeit nach außen und rücksichtsloser Unterwerfung derjenigen, die nicht zu der eigenen Gemeinschaft gehören.

Wer deshalb heutzutage angesichts der Tendenzen zu einer Partikularisierung der Moral beschwörend nach „mehr Gemeinschaft" ruft, ist auf einem Holzweg. Die universalisierte Moral, die auf dem Spiel steht, ist eine Moral, die *nur* auf dem Boden einer „individualistischen" Gesellschaft gedeihen kann, sie ist eine Moral, die auf eine Zerstörung und Überwindung festgefügter Gemeinschaften und unveränderlicher Gruppengrenzen geradezu angewiesen ist. Der Ausgangspunkt im natürlichen Lauf der menschlichen Dinge ist die begrenzte und abgeschottete Gemeinschaft mit einer Moral, die nur ihren Mitgliedern zugute kommt. Grenzen werden nicht gezogen, sondern sind erst einmal vorhanden und müssen niedergerissen werden. Die Grenzenlosigkeit sozialer Beziehungen und moralischer Normen ist ein „künstliches" und fragiles Produkt der historischen Entwicklung zu einer offenen Gesellschaft. Wenn es heute wieder weltweit das Problem ist, daß sich Menschen zu sehr mit ihren Kollektiven identifizieren und die Rechte Außenstehender gering schätzen, dann ist der „Individualisierungsprozeß" der modernen Gesellschaft nicht das Problem, sondern seine Lösung, dann fehlt es dem einzelnen nicht an kollektiver Identität, sondern diese Identität überlagert im Gegenteil zu stark seine Individualität.

Die Entstehung einer offenen, die Individualität fördernden Gesellschaft ist allerdings ein unwahrscheinlicher und außergewöhnlicher Vorgang. Sie setzt voraus, daß diejenigen Personen in einer Gesellschaft, bei denen Kooperationsinteressen dominieren, die Vorherrschaft über diejenigen gewinnen, bei denen Machtinteressen dominieren. Zur Errichtung einer offenen Gesellschaft und Etablierung einer universalisierten Moral ist es nicht ausreichend, daß Kooperationsinteressen Machtinteressen *individuell* dominieren. Kooperationsinteressen müssen Machtinteressen auch in der Gesamtgesellschaft, also *kollektiv* dominieren. Die Vertreter von Machtinteressen haben keinen Grund, die Grenzen und Einschränkungen einer geschlossenen Gesellschaft zu beseitigen. Sie müssen im Gegenteil großen Wert darauf legen, klar unterscheiden zu können zwischen denjenigen, mit denen sie zum Zweck der Machtausübung kooperieren, und denjenigen, über die sie ihre Macht ausüben wollen – Abschottung und Ausschließung, Gruppenbildung und Grenzziehung sind Grundlagen *und* Ergebnisse einer machtgestützen Herrschaft. Machtinteressenten werden immer auch Interessenten einer geschlossenen Gesellschaft sein.

Es ist aber unwahrscheinlich und außergewöhnlich, daß Kooperationsinteressenten über Machtinteressenten entscheidend und dauerhaft die Oberhand gewinnen können. Jene, deren Interessen sich auf friedlichen Tausch und freiwillige Zusammenarbeit richten, werden nur in Ausnahmefällen gute

Machtpolitiker sein. Prima facie besteht daher nur eine geringe Chance, daß sich die friedfertigen und kooperativen Kräfte in einer Gesellschaft erfolgreich gegen die aggressiven und konfliktbereiten Kräfte behaupten können, die an eine Anwendung von Gewalt und Zwang gewöhnt sind.

Die Geschichte Europas hat gezeigt, daß eine solche Konstellation empirisch dennoch eintreten kann – freilich unter historisch singulären Bedingungen, deren Vorliegen das einzigartige „Wunder Europas" ermöglichte.[18] Zwei dieser Bedingungen sind hier besonders hervorzuheben: *Erstens* das Auftreten von *Marktinteressenten*, für die eine im Sinne des Tausches faire Kooperation bei stabilen politischen Rahmenbedingungen langfristig profitabler ist als der Einsatz von Gewalt gegen Unterlegene. Es geht um – mit Max Weber gesprochen – die spezielle „Rationalisierung", die mit der Entwicklung des Kapitalismus in der westlichen Welt aufs engste zusammenhängt, eines spezifisch abendländischen, bürgerlichen Betriebskapitalismus, der nicht an den Gewinnen aus politischer Macht orientiert ist, sondern an der „Rentabilität" des Unternehmens, an der rational berechenbaren Erzielung von kontinuierlichem Gewinn aus friedlichen Erwerbschancen. Das unterscheidet nach Weber den bürgerlichen Kapitalismus des Abendlandes, der als rationaler privatwirtschaftlicher Betrieb mit stehendem Kapital auf eine sichere Kalkulation angewiesen ist, grundsätzlich von allen Arten eines politisch bedingten, spekulativen Kapitalismus, der sich an „dem Erwerb durch Gewaltsamkeit, vor allem dem Beuteerwerb: aktuell-kriegerischer oder chronisch-fiskalischer Beute (Untertanen-Ausplünderung), orientiert" (1920: 7).

Zweitens die Tatsache, daß aufgrund des in Europa bestehenden speziellen Machtgefüges einer Vielzahl auf engem Raum konkurrierender Kleinstaaten die Macht der politischen Herrscher im Inneren signifikant beschränkt war. Zur Sicherung ihrer Position gegenüber ihren Konkurrenten in anderen Staaten waren sie auf die freiwilligen Leistungen insbesondere auch der bürgerlichen Klassen angewiesen. Der permanenten Gefahr der Abwanderung konnten die Machthaber nur dadurch begegnen, daß sie ihren Untertanen gewisse Rechte einräumten (vgl. Jones a.a.O.: 121ff.). Ihr Bedarf an regelmäßigen Steuereinnahmen führte zu einem Interesse an einem florierenden und gesicherten Markt. In diesem Freiraum konnte sich langfristig die politische Macht des Bürgertums entfalten. Der politische Sieg der bürgerlichen Klassen führte dabei nicht nur zu einer bloßen Umkehrung der Machtverhältnisse, sondern vor allem dazu, daß Gewalt und Zwang als wirtschaftliche Erwerbsmittel *generell* entwertet wurden. Es entstand die bürgerliche Gesellschaft mit einem Rechtsstaat, der durch die Sicherung individueller Verfügungsrechte Kooperationsinteressen grundsätzlich vor Machtinteressen schützt und damit den Weg für die Entwicklung zu einer offenen Gesellschaft ebnet.

---

[18] Vgl. die in der Fußnote 1 genannte Literatur.

5. *Gegenkräfte*

Eine individualistische, interessenbasierte Erklärung kann nach alledem also nicht nur für die Entstehung einer Kernmoral schlechthin gegeben werden, sondern auch für die Entstehung einer *universalisierten* Kernmoral. Entscheidend ist die Erkenntnis, daß es unter bestimmten Bedingungen dem Eigeninteresse von Moralinteressenten entspricht, eine universalisierte Moral zu vertreten und als Garanten in ihre Durchsetzung zu investieren. Auf der Grundlage dieses Erklärungsmodells lassen sich aber auch die Kräfte analysieren, die einer universalisierten Moral entgegenwirken und sie gefährden. Dabei erweist es sich als besonders wichtig, daß die Universalisierung der Moral nicht in holistischer Manier mit hypostasierten „Funktionsimperativen" erklärt wurde, sondern mit individuellen Interessenlagen, wie sie sich unter besonderen gesellschaftlichen Verhältnissen herausbilden. Es wird dann erkennbar, daß die einer Universalisierung der Moral förderlichen Interessen nicht die einzigen sind, die auf die Entwicklung der Moral in der modernen Gesellschaft Einfluß ausüben.

Man muß sich zunächst klarmachen, daß sich der Vorgang der Universalisierung der Moral vor allem in einem wichtigen Punkt von dem Vorgang der Etablierung einer partikularen Gruppenmoral unterscheidet. Jeder Mensch gehört zumeist mehreren sozialen Gruppen an, die sich durch ein Netzwerk wechselseitiger kooperativer Beziehungen zwischen ihren Mitgliedern definieren lassen – seien es Clans, Stämme, Sippen, Gemeinden oder Nationen. Die Sicherung der Reichweite einer Moral bis zu den Grenzen solcher durch *gemeinsame* Kooperationsinteressen verbundener Personengruppen stellt im Prinzip kein besonderes Problem dar, weil diese Personen als Moralinteressenten darin übereinstimmen werden, daß alle Mitglieder ihrer Gruppe in den Schutzbereich der Moral gehören sollen. Sie ziehen insofern als Moralinteressenten an einem Strang. Das hat wichtige Konsequenzen für die Durchsetzung der Moral. Abweichler werden isoliert sein und als Außenseiter dem *Kollektiv* der Moralinteressenten gegenüberstehen.

Eine solche gemeinsame Interessenlage ist im Hinblick auf eine universalisierte Moral *nicht* mehr zu erwarten. Auch die Mitglieder einer offenen Gesellschaft werden nicht alle gleichermaßen Interessenten und Garanten einer Universalisierung der Moral sein. Hierfür sind im wesentlichen zwei Gründe ausschlaggebend:

Erstens wird auch in einer offenen Gesellschaft nicht jeder ein Interesse daran haben, überregionale Kooperationsmöglichkeiten wahrzunehmen oder zu fördern. Es wird daher Personen geben, die durch einen persönlichen Beitrag zur Durchsetzung einer universalisierten Moral keinen individuellen Vorteil erzielen können und die darum auch keinen Grund haben, eine universalisierte Moral zu vertreten und in ihre Garantie zu investieren.

Zu ihnen können diejenigen gehören, die weiterhin in quasi geschlossenen Gemeinschaften leben. Für sie wird der Kreis ihrer aktuellen und potentiellen Kooperationspartner von vornherein erkennbar eingegrenzt sein. Überdies können mit der Verwirklichung überregionaler Kooperation sprachliche, soziale, kulturelle oder räumliche Hürden verbunden sein, die für den einzelnen unterschiedlich schwer zu überwinden sind und eine Ausdehnung von kooperativen Beziehungen prohibitiv verteuern können. So wird es auch in offenen Gesellschaften Menschen geben, deren relevante Kooperationspartner ein leicht identifizierbares gemeinsames Merkmal aufweisen und für deren Kooperationsinteressen es folglich kein nennenswertes Risiko darstellt, wenn die Reichweite der in ihrem sozialen Umfeld geltenden Moral durch ein entsprechendes diskriminierendes Kriterium eingeschränkt ist.

Zwar kann es auch für Personen, die keine eigenen überregionalen Kooperationsinteressen besitzen, insgesamt besser sein, wenn *andere* weitergehende Kooperationsinteressen realisieren können. Dafür müssen sie aber entweder auf dem Weg der Umverteilung direkt an den Gewinnen aus dieser Kooperation partizipieren, oder sie müssen indirekt zu ihren Nutznießern gehören, indem etwa das Warenangebot vergrößert wird, die Preise fallen oder die wirtschaftlichen Wachstumsraten steigen. Diese positiven „Nebenwirkungen" treten aber nicht zwangsläufig mit ausreichendem Gewicht für alle auf.

Selbst wenn man aber zu den Nutznießern der überregionalen Kooperation anderer gehört, folgt daraus nicht, daß es dann auch im individuellen Interesse ist, diese als öffentliches Gut mit einem persönlichen Beitrag für die Geltung einer universalisierten Moral zu unterstützen. Anders als bei demjenigen, der eigene Kooperationsinteressen realisieren will und für den sich eine Investition in eine universalisierte Moral unmittelbar auszahlt, weil sie die Wirksamkeit einer solchen Moral in seinem sozialen Umfeld fördert, kann derjenige, der von der Kooperation anderer profitiert, sich weitgehend darauf verlassen, daß die betreffenden Kooperationsinteressenten die Kosten der Moraldurchsetzung selbst übernehmen. Darüber hinaus wird es häufig der Fall sein, daß man von einer überregionalen Kooperation im gesamtgesellschaftlichen Maßstab profitiert, auf deren Realisierungschancen der eigene individuelle Beitrag als Moralgarant insgesamt nur eine marginale Auswirkung hätte.[19]

Außerdem müssen die *Kosten* berücksichtigt werden, die bestimmten Personen entstehen können, wenn andere ihre Kooperationsinteressen realisieren.[20] Eine Ausweitung von Kooperation ist regelmäßig auch eine Ausweitung von Konkurrenz: Bestehende Fähigkeiten und vorhandene Mittel werden entwertet. Verstärkter Wettbewerb um Arbeitsplätze kann zu einer Senkung des Lohnniveaus führen. Auf dem Markt für Güter und Dienstleistungen

[19] In diesem Fall sind also „konstitutionelle Interessen" und „Handlungsinteressen" nicht in Übereinstimmung, und es existiert in der konkreten Handlungssituation der Anreiz, den persönlichen Beitrag für die Verwirklichung konstitutioneller Interessen zurückzuhalten; vgl. Fußnote 16.

[20] Vgl. zu diesem Aspekt Tietzel & Weber 1993.

kommen neue und möglicherweise potente Nachfrager hinzu – die Preise steigen und die Kaufkraft der alten Nachfrager wird geringer. Die „Liberalisierung" von Märkten hat immer Opfer, denn die Ressourcen werden von denjenigen abgezogen, die im Wettstreit nicht mehr mithalten können.

Aber auch die eher lokalen Nachteile, die etwa durch eine Ansiedlung von „Fremden" im eigenen Lebensraum entstehen können, sind unter Umständen von erheblichem Gewicht. Verlust von sprachlicher, kultureller oder ethnischer Homogenität in der unmittelbaren sozialen Lebensumwelt erhöht die sprichwörtliche Unübersichtlichkeit. Multikulturelle Vielfalt erzeugt zusätzliche Informations- und Orientierungskosten. Der Zuzug von Personen kann zur regionalen Verknappung begehrter Güter führen. Ein verschärfter Wettbewerb um Wohnungen, Sozialkontakte, öffentliche Räume oder erotische Beziehungen ist dabei gerade im persönlichen Nahbereich mit schmerzlichen Einbußen verbunden.

Vor- und Nachteile können zudem sehr ungleich verteilt sein. Um eine multikulturelle Gesellschaft vorbehaltlos als erstrebenswertes Gut zu erleben, sind persönliche Voraussetzungen erforderlich, die nicht jedem gegeben sind. Dem mehrsprachigen Akademiker, der als Unternehmer ausländische Arbeitnehmer zu günstigen Lohnkosten beschäftigt, der als Bildungsbürger die Produktionen ausländischer Theatergruppen schätzt und als Gourmet den Besuch exotischer Restaurants genießt, der als Bewohner einer Villa nach Feierabend nur mit seinesgleichen in Kontakt kommt und als Vater seine Tochter in einem Schweizer Internat erziehen läßt, kann der ungelernte Arbeiter gegenüberstehen, der in Konkurrenz zu ausländischen Arbeitskräften einen niedrigeren Lohn hinnehmen muß, der lieber eine Frittenbude als einen Döner Kebab in der Straße hätte, der die slawische Volksmusik seines Nachbarn verabscheut, dessen Sohn als Einheimischer in seiner Schulklasse in der Minderheit ist, der das Asylbewerber-Heim in der Nachbarschaft vorfindet und bei einer Bewerbung um eine Sozialwohnung mit Ausländern auf der Warteliste steht.

Fehlende Kooperationsinteressen, die unzureichende Teilhabe an Kooperationsgewinnen, der Anreiz, den persönlichen Beitrag zur Durchsetzung einer universalisierten Moral zu sparen, sowie negative Auswirkungen überregionaler Kooperation auf die Lebenssituation bestimmter Gruppen werden also auch in einer offenen Gesellschaft dazu führen, daß es Personen geben wird, die von ihrem Interessenstandpunkt aus keinen Anlaß haben, für eine universalisierte Moral einzutreten.

Zweitens sind auch in einer offenen Gesellschaft Personen zu finden, deren Machtinteressen *nicht* von ihren Kooperationsinteressen dominiert werden. Diese Personen haben nicht nur keinen Grund, eine universalisierte Moral zu vertreten und zu ihrer Wirksamkeit beizutragen Sie haben darüber hinaus einen guten Grund, die Durchsetzung einer partikularen, in ihrer Reichweite eingeschränkten Moral zu betreiben. Das heißt, daß sie nicht nur als Moraladressaten bei Gelegenheit *selber* gegen die Gebote einer universalisierten Moral verstoßen werden, sondern daß sie als Moralinteressenten wünschen müssen, daß auch *andere* den Geboten einer universalisierten Moral zuwiderhandeln.

Zum einen können sich diese Personen aus dem eben angeführten Kreis derjenigen rekrutieren, die durch die Wahrnehmung von Kooperationsmöglichkeiten durch andere überwiegend mit Nachteilen belastet werden. Für sie ist diese Kooperation ein Übel, und es wäre für sie nützlich, wenn sie unterbunden würde. Nun folgt daraus zwar nicht zwangsläufig, daß man damit zum Interessenten einer partikularisierten und diskriminierenden Moral werden *muß*. Die protektionistische Schließung von Märkten, die Errichtung von Importschranken oder auch die Heimsendung ausländischer Arbeitnehmer stellen nicht per se Verstöße gegen moralische Normen dar. Einer Person Zusammenarbeit und Kooperation zu verweigern, erfordert nicht, sie aus dem Schutzbereich der Moral auszugrenzen. Freilich *kann* eine solche Ausgrenzung ein wirksames Instrument zu diesem Zweck sein. Man kann die Mitglieder bestimmter Gruppen bedrohen und terrorisieren, um sie zum Verlassen eines Landes zu bewegen. Man kann sie mit Zwang und Gewalt daran hindern, als gleichberechtigte Teilnehmer am Marktgeschehen aufzutreten. Man kann ihnen elementare Chancengleichheit verweigern und die Bedingungen von Zusammenarbeit und Zusammenleben einseitig diktieren und auferlegen. Ausgrenzung und Diskriminierung *können* also durchaus wirksame Mittel sein, um eine Kooperation zu fairen Bedingungen zu verhindern, eine unerwünschte Kooperation zu beenden oder lästige Konkurrenten zu beseitigen.

Diese Mittel können insbesondere dann die Mittel der Wahl sein, wenn – wie gerade in einer offenen Gesellschaft – die Kooperationsnutznießer vorherrschend sind und ihre Kooperationsinteressen im Prinzip auch durchsetzen können. Kann man daher gegen die Kooperationsnutznießer in der eigenen Gesellschaft nicht obsiegen, so bleibt einem immerhin noch der Ausweg, durch eine Strategie der Einschüchterung und Vertreibung gegen ihre Partner Kooperationschancen zu untergraben. *Wenn* eine solche Strategie aber im Interesse gewisser Personen ist, dann werden sie auch ein Interesse daran haben, daß möglichst viele *andere* sich an diesen Maßnahmen beteiligen. Je größer die Beteiligung, desto wirksamer kann man handeln und um so geringer wird das Risiko für den einzelnen.

Zum anderen können Machtinteressenten aus dem Kreis derjenigen Personen kommen, die durch eine Partikularisierung der Moral nicht oder nicht primär die *Kosten* einer universalisierten Moral vermeiden wollen, sondern die sich direkte *Gewinne* von einer moralischen Ausgrenzungsstrategie erhoffen. Bei diesen Machtinteressenten geht es nicht nur um eine Unterbindung von Kooperation, sondern um eine Errichtung von Vorherrschaft.

Machtinteressen dieser Art können sich in einer Gesellschaft sowohl nach innen als auch nach außen richten. Nach *innen* geht es um die Vorteile, die bestimmte Personen dadurch erlangen können, daß sie anderen Mitgliedern ihrer Gesellschaft grundlegende Freiheiten und Rechte vorenthalten: Konkurrenzunfähige Unternehmer können davon profitieren, wenn das Assoziationsrecht ihrer Arbeiter beseitigt wird; ungelernte Arbeiter können durch die systematische Unterdrückung einer anderen Rasse Privilegien sichern; korrupte Politiker können in einer Diktatur ein höheres Einkommen erhoffen als in einer Demokratie; unfähige Bürokraten können in einer Zwangswirtschaft größere Privilegien erwarten als in der Verwaltung einer Marktwirtschaft. Man denke aber auch an Vertreibung, Bürgerkrieg und an Völkermord wie die Vernichtung der Juden in Deutschland oder der Moslems in Bosnien, bei denen ja nicht zuletzt handfeste Interessen an der Übernahme von Positionen und dem Raub von Eigentum im Spiel sind.

Nach *außen* geht es um die Vorteile, die für bestimmte Gruppen und Schichten in einer Gesellschaft aus einer Unterdrückung und Ausbeutung anderer Völker und Nationen erwachsen können. Die Übergänge zwischen kooperativen und machtbestimmten Beziehungen können dabei fließend sein: angefangen von dem Diktat unfairer Handelsbeziehungen über die Erpressung von Zahlungen und die Plünderung von Rohstoffen bis hin zur Unterjochung und Versklavung eines ganzen Volkes. Dabei werden nach innen gerichtete Machtinteressen häufig mit nach außen gerichteten zusammenspielen. Bei denjenigen Gruppen von Personen, die innerhalb ihres Gemeinwesens von machtgeprägten Beziehungen mehr als von kooperativen Beziehungen profitieren, dominieren solche Interessen oftmals auch ihre externen Beziehungen. Die Herrschaft einer Machtelite in der eigenen Gesellschaft wird gleichzeitig ihre Anreize erhöhen, sich auch nach außen auf das „Abenteuer der Macht“ einzulassen. Sie wird es verstehen, die Risiken externer Auseinandersetzungen vorwiegend auf diejenigen abzuwälzen, über die sie intern die Gewalt besitzt.

Machtinteressen dieser Art sind auch in einer offenen Gesellschaft, in der die Vertreter von Kooperationsinteressen die Oberhand errungen haben, nicht einfach für immer *verschwunden*. Die kollektive Dominanz von Kooperationsinteressen hat keineswegs zur Folge, daß Kooperationsinteressen bei allen Mitgliedern einer Gesellschaft auch individuell dominieren. Machtinteressen bleiben so latent vorhanden und können etwa im Verlauf einer wirtschaftlichen oder politischen Krise die Vorherrschaft zurückgewinnen.

Im Gegensatz allerdings zu den Machtinteressenten, die als „Verlierer“ einer offenen Gesellschaft eher reaktiv und lokal agieren werden, um bestimmte Formen der Kooperation zu verhindern, müssen Machtinteressenten vom eben beschriebenen Typus eher offensiv und „global“ agieren. Sie haben weniger Interesse daran, situativ und ad hoc vorzugehen, sondern sie haben Interesse daran, daß sich die Moral in ihrer Gesellschaft grundsätzlich zugunsten einer partikularen Moral ändert. Ein Krieg gegen andere Staaten, die Unterdrückung einer Klasse oder Rasse, Vertreibung oder Völkermord sind eben nur dann möglich, wenn man eine ausreichend große Zahl von Personen hinter sich weiß. Es geht vom Standpunkt dieser Machtinteressenten folglich zunächst eher um Propaganda und eine Verstärkung ihrer Bataillone – jedenfalls solange noch eine offene Gesellschaft mit einer Dominanz von Kooperationsinteressenten existiert.

Fassen wir zusammen. Auch wenn in einer offenen Gesellschaft grundsätzlich günstige Voraussetzungen für die Entstehung einer universalisierten Moral vorliegen, werden kaum alle ihre Mitglieder zu den Interessenten einer solchen Moral gehören. Ihnen stehen sowohl diejenigen gegenüber, die kein Interesse daran haben, überregionale Kooperationsmöglichkeiten wahrzunehmen oder zu fördern, als auch diejenigen, bei denen Machtinteressen mehr oder weniger dominieren. Anders als in einer geschlossenen Gesellschaft, in der im Prinzip alle Mitglieder gemeinsam Interessenten *einer* partikularen Gruppenmoral sind, müssen in einer offenen Gesellschaft die Interessenten einer universalisierten Moral mit den Interessenten einer partikularen Moral konkurrieren.[21] Das bedeutet, daß Interessenkonflikte schon auf der Ebene der Moralinteressenten selbst, und nicht erst zwischen Moralinteressenten und Moraladressaten auftreten.

Aus dieser Konstellation ergeben sich für die Geltungsbedingungen und Durchsetzungschancen einer universalisierten Moral spezifische Schwierigkeiten, die bei einer partikularen Moral nicht auftreten. Zum einen werden von den Garanten einer universalisierten Moral besondere Leistungen erfordert. Sie müssen sich nicht nur gegen die Moraladressaten durchsetzen, sondern auch ein Gegengewicht gegen konkurrierende Moralinteressenten bilden, für die eine universalisierte Moral kein Gut darstellt. Zum anderen kann sich aus dieser Situation eine spezifische Dynamik, eine aufschaukelnde Bewegung *gegen* eine universalisierte Moral entwickeln, die in dieser Form bei einer partikularen Gruppenmoral nicht möglich ist. Während die Abweichung von einer partikularen Gruppenmoral im Prinzip ein *individuelles* Phänomen bleibt, kann sich die Abweichung von einer universalisierten Moral leicht zu einem *kollektiven* Phänomen mit entsprechend größerer Sprengkraft entwikkeln.

6. Die Partikularisierung der Moral

Die verbleibenden Abschnitte dienen dazu, die bisherigen Ausführungen zu konkretisieren, indem das entwickelte Erklärungsmodell auf ein tatsächliches Beispiel für die Krise einer universalisierten Moral angewendet wird. Es soll versucht werden, auf seiner Grundlage einen theoretischen Erklärungsansatz für die fremdenfeindlichen Gewalttaten in Deutschland zu formulieren, also

---

[21] Dieser theoretischen Annahme entspricht das empirische Faktum, daß in allen westeuropäischen Gesellschaften seit Jahren ein nicht unerhebliches ausländerfeindliches Einstellungs- und Meinungspotential existiert; vgl. Willems et al. a.a.O.: 25ff..

für Phänomene, die in exemplarischer Weise die Ausgrenzung und Diskriminierung bestimmter Personengruppen und damit eine Partikularisierung der Moral repräsentieren.

Ein wichtiger Vorzug des skizzierten Modells besteht darin, daß es ein *allgemeines* Erklärungsmodell für Universalisierungs- und Partikularisierungsprozesse der Moral zur Verfügung stellt. Es läßt sich im Prinzip sowohl auf die fremdenfeindliche Gewalt in unserer Gesellschaft als auch auf Phänomene wie den Bürgerkrieg auf dem Balkan, in Afghanistan und Somalia oder die separatistischen Bestrebungen in der ehemaligen Sowjetunion anwenden. Gerade im Hinblick auf die Vorgänge hierzulande läßt sich so der Fehler vermeiden, ihre Erklärung ausschließlich in Besonderheiten der aktuellen Lage Deutschlands zu suchen oder gar in einer spezifisch deutschen „Mentalität". Die Vereinigung Deutschlands, die hohe Zahl an Asylbewerbern oder die deutsche Vergangenheit sind zwar durchaus relevante Randbedingungen für eine Erklärung fremdenfeindlicher Gewalt in Deutschland – eine substantielle, tiefergehende Erklärung muß aber eine Vorstellung davon haben, welche von den spezifisch deutschen Verhältnissen unabhängige grundsätzliche Problematik mit der Entstehung und Durchsetzung einer universalisierten Moral verbunden ist. Nur wenn man das Phänomen der Fremdenfeindlichkeit als eine besondere Ausprägung dieser allgemeinen Problematik versteht, kann man an seine Wurzeln gelangen.

Das heißt freilich nicht, daß die Hintergründe einer Partikularisierung der Moral in jedem Fall gleichgelagert sein müssen. Im Gegenteil macht das Erklärungsmodell ebenfalls deutlich, daß ganz verschiedene Faktoren ausschlaggebend sein können: Je nachdem, ob man es mit einer offenen Gesellschaft zu tun hat, in der etwa Machtinteressen wieder auf dem Vormarsch sind, oder mit geschlossenen und traditionalen Gesellschaften, in denen sich überregionale Kooperationsinteressen kaum entwickeln konnten. Auch in unserer eigenen Gesellschaft legt das Modell für die alten und neuen Bundesländer jeweils unterschiedliche Erklärungen nahe. Die DDR war eine geschlossene Gesellschaft, in der privat motivierte Kooperationsinteressen nur sehr begrenzt verfolgt werden konnten. Unterhalb der Ebene der staatlichen Institutionen mußte es daher an einer ausreichenden Zahl von Interessenten einer universalisierten Moral fehlen, die für die notwendige informelle Verankerung einer solchen Moral hätten sorgen können.[22] Insofern ist Ausländerfeindlichkeit, soweit sie ihren Ursprung in der ehemaligen DDR hat, mit den hier zugrunde gelegten Annahmen im Prinzip nicht schwer zu erklären.

Das sieht freilich anders aus, wenn wir uns mit der Situation in den alten Bundesländern beschäftigen. Hier leben wir seit geraumer Zeit zweifellos in einer offenen Gesellschaft und eine universalisierte Moral hat sich in der Vergangenheit im großen und ganzen als wirksam gezeigt. Wie konnte es dann

---

22 Die mangelhafte informelle Verankerung der offiziell verkündeten Moral in der DDR betont der Ostberliner Soziologe Wolfgang Engler (1993).

passieren, daß sich die Situation innerhalb einer kurzen Zeit so wandelte, daß selbst moralische Fundamentalnormen in eklatanter Weise mißachtet wurden?

Die Erklärungen, die angeboten werden, sind zahlreich. Als weitgehend haltlos hat sich dabei – wie zu Anfang bereits betont – die vor allem aus ideologischen Gründen beliebte Annahme herausgestellt, es handele sich um die Taten von Personen, die Angehörige von desintegrierten und deklassierten gesellschaftlichen Randgruppen sind. Die vorliegenden empirischen Daten sind in diesem Punkt eindeutig: Die Täter stammen zum überwiegenden Teil aus durchaus „geordneten" Verhältnissen. Sie befinden sich in sozialen Zusammenhängen, in denen die Voraussetzungen für eine wirksame Moraldurchsetzung im Prinzip gegeben sind. Eine Erklärung für ihr Verhalten kann folglich nicht in der Tatsache gesucht werden, daß die „üblichen" gesellschaftlichen Integrationskräfte bei ihnen grundsätzlich unwirksam bleiben mußten. Die Frage ist vielmehr, warum diese Kräfte selber sich als zu schwach erwiesen haben.

Erfolgversprechendere Erklärungen beziehen sich mithin auf Faktoren, die einzeln oder im Zusammenspiel für eine solche Schwächung verantwortlich sein können. Vor allem drei Thesen erscheinen dabei als mit dem hier entwikkelten Erklärungsmodell kompatibel. Man kann sie als *Erosionsthese*, *Expansionsthese* und *Eskalationsthese* bezeichnen. Die Erosions- und Expansionsthese machen *interne* Faktoren der Moralentwicklung für eine Zunahme moralwidrigen Handelns verantwortlich, d.h. sie streben eine Erklärung auf der Grundlage *endogener* Prozesse an. Die Eskalationsthese bezieht sich dagegen auf den Einfluß verschiedener *externer* Faktoren, ihr geht es also um eine Erklärung auf der Grundlage *exogener* Prozesse.

Erosionsthesen sollen jene Erklärungen genannt werden, die von einem *allgemeinen* moralischen Niedergang in unserer Gesellschaft ausgehen, der bereits seit längerer Zeit stattfinde und die Moral insgesamt in einen bedenklichen Zustand gebracht habe. Die ausländerfeindlichen Gewalttaten wären dann nur die plötzlich sichtbare Spitze eines Eisbergs, der bereits über viele Jahre unmerklich gewachsen ist. Und in der Tat: Das Bedrohliche an dieses Ereignissen ist das Faktum, daß es offenbar nur noch relativ geringfügiger Erschütterungen bedurfte, um das „zivilisatorische Minimum" jeder Gesellschaft, nämlich eine innergesellschaftliche Friedensordnung mit einer gewissen Sicherheit vor offener Gewaltanwendung, ernsthaft in Frage zu stellen. Der Verdacht, daß die Fundamente der Moral schon zuvor erheblich ausgehöhlt gewesen sein müssen, liegt daher nahe. Er wird gestützt durch Erkenntnisse der empirischen Sozialforschung, die belegen, daß Gewaltakzeptanz und Gewaltbereitschaft in unserer Gesellschaft in den letzten Jahren *generell* erheblich gewachsen sind.[23]

---

[23] Vgl. den Überblick über verschiedene Erhebungen bei Willems et al. a.a.O.: 69ff.

Die *Expansionsthese* stellt in gewissem Sinne das Gegenstück zu der Erosionsthese dar. Sie führt die Serie von Zuwiderhandlungen gegen eine universalisierte Moral nicht auf eine Schwächung dieser Moral zurück, sondern im Gegenteil auf ihre Ausweitung und Forcierung.[24] Diese Sichtweise kann zu Recht darauf verweisen, daß die ausländerfeindlichen Gewalttaten nicht plötzlich und ohne erkennbaren Anlaß aus einem unveränderten status quo entstanden sind. Sie können vielmehr als Reaktionen auf neue Belastungen und erschwerte Zumutungen verstanden werden, die gerade durch die expandierenden Ansprüche einer universalisierten Moral entstehen. Die verstärkte Aufnahme von Ausländern, Asylbewerbern oder Flüchtlingen und ihre Unterstützung mit Transferleistungen der verschiedensten Art entspricht ja einer moralischen Haltung, die Hilfeleistungen und Solidarhandlungen unabhängig von der Zugehörigkeit zur eigenen Gruppe macht. Und es ist sicher richtig, daß die Kosten und Opfer, die der einheimischen Bevölkerung in diesem Zusammenhang in den letzten Jahren auferlegt wurden, deutlich höher ausgefallen sind als in den Jahren zuvor. Ausländerfeindliche Gewalttaten wären der Expansionsthese zufolge also nicht Symptome einer generellen Auflösung und Zurücknahme einer universalisierten Moral, sondern umgekehrt unerfreuliche Begleiterscheinungen und Widerstände angesichts des Versuchs ihrer weiteren Ausdehnung und Verstärkung.

Die *Eskalationsthese* hebt schließlich den kumulativen Einfluß einer Vielzahl von externen Faktoren hervor, wie lokal konzentrierte Konfliktkonstellationen im Umfeld von Aussiedler- und Asylbewerberheimen, persönliche Konkurrenzverhältnisse mit regional massierten Zuwanderern auf individueller, nachbarschaftlicher und kommunaler Ebene, ungünstige Globaleinflüsse wie Arbeitslosigkeit, Arbeitsplatzunsicherheit, Knappheit öffentlicher Mittel und wirtschaftliche Belastungen durch die Vereinigung der beiden deutschen Staaten. Die Eskalationsthese enthält keine allgemeinen Annahmen über Expansions- oder Erosionstendenzen einer universalisierten Moral als solcher. Sie führt die Zunahme moralwidriger Handlungen auch weniger auf entsprechende Handlungsdispositionen oder moralische Defizite einzelner Individuen zurück. Sie macht dagegen vor allem objektive situative Faktoren verantwortlich, die u.a. als Folgen einer undurchdachten Politik in ihrer Zusammenballung und wechselseitigen Verstärkung entsprechende Reaktionen und Handlungsweisen praktisch zwangsläufig auslösen.[25] Der Einfluß solcher ex-

---

24 Karl Otto Hondrich hat mich auf diese originelle und wichtige Erklärungsmöglichkeit hingewiesen.

25 Exemplarisch wird eine solche Eskalationsthese von Willems et al. vertreten: „Die jüngste Welle fremdenfeindlicher Straf- und Gewalttaten seit 1990 und die damit einhergehende dramatische Steigerung auch von fremdenfeindlichen Einstellungen und Gewalttoleranzen in Teilen der Bevölkerung kristallisierten sich um die lokalen Spannungen und Konflikte zwischen Aussiedlern, Asylbewerbern, einheimischer Bevölkerung und Verwaltung und sind damit eine Reaktion auf den unerwartet starken Zustrom von Asylbewerbern nach 1990 und die dadurch ausgelösten Ängste, Konkurrenzerfahrungen und deren mangelnde Bewältigung. Die dramatische Eskalation und Ausbreitung der Gewalt gegen

terner Faktoren kann zweifellos nicht geleugnet werden und muß in jedem Erklärungsansatz Berücksichtigung finden.

Nun kann die Frage, welche Faktoren mit welchem Gewicht für das Auftreten fremdenfeindlicher Gewalttaten im einzelnen tatsächlich verantwortlich sind, auf der Grundlage der bislang vorliegenden empirischen Daten nicht abschließend beantwortet werden. Es kann demnach auch noch nicht abschließend beurteilt werden, welchen Wahrheitsgehalt die Erosions-, Expansions- oder Eskalationsthese jeweils für sich reklamieren können. Auf der Basis unseres momentanen Wissens kann jedoch jede dieser Thesen eine gewisse Plausibilität für sich in Anspruch nehmen. Es geht mir daher im folgenden auch nicht um eine Entscheidung *zwischen* diesen Thesen. Ich möchte vielmehr zu zeigen versuchen, daß sie auf einer theoretischen Ebene in das hier vorgeschlagene Erklärungsmodell *gemeinsam* integriert werden können, daß also das Phänomen der ausländerfeindlichen Gewalt theoretisch mit dem *Zusammenwirken* der genannten Faktoren erklärt werden kann – also sowohl mit endogenen, sozusagen „hausgemachten", als auch mit exogenen, von außen kommenden Ursachen. Unabhängig vom Wahrheitsgehalt der einzelnen Thesen ist ein solches Modell des Zusammenwirkens unterschiedlicher Faktoren ohnehin plausibler als eine monokausale Erklärung.

Die Absicht, die angeführten Erklärungshypothesen in einem Erklärungsansatz gemeinsam zu berücksichtigen, muß allerdings im Hinblick auf die Erosions- und Expansionsthese zunächst überraschen. Auf den ersten Blick scheint es sich um unvereinbare, geradezu entgegengesetzte Thesen zu handeln. Dieser erste Eindruck täuscht freilich.

Nähere Betrachtung macht nämlich deutlich, daß man sich auf zwei verschiedene Phänomene beziehen kann, wenn man eine Zunahme moralwidriger Handlungen mit einer Erosion der Moral erklären will. Zum einen kann damit gemeint sein, daß die *Interessenten* der Moral relativ an Zahl abnehmen, bzw. daß die vorhandenen Moralinteressenten weniger Interesse an der Geltung der Moral haben und sie mit entsprechend weniger Nachdruck vertreten. Zum anderen kann damit gemeint sein, daß die *Garanten* der Moral die moralischen Normen weniger konsequent durchsetzen, unabhängig davon, welches grundsätzliche Interesse sie selbst oder andere an der Geltung dieser Normen haben. In beiden Fällen wird es ceteris paribus zu einer Abnahme moralkonformen Handelns kommen.[26]

In analoger Weise kann man auch die Rede von einer Expansion der Moral sowohl auf die Interessen und die Einstellung der Moralinteressenten beziehen als auch auf die Art und Weise, in der die moralischen Normen durch ihre Ga-

---

Fremde ist nur vor dem Hintergrund dieser unbewältigten, aber allgemein wahrgenommenen Probleme und Konflikte und der durch sie ausgelösten Asyldebatte zu verstehen" (a.a.O.: 254f.).

26 Man kann natürlich auch die Zunahme moralwidriger Handlungen selber als „Erosion der Moral" bezeichnen. Hier wird der Begriff der Moralerosion aber verwendet, um das Phänomen moralwidriger Handlungen zu *erklären*. Dann muß er aber auch eine Bedeutung haben, die von der Zunahme moralwidriger Handlungen unabhängig ist.

ranten durchgesetzt werden. Von einer Expansion der Moral ließe sich insofern sprechen, wenn die Zahl der Moralinteressenten bzw. ihr Interesse an einer Ausbreitung oder Ausweitung der Moral zunimmt, oder wenn sich die Anstrengungen der Moralgaranten, die Moral effektiv durchzusetzen, vergrößern. Die Auswirkungen auf das Niveau moralkonformen Handelns werden in diesen beiden Fällen in der Regel gegenläufig sein.

Die Expansionsthese läßt sich demzufolge mit der Erosionsthese dann in einem Erklärungsansatz kombinieren, wenn man die Expansionsthese auf die *Vertretung* einer universalisierten Moral durch die Moralinteressenten und die Erosionsthese auf ihre *Durchsetzung* durch die Moralgaranten bezieht, d.h. wenn man annimmt, daß von seiten der Moralinteressenten die Forderungen und Ansprüche einer universalisierten Moral erhöht werden, während gleichzeitig sie selbst oder andere als Moralgaranten in ihrer Anstrengung der tatsächlichen Moraldurchsetzung nachlassen. Das ist angesichts der Fakten auch die einzig plausible Interpretation der beiden Thesen. Denn eine Expansion der Moraldurchsetzung scheidet als Erklärung für eine gestiegene Zahl moralwidriger Handlungen von vornherein aus, während eine Erosion in der Vertretung einer universalisierten Moral sowohl angesichts der zunächst verfolgten Einwanderungs- und Asylpolitik als auch angesichts der verbalen Reaktionen auf die ausländerfeindlichen Gewalttaten sowie der vorliegenden Daten über die langfristige Entwicklung ausländerbezogener Einstellungen[27] nicht festzustellen ist.

Doch wie lassen sich diese beiden Thesen nun speziell in das hier entwickelte Erklärungsmodell integrieren? Wenden wir uns zunächst der Erosionsthese zu. Wie gesagt, bezieht sich diese These nicht allein auf den Prozeß der Universalisierung der Moral, sondern behauptet, daß in unserer Gesellschaft *generell* eine Erosion der Moral stattgefunden hat. Die erste Frage, die man beantworten muß, wenn man die Erosionsthese in unser interessenbasiertes Erklärungsmodell integrieren will, heißt deswegen: Wie kann es nach den Grundannahmen in diesem Modell überhaupt zu einer endogen verursachten moralischen Erosion kommen? Diese Frage stellt sich vor allen Dingen dann, wenn man die Erosionsthese mit der Expansionsthese koppeln und daher gleichzeitig von der Annahme ausgehen will, daß das grundsätzliche Interesse an der Geltung moralischer Normen weiterhin vorhanden ist, ja sogar zugenommen hat. Wenn es aber genügend einflußreiche Moralinteressenten gibt, warum sollten sie es dann versäumen, ihre Interessen auch zu verwirklichen?

27 Der Anteil der Bevölkerung, der eine „ausländerfreundliche" Einstellung zeigt, scheint im langfristigen Trend sogar eher zuzunehmen; vgl. die Auswertung entsprechender Längsschnittuntersuchungen bei Willems et al. a.a.O.: 25ff..

7. Das Dilemma der Zurechnung

Die Antwort lautet: Weil das Prinzip der individuellen Zurechnung mit einem grundlegenden *Dilemma* verbunden ist (vgl. zum folgenden Buchanan 1977 und 1984:176f.). Dieses Dilemma entsteht deshalb, weil die Anwendung dieses Prinzips *aktuell* spürbare Kosten verursacht, während seine vorteilhaften Wirkungen erst in der *Zukunft* eintreten. Menschen für ihre Handlungen zur Verantwortung zu ziehen, hat hier und heute zu geschehen, die positiven Folgen dieser Praxis können sich aber erst mittel- oder sogar langfristig bemerkbar machen – vor allem insoweit es nicht nur um unmittelbar wirksame „Abschreckungseffekte" geht, sondern um die Herausbildung und Verstärkung dauerhafter Handlungsdispositionen. Die Moralinteressenten sind aus diesem Grund permanent der Versuchung ausgesetzt, das Prinzip der individuellen Zurechnung nicht konsequent genug anzuwenden.

Das gilt insbesondere dann, wenn sie in einer Zeit leben, der eine verläßliche und konsequente Anwendung dieses Prinzips vorangegangen ist. Wir können eine solche Praxis in der Vergangenheit als kontinuierliche Investitionen in das Gut Moral auffassen, die nach einem gewissen Zeitraum Erträge in Form eines moralkonformen Handelns abwerfen. Hat sich genügend Kapital angesammelt, wird sich die überwiegende Mehrzahl der Moraldressaten moralkonform verhalten. Die Sanktionierung der übrig gebliebenen „Unbelehrbaren" ist dabei eine für die Bestandserhaltung des moralischen Kapitalstocks notwendige Ersatzinvestition. Diese Ersatzinvestitionen stellen die Kosten dar, die Moralinteressenten zu tragen haben, wenn sie ein ererbtes Moralkapital nicht bloß verzehren wollen.

Reduzieren sie diese Kosten nun, indem sie beispielsweise die weiterhin zu verhängenden Sanktionen mildern, verbessern sie ihre Situation erst einmal. Da das bestehende Moralkapital zunächst weiterwirkt, können sie als Rentiers bequem von ihrem Erbe leben. Ebenso wie Investitionen in das Gut Moral erst zeitverzögert wirksam werden, führt auch eine Verwandlung dieses Kapitals in Einkommen erst nach einem gewissen Zeitraum zu spürbar niedrigeren Erträgen in Form einer Zunahme moralwidrigen Verhaltens. Vor allem insoweit ein moralkonformes Handeln nicht nur das Ergebnis einer kühlen Berechnung von Vor- und Nachteilen ist, sondern ein Ausdruck entsprechender Handlungsdispositionen, wird es Zeit brauchen, bis sich diese Dispositionen zurückbilden.

Verschärfend kommt hinzu, daß gerade eine für die Moralinteressenten günstige Situation mit einem ausreichend vorhandenen „Moralkapital" einem falschen Lernprozeß förderlich ist. Die meisten Moraladressaten verhalten sich dann ohnehin moralkonform. Die Wirkung der Sanktionen gegen die Unbelehrbaren ist den moralkonform Handelnden nicht „anzusehen". Gegenüber den Unbelehrbaren selber bleiben die Sanktionen offenkundig wirkungslos. Sanktionen erscheinen somit in jeder Hinsicht als überflüssiges Übel: Die

Normbrüche können sie nicht ungeschehen machen, die Normbrecher nicht bessern, und gegenüber den Normkonformen scheinen sie sinnlos. So verstärkt sich für die Moralinteressenten der Anreiz noch, dem Dilemma der Zurechnung nachzugeben.

Doch irgendwann wirft das verringerte Kapital auch verringerte Erträge ab. Über kurz oder lang wird es zu einer Zunahme moralwidrigen Handelns kommen. Damit verschlechtert sich die Lage der Moralinteressenten in doppelter Hinsicht: *Erstens* erleiden sie den Schaden aus der gestiegenen Zahl moralwidriger Handlungen. *Zweitens* müssen sie jetzt die gemilderten Sanktionen häufiger anwenden. So verschlechtert sich die Situation der Moralinteressenten nicht nur gegenüber der Zeit, in der sie weitgehend als Rentiers lebten. Es droht auch schnell eine Verschlechterung gegenüber jener *Ausgangssituation*, in der sie zur Erhaltung des Moralkapitals nur bestimmte Ersatzinvestitionen zu tätigen hatten. Denn zum einen wird die steigende Zahl der milderen Sanktionen ihre geringeren Einzelkosten für die Sanktionierenden irgendwann aufwiegen; zum anderen wird die gestiegene Zahl der Vergehen einen entsprechend größeren Gesamtschaden für die Moralinteressenten verursachen.

Fatalerweise führt eine solche Entwicklung aber keineswegs zwangsläufig zu einem korrigierenden Lernprozeß. Sie kann sogar zu einer Verfestigung des Fehlverhaltens der Moralinteressenten beitragen. Das Dilemma der Zurechnung vertieft sich nämlich in gewisser Hinsicht, weil die Alternative zu einer Haltung der Nachgiebigkeit immer unerfreulicher erscheint. Während sie in der Ausgangssituation noch darin bestand, an der konsequenten individuellen Zurechnung *festzuhalten*, besteht sie nunmehr darin, zu einer konsequenten Zurechnung *zurückzukehren*. Das aber würde nicht nur bedeuten, daß man für die Einzelsanktion wieder höhere Kosten tragen müßte. Das würde insbesondere auch bedeuten, daß man diese kostspieligeren Sanktionen nun in möglicherweise *weitaus mehr* Fällen verhängen müßte.

Die Situation hat sich psychologisch gesehen also weiter verschlechtert. Im Ausgangszustand ging es um den Anreiz, gegenwärtig Kosten und Belastungen *senken* zu können. Jetzt geht es um die Hürde, gegenwärtig *erheblich höhere* Lasten in Kauf zu nehmen, um in mehr oder weniger ferner Zukunft wieder eine bessere Situation zu erreichen. Bringt man in Anschlag, daß Menschen grundsätzlich dazu neigen, dem Naheliegenden einen höheren Wert beizumessen als dem Fernerliegenden, werden die Moralinteressenten versucht sein, ihr Zurechnungsverhalten *weiter* abzuschwächen, um zumindest kurzfristig wieder besser dazustehen.

In dieser Weise kann ein sich selbst verstärkender Niedergang einsetzen, in dem es immer schwerer wird, die anfängliche falsche Weichenstellung rückgängig zu machen. An einem bestimmten „point of no return" kann es sich dann schließlich auch für einen vollständig rationalen Moralinteressenten, der sich über die Notwendigkeit einer konsequenten individuellen Zurechnung keinerlei Illusionen macht, nicht mehr lohnen, das Steuer herumzuwerfen. Menschen leben nicht ewig und sind auch nicht während ihres ganzen Lebens in der Position von einflußreichen Moralgaranten. Für ihren persönlichen Zeithorizont kann es daher möglicherweise zu lange dauern, bis sich die Erneuerung eines Moralkapitals wieder auszahlt. Das aber bedeutet, daß einmal vorhandenes Moralkapital *für immer* verlorengehen kann.

8. Die Legitimation der Bequemlichkeit

Betrachtet man die theoretischen Reflexionen, die vornehmlich in den letzten Jahren und Jahrzehnten über das Prinzip der individuellen Zurechnung angestellt wurden, dann muß man feststellen, daß sie unserer Schwäche, als Moralgaranten der Versuchung der Nachgiebigkeit zu erliegen, kein Gegengewicht geboten haben. Stattdessen haben sie diese Schwäche mit Etiketten wie „human", „fortschrittlich" und „aufgeklärt" geradezu als Tugend geheiligt. Die bloße Existenz dieser Theorien ist ein bemerkenswerter indirekter Beleg für die Richtigkeit der Erosionsthese. Drei Theorien sind hier vor allem zu nennen:

1. Die *laisser-faire-Theorie*. Dieser Theorie zufolge entwickelt sich ein moralisches Handeln auch ohne eine gezielte Einwirkung auf den Handelnden, ja, eine individuelle Zurechnung besonders in Gestalt negativer Sanktionen soll einer solchen Entwicklung sogar abträglich sein. Diese Theorie hat sich von der „Anti-Pädagogik" bis hin zur Forderung nach einer Abschaffung des Strafrechts durch den sog. „Abolitionismus" vielerorts niedergeschlagen.[28] Sie ist das typische Luxusprodukt einer Gesellschaft, in der ein moralkonformes Handeln mehr oder weniger selbstverständlich erscheint, weil man vom Erbe eines bestehenden Moralkapitals zehren kann.

Der grundlegende Irrtum der laisser-faire-Theorie besteht darin, daß sie verkennt, daß es keine prästabilierte Interessenharmonie zwischen Menschen gibt. Menschliche Sozialbeziehungen öffnen regelmäßig eine Kluft zwischen Einzelinteressen sowie Einzel- und Allgemeininteressen. Ohne das Prinzip der individuellen Zurechnung kann diese Kluft nicht überbrückt werden.

2. Die *Exkulpations-Theorie*. Diese Theorie kritisiert das Prinzip der individuellen Zurechnung, weil es auf der metaphysischen Annahme menschlicher Willensfreiheit beruhe und zudem Ausdruck eines archaischen Vergeltungsdenkens sei. Der Begriff der „Verantwortlichkeit" könne vor der soziologi-

---

[28] So sieht einer der tonangebenden deutschen Strafrechtswissenschaftler die Rechtfertigung strafrechtlicher Sanktionen nicht länger darin, daß sie zur Verhinderung rechtswidriger Handlungen beitragen, sondern darin, daß das Strafrecht für den rechtstreuen Bürger ein „Vorbild humanen Umgangs mit Abweichung" sei; vgl. Hassemer 1990: 326.

schen und psychologischen Aufklärung nicht verteidigt werden, die beweise, daß menschliches Handeln durch soziale und psychische Faktoren verursacht werde, die man dem Handelnden eben nicht „zurechnen" könne.

Der Exkulpations-Theorie liegt ein gravierender Irrtum über den Status des Prinzips der individuellen Zurechnung zugrunde. Dieses Prinzip ist kein Prinzip der *Erkenntnis*, sondern ein Prinzip der *Praxis*. Es dient uns nicht dazu, etwas über die Welt zu erfahren, sondern es dient uns als Leitprinzip im Umgang mit anderen Menschen. Akzeptiert man es in dieser praktischen Funktion, muß man keineswegs unterstellen, daß menschliches Verhalten nicht kausal determiniert ist oder daß die subjektiven Ursachen des Handelns ihrerseits keine objektiven Ursachen haben. Das Prinzip der individuellen Zurechnung verkörpert nur die *Entscheidung*, zum Zweck der Verhaltensbeeinflussung bei denjenigen Ursachen anzusetzen, die subjektiver Natur sind und der Willensbildung von Menschen zugrunde liegen. Daher muß die Rechtfertigung für dieses Prinzip auch nicht auf metaphysische Annahmen zurückgreifen oder gar mit einer Vergeltungstheorie gekoppelt sein. Seine Rechtfertigung beruht allein auf seinen empirischen Wirkungen und auf der Tatsache, daß seine Anwendung im Interesse aller derjenigen ist, die ein Interesse an einer wirksamen Moral haben.[29]

3. Die *Diskurs-Theorie*. Gemäß dieser Theorie besteht der beste Weg zur Durchsetzung von Moral darin, die Moraladressaten in einem von Machtpositionen und Sanktionen unbehelligten Gespräch von der Richtigkeit moralischer Normen zu überzeugen. Dem „zwanglosen Zwang des Arguments" wohne eine „rational motivierende Kraft" inne. Eine empirische Einflußnahme auf subjektive Handlungsursachen sei überflüssig und als „instrumentelles" und „strategisches" Handeln gegenüber einem „verständigungsorientierten" Handeln normativ minderwertig. Diese Theorie zählt ebenfalls zu dem Luxus einer Gesellschaft, die es sich aufgrund ihres moralischen Erbes leisten zu können glaubt, über Moral nur zu *reden*, anstatt für ihre Durchsetzung zu *handeln*.[30]

Insoweit die Diskurs-Theorie in dieser Weise als eine Theorie nicht nur der Moralbegründung, sondern auch der Moraldurchsetzung verstanden wird, be-

---

[29] Eine solche unmetaphysische Rechtfertigung für das Verantwortungsprinzip findet sich mit aller wünschenswerten Klarheit bereits bei Moritz Schlick (1930). Zur normativen Problematik des Verantwortungsprinzips vgl. näherhin Hart 1968; Glover 1970; Baurmann 1984.

[30] Manchen Selbstzeugnissen jugendlicher Gewalttäter ist in dieser Hinsicht nichts hinzuzufügen: „Mehrmals machten sich die Täter über ihre Eltern – und allgemein über die Elterngeneration – in dem Sinn lustig, daß diese nur immerzu redeten. Die Eltern würden auf sie einreden, die Lehrer würden auf sie einreden, auch die Vorgesetzten würden auf sie einreden, überhaupt alle würden immer nur reden. Die beiden kritisierten sogar scharf die unverbindlichen Drohungen, denen keine Strafen folgten, die fortwährenden Belehrungen und Ansprüche, für die niemand einstehe. In der Kritik der beiden erscheinen die Vierzig- bis Fünfzigjährigen, also wir, als eine maßlos diskursiv-geschwätzige Generation, die Probleme nicht anpackt, sondern: beredet, ja, die vor lauter Reden nicht zum Leben findet" (Bergmann & Leggewie 1993: 23).

steht der grundlegende Fehler darin, daß für den Erfolg eines moralischen Diskurses bei den Beteiligten diejenige Haltung bereits *vorausgesetzt* werden muß, die durch den Diskurs hervorgebracht werden soll. Denn die Argumente im Diskurs können nur denjenigen zur Befolgung moralischer Normen „rational motivieren“, der das grundlegende Prinzip des Diskurses – nämlich das Prinzip der Verallgemeinerungsfähigkeit von Normen – bereits als verhaltensbestimmend anerkannt hat. In diesem Fall *ist* er aber insoweit bereits moralisch und muß von einer moralischen Haltung nicht erst überzeugt werden. Er ist bereit, von sich aus die Interessen anderer zu berücksichtigen. Eine Person dagegen, die sich ausschließlich an ihren eigenen Interessen orientiert, kann man nicht mit dem Argument zur Normbefolgung motivieren, daß eine solche Normbefolgung gemäß dem Prinzip der Verallgemeinerungsfähigkeit den Interessen anderer Menschen nützt. Der Nachweis der Verallgemeinerungsfähigkeit mag seinen Stellenwert im Rahmen normativer Rechtfertigung haben – empirische Antriebskräfte zur Durchsetzung und Befolgung moralischer Normen kann er nicht ersetzen. Der Diskurs muß daher entweder unwirksam bleiben oder voraussetzen, was er bewirken will. Er ist keine *Alternative* zur individuellen Zurechnung als Instrument der Moraldurchsetzung, sondern *beruht* seinerseits darauf, daß ein Prozeß der individuellen Zurechnung erfolgreich zum Aufbau moralischer Haltungen geführt hat.[31]

9. Eine individualistische Erklärung für ausländerfeindliche Gewalttaten

Die Erosionsthese läßt sich nach alledem in ein individualistisches und interessenbasiertes Erklärungsmodell integrieren. Mit dem Dilemma der Zurechnung ist erklärbar, warum es zu einer endogenen Erosion der Moraldurchsetzung auch dann kommen kann, wenn es Moralinteressenten gibt, die aufgrund ihrer Machtposition und ihrer Mittel prinzipiell in der Lage sind, für eine ausreichende Durchsetzung der von ihnen gewünschten Moral zu sorgen. Für die Plausibilität der Erosionsthese spricht dabei, daß die Versuchung, dem „Moralkonsum“ den Vorzug vor der „Moralproduktion“ zu geben, durch falsche Theorien, die einem opportunistischen Verhalten der Moralinteressenten eine willkommene Legitimation liefern, zusätzlich verstärkt wurde. Solche Theorien sind auch deshalb von Bedeutung, weil sie den Moralinteressenten nicht nur eine Legitimation für das eigene Sanktionsverhalten bereitstellen. Sie ge-

31 Man muß gerechterweise erwähnen, daß Jürgen Habermas selber als Begründer der Diskurstheorie den kritisierten Fehler nicht macht. Er betrachtet die Diskurstheorie vor allem als eine Theorie der Moralbegründung und weist ausdrücklich darauf hin, daß „gute Gründe“ nur eine „schwache Motivationskraft“ hätten. Eine diskursiv begründete Moral bleibe deshalb nicht nur „auf entgegenkommende Sozialisationsprozesse angewiesen“, sondern ihr „Motivationsdefizit“ könne letztlich sogar nur durch „rechtliche Institutionalisierung ausgeglichen“ werden (1992: 146 und 202). Das entspricht der hier vertretenen Auffassung.

ben ihnen auch eine Rechtfertigung, anderen Moralgaranten – etwa Eltern, Erziehern, Lehrern, Lehrherrn oder Richtern – ihre Machtpositionen zu beschneiden.

Wie wird sich ein allgemeiner moralischer Erosionsprozeß aber nun im besonderen auf die Geltung einer universalisierten Moral auswirken – vor allem dann, wenn weitere negative Einflüsse im Sinne der Expansions- und Eskalationsthese hinzukommen? Um diese Frage zu beantworten, müssen wir uns daran erinnern, daß die Durchsetzung einer universalisierten Moral mit speziellen Schwierigkeiten belastet ist, weil von vornherein nicht alle Mitglieder einer Gesellschaft ein Interesse an der Geltung einer universalisierten Moral haben werden. Es besteht insofern nicht nur für die Adressaten dieser Moral ein Anreiz, sie im Einzelfall selber zu übertreten, sondern es wird auch Personen geben, die einen Grund haben, dafür einzutreten, daß *andere* einer solchen Moral zuwiderhandeln. Interessenten einer universalisierten Moral werden den Interessenten einer partikularen Moral gegenüberstehen.

Eine mit dem nötigen Nachdruck durchgesetzte universalisierte Moral wirkt daher nicht nur den *direkten* Anreizen zu abweichenden Handlungsweisen auf seiten der Moraladressten entgegen. Sie hat auch die wichtige Folge, den *indirekten* Einfluß der Interessenten einer partikularen Moral einzudämmen. Deren Einstellungs- und Meinungspotential wird zwar weiterhin vorhanden sein. Es wird dann aber insoweit latent gehalten, als es gegenüber den Durchsetzungsmechanismen der herrschenden Moral nicht machtvoll genug sein wird, seinerseits eine nennenswerte Zahl von Personen zu einem entsprechenden Handeln zu motivieren.[32]

Genau das kann sich jedoch ändern, wenn diese Durchsetzungsmechanismen an Wirksamkeit verlieren. Das wird zu einer Zunahme von Handlungen führen, die unmittelbar gegen eine universalisierte Moral verstoßen. Die gravierendste Konsequenz aber ist mittelbar. Sie besteht darin, daß im Zuge eines solchen Erosionsprozesses das Einflußpotential der Interessenten einer partikularen Moral irgendwann die Schwelle überschreitet, an der es für eine größere Zahl weiterer Personen handlungswirksam wird. Sinkt die Durchsetzungsfähigkeit der Interessenten einer universalisierten Moral unter diesen kritischen Punkt, können ihre Rollen als normdurchsetzende Autoritäten zumindest in Teilbereichen von ihren Konkurrenten übernommen werden. Die gefährlichste Auswirkung der Erosion einer universalisierten Moral ist nicht die Entstehung eines Vakuums, sondern die erfolgreiche Ausfüllung dieses Vakuums durch die Interessenten einer partikularen Moral. Es kommt

32 Wie Erhebungen zeigen, gab es ein solches Potential in allen westeuropäischen Ländern in der Tat schon lange bevor es zu ausländerfeindlichen Gewalt*handlungen* kam, vgl. Fußnote 21.

dann, mit anderen Worten, nicht zur Anomie, sondern zu einer Ersetzung der bisherigen moralischen Standards.[33]

Das hat nicht nur die Folge, daß ein sprunghafter Anstieg von Handlungen auftreten kann, die gegen diese Standards gerichtet sind. Es steigt auch die Wahrscheinlichkeit, daß sich die Abweichler zusammenschließen und als *Kollektiv* handeln. Sie werden nicht mehr isoliert sein und können sich in eine eigene Subkultur mit einer Gegenmoral integrieren. Ihre „Identität“ ist dann nicht mehr allein durch die Abweichung von der vorherrschenden Moral charakterisiert, sondern durch ihre Anpassung an eine *andere* Moral. Damit wächst die Bedrohung durch nunmehr kollektiv ausgeführte Normbrüche. Darüber hinaus kann ein größerer Widerstand gegen Sanktionen geleistet werden, was wiederum das Dilemma der Zurechnung potenziert. Ein solcher Aufschaukelungsprozeß kann rasch einsetzen: In einer kritischen Phase eine zögerliche Reaktion auf einige schlagkräftige Gewalttäter kann sehr schnell die Kalkulationsgrundlage auf beiden Seiten verändern. Auf einen Brandanschlag kann man mit begrenzten Mitteln noch wirksam reagieren; versäumt man dies und als Folge gibt es hundert Brandanschläge von organisierten Gruppen, steht man vielleicht schon vor bürgerkriegsähnlichen Zuständen.

Die Antriebskräfte einer solchen Entwicklung würden nun erheblich verstärkt, wenn die *Expansionsthese* in dem Sinne zutrifft, daß gleichzeitig mit einer Schwächung der Durchsetzung einer universalisierten Moral ein Prozeß ihrer Ausweitung und Forcierung auf der „Anspruchsebene“ stattfindet – wenn also die zunehmende Nachgiebigkeit der Moralgaranten von ihren wachsenden Ambitionen als Moralinteressenten begleitet wird. Dann würden nicht nur die Gegengewichte zu einem moralwidrigen Handeln geringer wiegen, sondern gleichzeitig die Kosten für Moralkonformität durch neu hinzukommende oder ausgeweitete Normen steigen.

Nun wäre eine solche paradox wirkende, gegenläufige Tendenz auf der Basis der Annahmen unseres Erklärungsmodells noch nicht einmal unwahrscheinlich. Denn einerseits ist kein Grund ersichtlich, warum die Zahl der Interessenten einer universalisierten Moral oder die Intensität ihres Interesses an einer solchen Moral im Laufe der letzten Jahre hierzulande hätten zurückgehen sollen. Im Gegenteil: Internationale Kooperation und interkulturelle Beziehungen haben europäisch und im Weltmaßstab in ihrer Bedeutung nicht abgenommen, sondern kontinuierlich zugenommen. Der Kreis derjenigen, die in den fortgeschrittenen Industriegesellschaften von dieser Entwicklung ökonomisch und sozial profitiert, teilweise existentiell auf sie angewiesen ist, ist trotz partieller Rückschritte und gewisser retardierender Tendenzen nicht kleiner geworden. Gerade Europa ist durch einen fortschreitenden Prozeß der Auflösung nationaler, sozialer und politischer Grenzen gekennzeichnet, der

[33] Die entscheidende Rolle, die für die Entstehung der fremdenfeindlichen Gewalt die Existenz eines gesellschaftlichen Umfeldes spielt, in dem das Handeln der Gewalttäter gefördert oder zumindest gebilligt wird, heben alle einschlägigen Untersuchungen hervor.

nur mit schwerwiegenden Verlusten gestoppt oder rückgängig gemacht werden könnte. Je umfangreicher und vielfältiger sich diese grenzüberschreitenden Bindungen und Kooperationsformen aber ausgestalten und je wichtiger die langfristige Absicherung ihrer Stabilität und Berechenbarkeit wird, desto größer muß grundsätzlich auch das Interesse an der Geltung einer entsprechend universalisierten Moral sein. Selbst Solidarhandlungen und Hilfeleistungen nehmen so den Charakter von langfristig sich verzinsenden Zukunftsinvestitionen an.

Unter diesen Aspekten wäre es also nicht erstaunlich, wenn eine universalisierte Moral nicht vermindert, sondern tatsächlich eher verstärkt vertreten wird. Das gilt um so mehr, wenn die Interessenten einer solchen Moral die Kosten und Lasten, die mit der Erfüllung ihrer Forderungen verbunden sind, gleichzeitig zu einem beträchtlichen Teil abwälzen können – genau das ist etwa geschehen, wenn Asylbewerberunterkünfte vorwiegend in „sozial schwachen" Wohngegenden eingerichtet wurden. Eine solche Kostenabwälzung ist immer dann möglich, wenn die Moralinteressenten Machtpositionen innehaben, aufgrund derer sie darüber entscheiden können, in welcher Weise ihr moralischer Rigorismus in gesellschaftliche Realität umgesetzt wird.

Auf der anderen Seite kann ein interessenbasiertes Modell ebenfalls einsichtig machen, warum eine Expansion moralischer Forderungen nicht unbedingt in entsprechend verstärkte Anstrengungen auf dem Feld der Moraldurchsetzung münden muß, sondern im Gegenteil sogar zu einem Prozeß der Moralerosion beitragen kann. Eine Steigerung von Moralansprüchen und eine Anhebung moralischer Maßstäbe wird in der Regel ja erst einmal den Durchsetzungsbedarf für moralische Normen erhöhen und eine Zunahme der Zahl der Verstöße bewirken. Damit werden aber Moralinteressenten, die eine moralische Expansion betreiben, das Dilemma der Zurechnung, mit dem sie selber oder andere als Moralgaranten konfrontiert sind, verschärfen. Eine Inflationierung moralischer Normen und Gebote kann so zu einer Resignation im Hinblick auf ihre Durchsetzung führen. Solche gegenläufigen Entwicklungen von moralischen Ansprüchen und ihrer faktischen Durchsetzung sind in dem Maße wahrscheinlicher, in dem Moralinteressenten und Moralgaranten nicht identisch sind, in dem also die Moralinteressenten nicht nur die Kosten für die Befolgung moralischer Normen, sondern auch die Kosten für ihre Durchsetzung anderen aufbürden können – die dann ihrerseits allen Grund haben, sich diesen Kosten nach Möglichkeit zu entziehen.

Zwischen Expansions- und Erosionsprozessen der Moral kann es darüber hinaus zu einer Wechselwirkung und gegenseitigen Verstärkung kommen, weil eine Erosion der Moraldurchsetzung ihrerseits wiederum zu einer Expansion auf der Ebene der Vertretung der Moral beitragen kann. Es ist natürlich viel einfacher, als Moralinteressent moralische Normen nur zu proklamieren, anstatt als Adressat und Garant auch die Lasten ihrer Befolgung und Durchsetzung zu übernehmen. Wenn man – aus was für Gründen auch immer – sich als Moralinteressent mit den Kosten der Moralbefolgung und -durchsetzung nicht belastet, kann man in dieser Weise „unbeschwert" viel weitreichendere moralische Forderungen aufstellen, als wenn moralische Ideale durch die Notwendigkeit begrenzt werden, die Vorteile aus ihrer Geltung mit den Kosten ihrer Befolgung und Durchsetzung abzuwägen.

Insgesamt gesehen ist es auf der Grundlage des vorgeschlagenen Erklärungsmodells demnach nicht nur nicht überraschend, sondern sogar noch nicht einmal unwahrscheinlich, daß eine Situation eintritt, in der *beides* festzustellen ist: nämlich einerseits Opportunismus und Nachlässigkeit, was die Durchsetzung der Moral anbetrifft, und andererseits ein großspuriger „Verbalradikalismus", der sich darin gefällt, vor allem an andere hehre moralische Forderungen zu richten und hohe moralische Maßstäbe anzulegen.

Es versteht sich nun von selbst, daß eine Zunahme von Moralverstößen, die auf solche endogenen Prozesse der moralischen Erosion und Expansion zurückgeht, durch externe Faktoren noch einmal dramatisch beschleunigt werden kann. Gerade wenn man ein Zusammenwirken endogener und exogener Prozesse annimmt, gewinnt die *Eskalationsthese* als die dritte der hier berücksichtigten Thesen zur Erklärung fremdenfeindlicher Gewalt eine hohe Plausibilität. Denn erst dann wird nachvollziehbar, warum bestimmte, für sich genommen nicht übermäßig gewichtige externe Faktoren eine explosive Entwicklung auslösen konnten. In den letzten Jahren sind in Deutschland solche Faktoren zweifellos zu verzeichnen. Die Wirtschaftskrise und die sinkende Arbeitsplatzsicherheit machten neue Wettbewerber auf den verschiedenen Märkten bedrohlicher. Die fallenden Realeinkommen und die Kosten der Vereinigung verschärften die Konkurrenz um Transferleistungen. Die steigende Zahl von Arbeitslosen und Sozialhilfeempfängern verringerte die verfügbare Umverteilungsmasse. Die Knappheit von Wohn- und Lebensraum sorgte bei dem Zuzug neuer Personengruppen für lokale Konfliktherde. Eine regional massierte Ansiedlung von Aussiedlern und Asylbewerbern führte zu einer für alle Seiten belastenden und konfliktträchtigen Ghettobildung.

Alle diese Faktoren ließen die Kosten einer universalisierten Moral fühlbar ansteigen. Sie mußte gegen größere Widerstände durchgesetzt werden als unter den Bedingungen, wie sie die Jahre zuvor herrschten. Wenn nun dieser größere Durchsetzungsbedarf aber ausgerechnet mit einer gleichzeitigen „Schwächeperiode" bei weiter expandierenden Ansprüchen in Wechselwirkung tritt, kann eine schwer kontrollierbare Kettenreaktion entstehen. Es kann ein partieller Dammbruch eintreten, bei dem – wie exemplarisch im Fall des Rostocker Pogroms – eine vorhandene lokale Konfliktkonstellation als Kristallisationspunkt mit der Indoktrination durch die Interessenten einer partikularen Moral und unzureichenden Abwehrmaßnahmen zusammenkommt.

Auf diesem Hintergrund lassen sich auch die zunächst schwer faßbaren Exzeßtaten jugendlicher Täter erklären, die selber kein erkennbares Motiv für solche Taten haben, weil sie nicht zu denjenigen gehören, die vorrangig die

Kosten einer universalisierten Moral tragen müssen. Verbessern sich aber die Einflußchancen der Interessenten einer partikularen Moral und haben sie die Gelegenheit, ihren Einfluß kontinuierlich auszuüben, dann können in der Kumulation dieser Einflüsse ihre Adressaten zu einer Verhaltensweise motiviert werden, an der sie ursprünglich überhaupt kein eigenes Interesse hatten. Darüber hinaus kann eine solche Kumulation sie zu Taten ermuntern, die in dieser Form von den Einflußpersonen selber niemals begangen worden wären. Exzeßtaten können so aus der Dynamik einer Konstellation entstehen, in der eine ausreichend große Gruppe von Personen bei weitgehender eigener Passivität bereit ist, die Ausführung solcher Taten gleichwohl zu honorieren. Eiferertum und Fanatismus können ebenso wie Heldentum und Opfermut die großen Wirkungen vieler kleiner Ursachen sein.[34]

Wenn die Hypothese zutreffend ist, daß die ausländerfeindlichen Gewalttaten in Westdeutschland nicht zuletzt auf eine endogene Erosion der Moraldurchsetzung zurückzuführen sind, dann muß sich zusätzlich negativ auswirken, daß es sozusagen zu falschen Reflexen kommt, wenn sich der Erosionsprozeß und die ihn stützenden Irrtümer erst einmal verfestigt haben. Anstatt einer eindeutigen Reaktion angesichts offener Gewalttätigkeit zeigt man eine unsichere und inkonsequente Haltung. Nichts wirkt aber in einem höheren Maße als Verstärker gewalttätiger Handlungen als ihr sichtbarer Erfolg.[35] Die Aufweichung des Prinzips der individuellen Zurechnung führt so dazu, daß die notwendige Umkehr immer kostspieliger wird. Angesichts einer Bedrohung moralischer Fundamentalnormen ist man allerdings nicht mehr in einer Situation, in der man sich den Luxus vorgeblich menschenfreundlicher, aber falscher Theorien leisten kann. Die Ausgrenzung des Fremden aus der Moral ist weitaus schlimmer als die Ausgrenzung des Gewalttäters aus dem Diskurs. Dieser immer wieder beschworene Diskurs kann erst dann funktionieren, wenn seine Teilnehmer die Grundvoraussetzung erfüllen, daß die Interessen anderer überhaupt relevante Argumente für sie sind. Daß Menschen einen solchen moralischen Standpunkt einnehmen, läßt sich nicht allein durch Reden erreichen: Man muß auch verdeutlichen, daß diejenigen, die ihm rücksichtslos zuwiderhandeln, fühlbare Konsequenzen zu tragen haben.

---

[34] Zur näheren Analyse solcher Phänomene auf der Grundlage eines individualistischen Ansatzes vgl. Coleman 1988 und 1990: 273ff.

[35] „Die Rekonstruktion gewalttätiger fremdenfeindlicher Krawalle und Übergriffe hat deutlich gemacht, daß insbesondere die Schwächen der Kontrollinstanzen (v.a. in den neuen Bundesländern) sowie die Unterstützung und der Schutz durch die Bevölkerung es den Gewalttätern ermöglicht haben, ihr Handeln als 'erfolgreich' und zudem als relativ risikofrei zu erfahren. Die Veränderung der Gratifikationsstrukturen sowie der Kosten- und Risikostruktur von Gewalt haben zur weiteren Eskalation und Ausweitung der Krawalle entscheidend beigetragen" (Willems et al.a.a.O.: 227).

Literatur

Albert, H. (1986). Europa und die Zähmung der Herrschaft. In: ders., *Freiheit und Ordnung*. Tübingen, 9-59.

Axelrod, R. (1988). *Die Evolution der Kooperation*. München.

Baurmann, M. (1984). *Folgenorientierung und subjektive Verantwortlichkeit*. Baden–Baden.

— (1987). *Zweckrationalität und Strafrecht*. Opladen.

— (1993). Rechte und Normen als soziale Tatsachen. *Analyse & Kritik*, 36-61.

— (1994). Vorüberlegungen zu einer empirischen Theorie der positiven Generalprävention. *Goltdammer's Archiv für Strafrecht*, 368-384.

— (1996). *Der Markt der Tugend — Recht und Moral in der liberalen Gesellschaft*. Tübingen.

Bergmann, J., Leggewie, C. (1993). Die Täter sind unter uns. *Kursbuch 113*, 7-37.

Buchanan, J. M. (1977). The Samaritan's Dilemma. In: *Freedom in Constitutional Contract*. College Station, 168-185.

— (1984). *Die Grenzen der Freiheit*. Tübingen.

Coleman, J. S. (1988). Free Riders and Zealots: The Role of Social Networks. *Sociological Theory*, 52-57.

— (1990). *Foundations of Social Theory*. Cambridge, Mass.

Engler, W. (1993). Das halbierte Gewissen. *Kursbuch 113*, 117-128.

Esser, H. (1988). Ethnische Differenzierung und moderne Gesellschaft. *Zeitschrift für Soziologie*, 235-248.

Glover, J. (1970). *Responsibility*. London.

Habermas, J. (1992). *Faktizität und Geltung*. Frankfurt.

Hart, H. L. A. (1968). *Punishment and Responsibility*. Oxford.

Hartung, K. (1993). Der Untergang der Jugend. *Kursbuch 113*, 144-157.

Hassemer, W. (1990). *Einführung in die Grundlagen des Strafrechts*. München.

Heitmeyer, W. (1992). *Die Bielefelder Rechstextremismus–Studie*. Weinheim–München.

Hoerster, N. (1981). Zur Begründung einer Minimalmoral. In: *Ethik. Akten des 5. Internationalen Wittgenstein–Symposiums*. Wien, 131-133.

— (1983). Moralbegründung ohne Metaphysik. *Erkenntnis*, 225-238.

Honneth, A. (1993). *Kommunitarismus*. Frankfurt–New York.

Imhof, K. (1993). Nationalismus, Nationalstaat und Minderheiten. *Soziale Welt*, 327-357.

Jones, E. L. (1991). *Das Wunder Europa*. Tübingen.

Kliemt, H. (1980). *Zustimmungstheorien der Staatsrechtfertigung*. Freiburg-München.

— (1986). *Antagonistische Kooperation*. Freiburg-München.

— (1988). Thomas Hobbes, David Hume und die Bedingungen der Möglichkeit eines Staates. In: *Akten des 12. Internationalen Wittgenstein–Symposiums*. Wien, 152-160.

Leggewie, C. (1993). *Druck von Rechts*. München.

Luhmann, N. (1993). *Das Recht der Gesellschaft*. Frankfurt.

North, D. C. (1988). *Theorie des institutionellen Wandels*. Tübingen.

— (1992). *Institutionen, institutioneller Wandel und Wirtschaftsleistung*. Tübingen.

Nozick, R. (1976). *Anarchie, Staat, Utopia*. München.

Parsons, T. (1972). *Das System moderner Gesellschaften*. München.

Schlick, M. (1930). *Fragen der Ethik*. Frankfurt 1984.

Schwan, G. (1993). Der Skinhead ist nicht des Menschen Wolf. *Frankfurter Allgemeine Zeitung*, Nr. 225, 28. 9. 1993, 35.

Strawson, P. F. (1978). Freiheit und Übelnehmen. In: U. Pothast (Hrsg.), *Freies Handeln und Determinismus*. Frankfurt, 201-235.

Tietzel, M.,Weber, M. (1993). Hoyerswerda, Rostock, ... überall? *Homo Oeconomicus X*, 229-244.

Ullmann–Margalit, E. (1977). *The Emergence of Norms*. Oxford.

Vanberg, V. (1975). *Die zwei Soziologien*. Tübingen.

Vanberg, V., Buchanan, J. M. (1988). Rational Choice and Moral Order. *Analyse & Kritik*, 138-160.

Voss, T. (1985). *Rationale Akteure und soziale Institutionen*. München.

Weber, M. (1920). *Gesammelte Aufsätze zur Religionssoziologie I*. Tübingen.

Willems, H. (1993). *Fremdenfeindliche Gewalt*. Opladen.

Moral und ökonomische Anreize: Der Verdrängungseffekt

Bruno S. Frey

1. Wo versagt die bestehende ökonomische Analyse?

Die Leserin oder der Leser werden gebeten, sich zur Veranschaulichung der folgenden Argumentation zwei wichtige Politikbereiche vor Augen zu halten:

(A) *Durchsetzung von Projekten im Allgemeininteresse.* Das „St. Florians-Prinzip" bezieht sich auf staatliche Projekte, die gesellschaftlich erwünscht sind, aber den Personen, in deren Umgebung sie angesiedelt werden, erhebliche Kosten auferlegen. Beispiele sind Abfallverbrennungsanlagen, Flugplätze, Bahntrassen und Überlandstraßen, Gefängnisse, Kliniken für physisch und psychisch Behinderte, oder Lagerstätten für Atommüll. Die Bürger fordern gleichzeitig die Verwirklichung dieser Projekte, weigern sich aber, sie in ihrer Umgebung zu dulden. Eine Realisierung setzt in einer demokratischen Gesellschaft aber in aller Regel die Zustimmung der lokal Betroffenen voraus (Portney 1991, Easterling & Kunreuther 1995). In den meisten Ländern ist es deshalb enorm schwierig oder gar unmöglich, dem St. Florians-Prinzip unterliegende Projekte zu verwirklichen (Linneroth-Bayer et al. (1994) und Oberholzer-Gee et al. (1995) für Europa und Hamilton (1993) für die Vereinigten Staaten).

Aus der Sicht der Ökonomie sollte dieses Problem eigentlich leicht überwindbar sein: Da der Nettonutzen eines derartigen Projekts (ex definitione) positiv ist, muß er nur in geeigneter Weise umverteilt werden. Die in Frage kommenden Gemeinden können zur Annahme des sonst unerwünschten Projekts bewegt werden, wenn ihnen eine genügend hohe finanzielle *Kompensation* angeboten wird, so daß sie einen Vorteil daraus ziehen, das Projekt zu beherbergen. Die Kompensationssumme wird durch Besteuerung der nicht negativ betroffenen Gemeinden aufgebracht (zuerst bei O'Hare (1977). Der Vorschlag wird weiterentwickelt z.B. bei Kunreuther & Kleindorfer (1986) und bei Kunreuther & Portney (1991)).

Es stellt sich die Frage: Können monetäre Kompensationen den Widerstand gegen derartige Projekte überwinden?

(B) *Steuerhinterziehung.* In vielen Ländern werden große Summen am Fiskus vorbeigeschleust. Jedes Jahr verlieren die Regierungen Milliarden von Euros oder Dollars, weil die Bürger ihre Steuern nicht ordnungsgemäß entrichten (Weck-Hannemann et al. 1982 oder Slemrod 1992).

Wiederum warten Ökonomen unmittelbar mit einem Vorschlag auf: Da die Anreize zur Steuerhinterziehung von der erwarteten Strafe abhängen, sollten die Regierungen die Wahrscheinlichkeit der Aufdeckung und/oder das Strafmaß für Steuerbetrug erhöhen[1].

Es stellt sich die Frage: Steigert eine verschärfte Abschreckung die Steuereinnahmen?

In diesem Beitrag wird auf der Grundlage empirischer Evidenz argumentiert, daß die beiden Fragen nicht allgemein bejaht werden können, obwohl sie auf der grundlegendsten Annahme der Ökonomie (Alchian 1977: Kap. 7; Becker 1982) beruhen, nämlich dem *Preiseffekt*. Coase (1978) folgend „diskutiert ein Ökonom nicht, ob eine erhöhte Strafe die Kriminalität reduziert, sondern er wird die Frage beantworten, um wieviel". In Tat und Wahrheit verhilft jedoch eine Kompensation in vielen Fällen nicht dazu, das St. Florians-Prinzip zu überwinden. Ebensowenig bewirkt größere Abschreckung immer eine Steigerung des Steueraufkommens.

Die Argumentation der traditionellen Ökonomie beruht auf dem Preiseffekt, der die Wirkung *ökonomischer Anreize* beschreibt. Er besagt, daß eine relative Preiserhöhung (im Vergleich zu anderen Preisen) *ceteris paribus* systematisch die nachgefragte Menge vermindert und die angebotene Menge steigert. Der Begriff „Preis" ist dabei weit gefaßt; es handelt sich allgemein um Kosten vom Standpunkt der betroffenen Entscheidungsträger. Zum „Preis" der Steuerhinterziehung zählen somit auch die durch Abschreckung verursachten Kosten höherer erwarteter Strafen. Der Preiseffekt gilt sowohl für Güter als auch für Aktivitäten (Becker 1982, Coleman 1990, Kirchgässner 1991). Unterstellt wird dabei nicht nur, daß andere Einflüsse sich nicht verändern (die ceteris paribus-Bedingung), d.h., daß z.B. das Einkommen konstant bleibt, sondern auch, daß die Präferenzen (d.h. die Wünsche oder Motivationen der Menschen) unbeeinflußt bleiben.

Es wird hier nicht in Frage gestellt, daß der (verallgemeinerte) Preiseffekt gilt, sondern es wird argumentiert, daß er durch einen *gegenläufigen* Effekt überlagert werden kann. Wenn dieser zweite Einfluß – der *Verdrängungseffekt* – gegenüber dem Preiseffekt dominiert, kehrt sich das Ergebnis um. Ein höherer Preis bewirkt dann einen *Rückgang* im Angebot. In den zwei soeben genannten Beispielen sind in diesem Fall die Einwohner weniger bereit, ein dem St. Florians-Prinzip unterliegendes Projekt zu akzeptieren, wenn ihnen dafür eine monetäre Kompensation geboten wird. Ebenso bewirkt in diesem Fall eine verstärkte Abschreckung, daß die Bereitschaft zur Steuerzahlung zurückgeht.

---

[1] Diese Vorstellung fand insbesondere über Beckers (1968) ökonomisches Modell der Kriminalität Eingang in die Ökonomik und wurde zuerst von Allingham & Sandmo (1972) auf Steuerhinterziehung angewandt.

Der diese Umdrehung bewirkende Verdrängungseffekt geht von *veränderlichen Präferenzen* aus. Von außen erfolgende Eingriffe – in unseren Beispielen mittels monetärer Anreize und verschärfter Abschreckung – verdrängen unter bestimmten Bedingungen die intrinsische Motivation zur Durchführung einer Handlung. Zur intrinsischen Motivation gehört gerade auch die in den aufgeführten Beispielen wesentliche *Moral* im Sinne des Bürgersinns und der Steuermoral. Der Verdrängungseffekt betrifft zwar eine dem Preiseffekt entgegenlaufende Beziehung, entspricht aber dem Rationalansatz der Sozialwissenschaft. Er ist theoretisch und empirisch gut belegt.

Die verbleibenden Abschnitte dieses Beitrags sind wie folgt aufgebaut: Im zweiten Abschnitt werden verschiedene Aspekte der intrinsischen Motivation, der Moral und damit verwandter Phänomene aufgeführt, der extrinsischen Motivation gegenübergestellt und anhand der Rolle der Steuermoral für die Steuerhinterziehung empirisch illustriert. Der Verdrängungseffekt wird im dritten Teil behandelt. Der darauf folgende Abschnitt wendet den Verdrängungseffekt auf das St. Florians-Prinzip an. Im letzten Abschnitt werden einige Folgerungen gezogen.

2. Intrinsische Motivation und Moral

2.1 Verschiedene Konzepte

Menschen können in einer nicht-kalkulierenden Weise handeln, wenn sie durch Erwägungen motiviert werden, die über eigennütziges Kosten- und Nutzendenken hinausgehen. Sie verhalten sich in einer bestimmten Weise, weil sie diese für moralisch halten, oder einfach, weil sie so handeln wollen.

Drei Punkte müssen dabei hervorgehoben werden:

(i) Nicht-kalkulierendes Verhalten bedeutet keineswegs, daß Menschen nicht auf Preisveränderungen reagieren. Vielmehr stellt es ein *zusätzliches* Argument in der Nutzenfunktion dar, das mit den bisherigen Annahmen der ökonomischen Theorie ohne weiteres vereinbar ist. Nicht-kalkulierendes Verhalten ist *intrinsisch* motiviert, d.h. die Aktivität wird unternommen, ohne daß dafür eine sichtbare Belohnung (außer der Tätigkeit an sich) erhalten wird (Deci 1971: 105). Extrinsische Motivation hingegen wird von außerhalb mittels Belohnungen und Bestrafungen aktiviert; die betroffenen Personen verhalten sich entsprechend kalkulierend.

(ii) Intrinsisch motiviertes Verhalten ist durchaus vereinbar mit Rationalität oder Optimierung von Seiten der Individuen; es handelt sich einfach um eine Präferenzäußerung.

(iii) Es gibt keine strikte Trennung zwischen kalkulierendem und nicht-kalkulierendem Verhalten. Es ist immer möglich, ein Motiv der einen oder anderen Seite zuzuordnen. Entscheidend ist, daß selbst ein Wissenschaftler, der so viel wie möglich dem kalkulierenden Motiv zuschreiben will, die Wirklichkeit oft nicht befriedigend erklären kann. Das gleiche gilt für einen Forscher, der dem gegenteiligen Programm verpflichtet ist: damit würde ein weiter Bereich von Tauschbeziehungen ausgeschlossen. Auch Reziprozität (Homans 1958, Blau 1964) ist kalkulierend, denn der zumindest implizite Tausch ist zentral. Nicht-kalkulierendes Verhalten dagegen ist (zumindest im gegebenen Zeitpunkt) einseitig ausgerichtet und hängt nicht von einem quid pro quo der beteiligten Personen ab. Wahre Liebe ist mit kalkulierenden Motiven unverträglich wie z.B. von Nozick (1988: 78) argumentiert wurde: „The intention of love is to form a *we* and to identify with it as an extended self... A willingness to ‚trade up', to destroy the *we* you largely identify with, would then be a willingness to destroy yourself in the form of your extended self". Wie mit vielen anderen in den Sozialwissenschaften verwendeten Begriffen (wie etwa dem Unterschied zwischen Konsum und Investition) hängt deren Nutzen nicht davon ab, ob *immer* eine strikte Trennung möglich ist. In den meisten Fällen ist es für einen unvoreingenommenen Beobachter recht offensichtlich, ob ein Motiv auf einem Kontinuum von Möglichkeiten eher mehr oder weniger kalkulierend ist.

Wichtige Spielarten nicht-kalkulierender oder intrinsischer menschlicher Motivation sind:

(1) *Moral* wie das Wort etwa im Zusammenhang mit Tätigkeiten (*Arbeitsmoral*) oder dem Verhalten gegenüber dem Staat (*Steuermoral*) verwendet wird.

(2) *Bürgersinn* oder *öffentliche Tugenden.* In der politischen Philosophie haben diese Motive eine lange Geschichte und sie werden in unterschiedlicher Weise verwendet (vgl. z.B. die Übersicht bei Burtt 1993). In der Rechtswissenschaft wird von einer „kritischen Distanz von den herrschenden Wünschen und Praktiken" (Sunstein 1990: 1549) gesprochen. Für die Kommunitaristen steht Bürgersinn (civic virtue) für die „moralischen und politischen Qualitäten, die einen Bürger ausmachen" (Walzer 1980: 55). In der Politikwissenschaft und Policy Science wird den öffentlichen Tugenden heute wieder eine wichtige Rolle zugewiesen (z.B. Mansbridge 1994, Kelman 1987, 1992). Eine grundlegende Auseinandersetzung mit dem „Markt der Tugend" aus der Sicht der (rational choice) Soziologie gibt Baurmann (1996).

(3) *Gesellschaftliches Kapital* (social capital), das vor allem wieder von Coleman (1990) in die Debatte eingeführt wurde. Er versteht darunter die Normen und das Beziehungsnetz des politischen Engagements, dem Tocque-

ville (1835-40) den Erfolg der Demokratie in Amerika zuschrieb. Putnam (1993) erklärt damit die Unterschiede in der Funktionsweise von Regionen in Italien. Kürzlich sind Anstrengungen unternommen worden, das gesellschaftliche Kapital über die Zeit zwischen Ländern zu messen (Putnam 1995).

(4) *Vertrauen* findet gerade in jüngster Zeit stark steigendes Interesse in den unterschiedlichen Sozialwissenschaften, wie etwa in der Ökonomie bei Arrow (1974) und Williamson (1993), in der Soziologie bei Gambetta (1988), in der Verwaltungswissenschaft bei Wilson (1993), in der Politologie bei Mansbridge (1990) oder Fukuyama (1995) und in der Sozialpsychologie bei Kramer und Tyler (1996).

Hier wird kein Versuch unternommen, die verschiedenen Konzepte intrinsisch motivierten Handelns zu evaluieren, denn der Nutzen jedes Begriffs hängt wesentlich von dessen Anwendung ab. Zentral ist, daß alle diese Konzepte intrinsisch motiviert sind, d.h. nicht *kurzfristig wegen von außen kommenden Belohnungen existieren.* Da die internalisierte Moral einen besonders wichtigen Bereich darstellt, wird im folgenden neben intrinsischer Motivation auch von Moral gesprochen.

2.2 Bedeutung

Wie wichtig ist intrinsische Motivation und damit auch Moral zur *Erklärung* menschlichen Verhaltens? Alltagserfahrungen, literarische und historische Beispiele deuten darauf hin, daß sich Menschen unter manchen Umständen intrinsisch motiviert verhalten. Warum hat Emily Dickinson Gedichte geschrieben, ohne je zu beabsichtigen eine Zeile zu publizieren? Warum hat Cavendish in seinem Labor Experimente unternommen, ohne die Ergebnisse je der Öffentlichkeit zugänglich machen zu wollen? Warum hat der Mathematiker Galois die ganze Nacht vor einem Duell damit verbracht seine wichtigen Erkenntnisse in der höheren Algebra niederzuschreiben? (Er hätte sicherlich besser daran getan, ausgeruht der tödlichen Auseinandersetzung zu begegnen) (Simonton 1994: 207).

Ökonomen geben sich selten mit derartigen Beobachtungen zufrieden. Dies vielleicht zu Recht, denn „Evidenz“ in Form von Beispielen kann illusorisch sein. Aber vielleicht entgehen uns Ökonomen damit auch wichtige Aspekte des Lebens (Mayer 1993, Frey & Eichenberger 1993). Auch ökonometrische Untersuchungen bestätigen die Bedeutung der intrinsischen Motivation für das menschliche Verhalten. So wurde überzeugend nachgewiesen, daß das Steuerzahlerverhalten mit Hilfe des Abschreckungsmodells von Allingham und Sandmo (1972) nicht befriedigend erklärbar ist, obwohl sich die mit Steuerfragen beschäftigenden Ökonomen sehr angestrengt haben, statistisch signifikante Ergebnisse zu erhalten. Die in Steuerfunktionen geschätzten Koeffizienten für die Aufdeckungswahrscheinlichkeit und für die Strafhöhe sind nicht robust, sind selten statistisch signifikant und tragen häufig sogar ein „falsches“ Vorzeichen (Witte & Woodbury 1985 und die ausführlichen Übersichten bei Roth et al. 1989, Pyle 1990 und Slemrod 1992). In den Vereinigten Staaten und manch anderen Ländern (z.B. der Schweiz) gilt es überdies abzuklären, warum überhaupt (so viel) Steuern *gezahlt* werden, und nicht, warum Steuern hinterzogen werden. Wegen der geringen Wahrscheinlichkeit, ertappt zu werden, und der üblicherweise geringen Strafen müßten die Bürger eine völlig unplausible, nämlich enorm hohe Risikoaversion aufweisen, damit es für eine den Eigennutzen maximierende Person individuell optimal wäre, überhaupt Steuern zu zahlen (Alm et al. 1990, Graetz & Wilde 1985). Entsprechend muß geschlossen werden, daß die hohe Bereitschaft, die Steuergesetze einzuhalten, nur durch Steuermoral zu erklären ist (Graetz & Wilde 1985: 358, Graetz et al. 1986).

Ein ganzer Literaturstrang beschäftigt sich mit der Frage, warum Menschen sich an Gesetze halten („Why People Obey the Law“, Tyler 1990); er wurde bisher insbesondere von Ökonomen vernachlässigt. Auf Grundlage sorgfältig spezifizierter Experimente und Befragungen außerhalb des Labors sind Sozialpsychologen zum Schluß gekommen, daß Abschreckung das Ausmaß an Kriminalität unterschiedlicher Ausprägung nicht erklären kann. Nichtkalkulierende Motive spielen eine große Rolle. So wurde insbesondere empirisch gezeigt, daß die von den Individuen perzipierte Fairness des Prozesses sie dazu bewegt, dem Gesetz zu folgen, selbst wenn das Ergebnis für sie selbst ungünstig ist und eine Gesetzesübertretung ihnen viel Nutzen brächte (Lind & Tyler 1988).

2.3 Gegenargumente

Es ließe sich argumentieren, daß die bisherige Diskussion irrelevant ist. Wenn tatsächlich intrinsische Motivation in Form etwa von Arbeits- oder Steuermoral empirisch bedeutsam ist, kann sie ja problemlos in die Rationalanalyse eingebaut und einfach als konstante Präferenz angesehen werden[2]. Das Marginalkalkül der Individuen bleibt völlig unverändert, wenn ein Niveaueffekt einer exogenen vorgegebenen intrinsischen Motivation in der einen oder anderen Ausprägung eingeführt wird. In einer Steuergleichung, zum Beispiel, wird Steuerhinterziehung im Ausmaß des empirisch geschätzten Konstantgliedes vermindert, was auf die Steuermoral zurückgeführt werden kann. Wenn Leute die Arbeit aus intrinsischen Gründen gerne verrichten, d.h. eine hohe Ar-

---

[2] Was ja auch getan wurde. Vgl. etwa Beckers (1991) Altruismus in der Familie oder Norths (1991) Verwendung von Ideologie in der institutionellen Ökonomie. Weiter gehen Becker (1992) und Denzau & North (1994).

beitsmoral aufweisen, sind sie ceteris paribus mit einem niedrigeren Lohn zufrieden. Dieses Phänomen ist etwa im kulturellen Bereich ausgeprägt, in welchem Menschen bereit sind, für einen Bruchteil des Einkommens, das sie mit bürgerlichen Tätigkeiten erhalten könnten, als Künstler tätig zu sein (Throsby 1994: 18 für entsprechende quantitative Schätzungen).

2.4 Multiple Gleichgewichte

Das Problem ist allerdings nicht so einfach zu entschärfen, wie in den Gegenargumenten behauptet wird. Moral ist nicht wie im oben dargelegten Ansatz exogen vorgegeben, sondern *endogen* bestimmt.

Damit sind mehrere Gleichgewichte möglich. Insbesondere sind zwei Konstellationen denkbar:

(i) Eine Gesellschaft, in der die Menschen eine hohe intrinsische Motivation aufweisen und in der die von außen gesetzten Anreize in Form von Belohnungen und Bestrafungen gering sind; und

(ii) Eine Gesellschaft, die durch ein geringes Ausmaß an intrinsischer Motivation und stark entwickelten äußeren Anreizen gekennzeichnet ist.

Dieser Zusammenhang zwischen endogener intrinsischer Motivation und äußeren Anreizen läßt sich gut anhand der Besteuerung illustrieren.

Es lassen sich zwei grundlegende Gleichgewichte der Besteuerung unterscheiden: In einem Gleichgewicht wird von vernünftigen und verantwortungsbewußten Bürgern ausgegangen, die bereit sind, zur Erbringung von öffentlichen Gütern und zur Einkommensverteilung beizutragen, vorausgesetzt, der entsprechende Entscheidungsprozeß ist effizient und fair (Smith 1992). Die entsprechenden Steuergesetze sehen eine Selbstdeklaration durch die Bürger vor. Die Einkommensangabe wird im Prinzip als vertrauenswürdig angesehen, und die Beweislast liegt bei den Steuerbehörden, falls sie irgendwelche Zweifel hegen.

Das zweite Gleichgewicht der Besteuerung geht von Bürgern aus, die alle Steuergesetze voll zu ihren Gunsten ausnützen und, wo immer möglich, betrügen. Die entsprechenden Steuergesetze sehen einen Direktabzug der Steuern vom Bruttoeinkommen vor. Die Bürger müssen sich selbst bemühen, die ihnen zustehenden Abzüge gegenüber den Steuerbehörden geltend zu machen. Im ganzen Verfahren liegt die Beweislast bei den einzelnen Bürgern.

Die zwei Gleichgewichte der Besteuerung können empirisch mit dem Niveau an Gemeinsinn und dem Ausmaß der Steuerhinterziehung in verschiedenen Ländern in Beziehung gebracht werden (Schmölders 1960, 1970; Strümpel 1969). Ein den Bürgern vertrauendes Steuersystem, eine entsprechend hohe Steuermoral und vergleichsweise geringe Steuerhinterziehung existieren in den Vereinigten Staaten und in der Schweiz. Die ökonometrische Steuerforschung konnte für diese zwei Länder in der Tat zeigen, daß sich die Bereitschaft der Bürger zur Steuerzahlung nicht mit dem erwarteten Nutzen (aufgrund der Wahrscheinlichkeit der Entdeckung und der Strafhöhe) erklären läßt[3]. Ein den Bürgern mißtrauendes Steuersystem findet sich hingegen in Deutschland, Frankreich, Österreich und Italien, wo die Steuermoral tief und die Steuerhinterziehung hoch ist (Frey & Weck 1984).

Wie hoch die Steuermoral und damit (cet.par.) das Ausmaß an Steuerhinterziehung ist, hängt wesentlich vom Verfassungstyp ab (Pommerehne & Frey 1993). Die Schweiz ermöglicht einen geeigneten Test, weil die verschiedenen Kantone ein unterschiedliches Ausmaß an politischen Mitwirkungsmöglichkeiten aufweisen. Es wird postuliert, daß größere demokratische Partizipationsmöglichkeiten in Form von obligatorischen und fakultativen Referendumsabstimmungen und Initiativen zu höherer Steuermoral führen. Auf Grundlage solcher demokratischer Charakteristika wird rund ein Drittel der 26 Schweizer Kantone als „reine direkte Demokratien“ (D) bezeichnet, ein weiteres Drittel als „reine repräsentative Demokratien“ (R), während der Rest nur einige der Bedingungen erfüllt und damit eine Zwischenstellung einnimmt. Eine kombinierte Querschnitts-/Längsschnitt-Analyse (für die Jahre 1965, 1970, 1978, d.h. es liegen 78 Beobachtungen vor) ermöglicht eine multiple Regression, mit welcher der Anteil des nicht-deklarierten Einkommens Y_{nd} erklärt wird. Die Ergebnisse sind (die t-Werte werden in Klammern ausgewiesen)[4]:

$$
\begin{aligned}
Y_{nd} = {} & 7.17 - \underset{(-1.98)}{3.52p} - \underset{(-0.62)}{2.42S} + \underset{(2.10)}{0.79^{*}t} - \underset{(-2.51)}{0.36^{*}d} - \underset{(-0.30)}{2.72\,Y(n)} + \underset{(2.98)}{0.57^{**}NY} - \underset{(-2.53)}{1.09^{*}A} - \underset{(-3.80)}{7.70^{**}D}
\end{aligned}
$$

R^2(adj.) = 0.69 Freiheitsgrade = 41, F = 11.08

$$
\begin{aligned}
Y_{nd} = {} & 8.98 - \underset{(-1.72)}{3.22p} - \underset{(-0.36)}{2.32S} + \underset{(1.70)}{0.59t} - \underset{(-3.47)}{0.42^{**}d} + \underset{(0.29)}{1.03Y(n)} + \underset{(3.07)}{0.60^{**}NY} - \underset{(-1.93)}{0.82A} + \underset{(2.23)}{4.02^{*}R}
\end{aligned}
$$

R^2(adj.) = 0.65 Freiheitsgrade = 41, F = 9.43

* zeigt statistische Signifikanz auf dem 95%-Niveau,
** eine solche auf dem 99%-Niveau.

[3] Die dabei implizierte Risikoaversion, die dem beobachteten Steuerverhalten entspricht, wäre um vieles höher als anderswo empirisch je beobachtet wurde. Vgl. Alm et al. (1995) für die Vereinigten Staaten und Pommerehne & Frey (1993) für die Schweiz.

[4] Aufgrund der Multikollinearität zwischen D und R (p=0.6) wurden zwei unterschiedliche Gleichungen, die D und R enthalten, geschätzt.

Die Variablen bedeuten:

Y_{nd} = Nicht deklarierter Anteil des Einkommens
p = Wahrscheinlichkeit der Entdeckung einer Steuerhinterziehung (Zahl der Einkommenssteuerprüfungen pro 1000 Steuerzahler);
S = Strafsteuer;
t = durchschnittlicher Grenzsteuersatz;
d = Einkommensabzugsmöglichkeiten;
Y(n) = Pro-Kopf-Einkommen (in natürlichem log.);
NY = Nichtlohn-Einkommen;
A = Anteil der Steuerbezieher höheren Alters.

Die Koeffizienten der Variablen für den Demokratietyp (D, R) – die anderen erklärenden Variablen dienen zum Konstanthalten der übrigen Einflüsse[5] – haben die theoretisch erwarteten Vorzeichen und sind statistisch hochsignifikant. In Kantonen mit einem hohen Grad an politischer Kontrolle durch die Bürger (D) ist die Steuermoral ceteris paribus höher. Der verheimlichte Anteil des Einkommens ist um 7.7 Prozentpunkte niedriger als im Durchschnitt der zwischen D und R liegenden Kantone. In absoluten Zahlen macht dies im Durchschnitt rund CHF 1600 pro Steuerzahler und Jahr aus. Im Vergleich dazu ist in Kantonen mit geringer direktdemokratischer Kontrolle (R) die Steuermoral (ceteris paribus) geringer. Der Anteil des hinterzogenen Einkommens ist um vier Prozentpunkte höher als im Durchschnitt der zwischen D und R liegenden Kantone, was absolut CHF 1500 pro Steuerzahler und Jahr ausmacht.

Die ökonometrische Analyse stützt die Vorstellung multipler Gleichgewichte, in denen die intrinsische Motivation und Moral systematisch höher als anderswo ist. In dieser Analyse wurde postuliert, daß ein höheres Ausmaß an demokratischen Mitwirkungsmöglichkeiten zu einer höheren Steuermoral führt (es handelt sich um einen *Verstärkungseffekt*). Umgekehrt können von außen kommende Eingriffe in Form von Preissteuerung und Regulierungen (Geboten und Verboten) die intrinsische Motivation negativ beeinflussen (*Verdrängungseffekt*). Der nächste Abschnitt beschäftigt sich mit diesen Bestimmungsgründen der Moral. Im Vordergrund steht dabei der Verdrängungseffekt, weil er oft gewichtiger ist: Moral wird leichter und schneller zerstört als aufgebaut.

---

[5] Viele Koeffizienten sind statistisch signifikant und haben das theoretisch erwartete Vorzeichen. Die Wahrscheinlichkeit, erwischt zu werden p und die Strafhöhe S sind hingegen auf den konventionellen Signifikanzniveau nicht statistisch signifikant, d.h. es kann nicht angenommen werden, dass die erwartete Strafe abschreckend wirkt.

3. Die Verdrängung der Moral

3.1 Die verborgenen Kosten der Belohnung

Eine Gruppe von Sozialpsychologen unter der Führung von Deci (1975, siehe auch Deci & Ryan 1985) hat festgestellt, daß monetäre Belohnungen die intrinsische Motivation unter bestimmten Bedingungen verdrängen. Aktivitäten zu belohnen, verursacht somit indirekte negative Auswirkungen. Aus diesem Grund ist dieser Effekt als „verborgene Kosten der Belohnung" bezeichnet worden (Lepper & Greene 1978 mit ausführlichen Literaturhinweisen).

Die den „verborgenen Kosten der Belohnung" zugrundeliegende Forschung hat sich auf praktische Anwendungen der Psychologie ausgewirkt. Viele Jahre lang wurde angenommen, daß Patienten von Altersheimen und psychiatrischen Anstalten gegen Gutscheine, die sie in Läden gegen Güter eintauschen konnten, motiviert werden, in diesen Institutionen bestimmte Aufgaben zu übernehmen. Derartigen Gutscheinprogrammen („token economies") war aber nur geringer Erfolg beschieden, und die hohen Erwartungen haben sich nicht erfüllt (vgl. die Übersichten von Kazdin & Bootzin 1972, Kazdin 1982). Die „Bezahlung" mittels Gutscheinen für das Richten des Bettes oder die Säuberung des Raumes hat unter den Patienten zur allgemeinen Einstellung geführt, daß sie für nichts mehr selbst verantwortlich seien. Nur wenn sie in Form von Gutscheinen bezahlt wurden, waren sie bereit, irgend etwas zu tun. Alle restlichen Aktivitäten wurden den Angestellten überlassen. Da Gutscheine nur für eine beschränkte Zahl wohldefinierter Aufgaben ausgegeben werden konnten (allein schon wegen der hohen Transaktionskosten), hat sich das Gutscheinprogramm als Fehlschlag erwiesen. Die meisten Anstalten haben deshalb das System aufgegeben (oder gar nicht erst eingeführt).

3.2 Psychologische Prozesse

Die verborgenen Kosten der Belohnung lassen sich auf drei verschiedene psychologische Prozesse zurückführen:

(a) *Verminderte Selbstbestimmung.* Wenn Personen einen von außen kommenden Eingriff als Einschränkung ihrer Möglichkeit wahrnehmen, selbständig zu handeln, ersetzen sie ihre intrinsische Motivation durch eine externe Kontrolle. Gemäß Rotter (1966) verschiebt sich der Kontrollbereich (locus of control) von innerhalb der Person nach außen. Die betreffende Person fühlt sich nicht mehr selbst verantwortlich, sondern der von außen Eingreifende ist nun zuständig. Entsprechend wird auch die eigene intrinsische Motivation aufgegeben. Der soeben erwähnte Fall eines Gutscheinsystems in Krankenhäusern und ähnlichen Anstalten stellt ein gutes Beispiel für das Verschieben des Kontrollbereichs dar.

(b) *Verminderte Selbsteinschätzung.* Wenn eine von außen kommende Intervention impliziert, daß die intrinsische Motivation der betreffenden Person nicht gewürdigt wird, bedeutet dies eine Mißachtung ihrer Beweggründe. Die Person fühlt, daß ihr Engagement und ihre Kompetenz nicht geschätzt werden, was deren Wert in zwischenmenschlichen Interaktionen vermindert. Einer intrinsisch motivierten Person wird die Möglichkeit entzogen, ihr Interesse an der Tätigkeit und ihr Engagement zu zeigen, wenn diese Aktivität von außen belohnt oder befohlen wird. Auf Grund der verminderten Selbsteinschätzung vermindert die betreffende Person ihren Einsatz.

(c) *Verminderte Ausdrucksmöglichkeit.* Handelt eine Person intrinsisch motiviert, beraubt sie ein externer Eingriff der Möglichkeit, ihre intrinsische Motivation auszuleben und nach außen deutlich zu machen. Sie wird deshalb darauf verzichten und ihr Handeln auf externe Motivation abstellen.

Diese drei psychologischen Prozesse sind eng miteinander verwandt und lassen sich teilweise ineinander überführen. In allen Fällen vollzieht sich eine Substitution intrinsischer durch extrinsische Anreize. Individuen, die durch äußere Eingriffe zu einem bestimmten Verhalten veranlaßt werden, würden sich übermotiviert fühlen, wenn sie ihre intrinsische Motivation beibehielten („Überveranlassungseffekt"). Sie schränken daher denjenigen Motivationsfaktor, den sie selbst kontrollieren können, d.h. ihre intrinsische Motivation, ein. Ein derartiges Verhalten entspricht durchaus dem Rationalansatz. Es ist in diesem Fall unnötig geworden, ein bestimmtes Handeln intrinsisch motiviert zu unternehmen; das Verhalten wird nun verstärkt extrinsisch bestimmt.

Vor dem Hintergrund dieser psychologischen Prozesse lassen sich die „verborgenen Kosten der Belohnung" verallgemeinern. Die Substitution intrinsischer durch extrinsische Anreize tritt nicht nur bei einer monetären Belohnung auf, sondern auch dann, wenn die Intervention die Form einer Vorschrift (Regulierung) annimmt. Bei beiden Formen eines von außen kommenden Eingriffs kann ein Überveranlaßungseffekt ausgelöst werden. Es ist sogar zu vermuten, daß diese psychologischen Prozesse bei strikten Vorschriften stärker wirken. Bei einer monetären Belohnung hat das Individuum immer noch die Möglichkeit, selbst zu wählen. Weist es das Geldangebot zurück, kann es seine Selbstbestimmung aufrechterhalten. Es entstehen dabei zwar Opportunitätskosten in Höhe der angebotenen Belohnung, auf Grund experimenteller Forschung ist jedoch anzunehmen, daß derartige Opportunitätskosten als geringer eingeschätzt werden als die direkten Kosten, die im Falle des Nichtbefolgens des Verbots auftreten (Thaler 1980).

Die identifizierten psychologischen Prozesse erlauben uns, die *psychologischen Bedingungen* für das Auftreten des Verdrängungseffektes abzuleiten:

(1) Von außen kommende Eingriffe *verdrängen* die intrinsische Motivation, wenn sie von den Individuen als *kontrollierend* empfunden werden. In diesem Fall vermindern sich sowohl die Selbstbestimmung, die Selbsteinschätzung als auch die Ausdrucksmöglichkeit. Die Individuen reagieren, indem sie ihre intrinsische Motivation im kontrollierten Bereich einschränken.

(2) Externe Eingriffe *verstärken* die intrinsische Motivation, wenn sie von den Betroffenen als *unterstützend* angesehen werden. In diesem Falle wird die Selbsteinschätzung aufgebaut. Die Individuen haben das Gefühl, daß ihnen ein größerer Verhaltensspielraum zugestanden wird, was ihre Selbstbestimmung steigert.

Beide Bedingungen hängen von subjektiven Wahrnehmungen ab. Es ist deshalb nicht ausgeschlossen, daß die gleiche Intervention von der einen Person als kontrollierend (und damit die intrinsische Motivation vermindernd), und von einer anderen Person als unterstützend (und damit die intrinsische Motivation steigernd) aufgefaßt wird. Damit diese Bedingungen auf sozialökonomische Fragen, die über eine bestimmte Person hinausgehen, angewandt werden können, müssen die empirisch beobachtbaren Bedingungen gefunden werden, unter denen diese Perzeptionen typischerweise auftreten.

3.3 Ein erweitertes Modell menschlichen Verhaltens

In der Wirtschaftstheorie wird das Handeln von Menschen auf den *Preiseffekt* zurückgeführt. Damit wird unterstellt, Individuen arbeiteten mehr und härter, wenn der entsprechende monetäre Anreiz steigt – was überzeugend erscheint. Die moderne Ökonomik, und insbesondere die Prinzipal-Agenten-Theorie (Stiglitz 1991, Milgrom & Roberts 1992) bauen auf dieser Beziehung auf. Deshalb wird zum Beispiel argumentiert, Beschäftigte sollten, soweit immer möglich, ihrer Leistung entsprechend entlohnt werden. Die Ökonomische Theorie befaßt sich mit den durch solche äußeren Anreize verursachten menschlichen Verhaltensänderungen.

Die Psychologie befaßt sich demgegenüber mehr mit den aus dem Innern kommenden Motivationen. Der *Verdrängungseffekt* zeigt, daß externe Eingriffe intrinsische Anreize untergraben können und entsprechend die Arbeitsanstrengung mindern, wenn die betreffenden Individuen das Gefühl haben, daß ihre Selbstbestimmung und Selbsteinschätzung eingeschränkt werden. Diese beiden in gegenläufige Richtungen wirkenden Effekte müssen nun in einen Zusammenhang gebracht werden. Zu diesem Zweck wird ein einfaches Modell formuliert, das den Preiseffekt und den Verdrängungseffekt zusammenfügt.

Die Wirkung eines externen Eingriffes (E) auf das menschliche Verhalten läßt sich am besten anhand einer Prinzipal-Agenten Beziehung erfassen: Der Prinzipal benützt Belohnungen und Vorschriften, um die Leistung (L) eines Agenten zu steigern. Der Agent könnte ein Arbeiter oder Angestellter einer Firma sein, oder aber allgemeiner jedermann, dem eine Aufgabe übertragen wurde.

Ein (repräsentativer) Agent unternimmt eine Leistung, in Abhängigkeit der dabei anfallenden Nutzen (N) und Kosten (C). Nutzen und Kosten werden darüberhinaus auch durch die externe Intervention des Prinzipals beeinflußt, d.h.

$$N = N(L, E) \qquad (1)$$

$$C = C(L, E) \qquad (2)$$

Mit zunehmender Anstrengung steigen sowohl der Nutzen als auch die Kosten, d.h. $\frac{\partial N}{\partial L} \equiv N_L > 0$ und $\frac{\partial C}{\partial L} \equiv C_L > 0$.

Eine höhere Leistung hat abnehmende Grenzerträge $N_{LL}<0$ und $C_{LL}>0$, was den üblichen Annahmen in der Wirtschaftstheorie entspricht. Ein rationaler Agent wählt das Leistungsniveau L^*, bei dem der Nettonutzen (N-C) maximiert wird. Bezeichnen N_L und C_L die ersten Ableitungen von N und C nach L, so folgt die Beziehung

$$N_L = C_L \qquad (3)$$

Eine Person erhöht somit ihre Leistung, solange der dabei gewonnene Grenznutzen die entstehenden Grenzkosten überwiegt. Der Agent verändert seine optimale Leistung L^*, wenn der Prinzipal von außen eingreift. Mathematisch wird das Ergebnis abgeleitet, indem die Optimalbedingung für den Leistungseinsatz (3) nach E differenziert wird:

$$N_{LE} + N_{LL}\frac{dL^*}{dE} = C_{LE} + C_{LL}\frac{dL^*}{dE}, \text{ oder}$$

$$\frac{dL^*}{dE} = \frac{N_{LE} - C_{LE}}{C_{LL} - N_{LL}} \neq 0. \qquad (4)$$

Es lassen sich drei Fälle unterscheiden:

(a) Der herkömmlichen Prinzipal-Agenten-Theorie (Alchian & Demsetz 1972, Fama & Jensen 1983) folgend erhöht ein externer Eingriff die Leistung des Agenten immer, weil eine Leistungsverweigerung mit höheren Grenzkosten belegt wird. Dies bedeutet äquivalent, daß die Grenzkosten der Leistung vermindert werden ($C_{LE} < 0$). Dies ist der *relative Preiseffekt* eines externen Eingriffs. Der Verdrängungseffekt wird hingegen völlig vernachlässigt. Wird der von außen kommende Eingriff verändert, bleibt der Grenznutzen oder die Leistung völlig unberührt ($N_{LE} = 0$), denn die intrinsische Motivation wird implizit als konstant (oder, besser gesagt, absent) unterstellt. Gemäß der herkömmlichen Prinzipal-Agenten-Theorie erhöht somit ein externer Eingriff

immer die Leistung: $\frac{dL^*}{dE} > 0$

Das gleiche Ergebnis folgt, wenn die von außen herrührende Intervention die intrinsische Motivation steigert. In diesem Fall wird der Grenznutzen der Leistung erhöht ($N_{LE} > 0$). Dieser *Verstärkungseffekt* erhöht die disziplinierende Wirkung auf den Agenten. In diesem Fall wirkt der Preiseffekt in die gleiche Richtung wie der über die intrinsische Motivation laufende Effekt.

(b) Im Gegensatz dazu kann ein externer Eingriff die intrinsische Motivation untergraben und damit den Grenznutzen der Leistung senken ($N_{LE} < 0$), *Verdrängungseffekt*). Ist der disziplinierende Effekt des Eingriffs unwirksam

($C_{LE} = 0$), sinkt in diesem Fall das Leistungsniveau des Agenten: $\frac{dL^*}{dE} > 0$.

(c) Im allgemeinen Fall sind sowohl der Preiseffekt ($C_{LE} < 0$) als auch der Verdrängungseffekt ($N_{LE} < 0$)wirksam, so daß ein externer Eingriff zwei gegenläufige Wirkungen auf die Leistung des Agenten ausübt. Ob eine externe Intervention vom Standpunkt des Prinzipals günstig oder ungünstig ist, hängt dann von den relativen Größen des Preis- und des Verdrängungseffektes ab.

4. Der Verdrängungseffekt beim St. Florians-Prinzip

Die unterminierende Wirkung der Verwendung des Preissystems (d.h. das Angebot einer monetären Kompensation) auf die intrinsische Motivation (den Bürgersinn, ein unerwünschtes Projekt in seiner Gemeinde zu dulden) wurde anhand der Standortsuche für ein Lager für radioaktive Abfälle in der Schweiz untersucht (Oberholzer-Gee et al. 1995, Frey et al. 1996).

Die Schweizerische Regierung hat eine Gemeinde in der Zentralschweiz (Wolfenschießen im Kanton Nidwalden) als für die Lagerung geeigneten Standort bezeichnet. Ein professionelles Befragungsinstitut hat dort 305 persönliche Interviews durchgeführt, und somit mehr als zwei Drittel aller Haushalte erfaßt. Alle Beteiligten wurden gefragt, ob sie dem Bau eines nuklearen

Endlagers in ihrer Gemeinde zustimmen würden. Knapp mehr als die Hälfte (50.8%) erklärte sich damit einverstanden. Das dem St. Florians-Prinzip unterliegende Projekt findet somit weite Zustimmung, obwohl die Lagerstätte den Einwohnern erhebliche Lasten aufbürdet. Beinahe 40% der Befragten waren der Meinung, daß die Gefahr eines schwerwiegenden Unfalls im Lager und eine Verseuchung des Grundwassers beträchtlich sind. 34% war überzeugt, daß einige Einwohner infolge der Umweltverseuchung sterben würden, und fast 80% glaubten, daß Einwohner bei einem Unfall langfristige Schäden erleiden würden.

Um die Wirkung einer von außen erfolgenden Kompensation zu erfassen, wurde die gleiche Frage wiederholt. Hinzugefügt wurde jedoch, daß das Schweizer Parlament beschlossen hätte, alle Einwohner der Standortgemeinde zu kompensieren. Die angebotene Geldsumme wurde von CHF 2500 pro Einwohner und Jahr (N=117), über CHF 5000 (N=102) auf CHF 7500 (N=86) variiert. (Eine Familie mit Kindern erhielt wesentlich mehr als ein Alleinwohnender). Angesichts eines Medianeinkommens der Befragten von rund CHF 63 000 pro Jahr sind diese Summen recht groß. Während 50.8% der Befragten bereit waren, das Kernkraftlager ohne Kompensation zu akzeptieren, *fällt das Zustimmungsniveau auf 24.6%,* wenn eine Entschädigung angeboten wird. Rund ein Viertel der Befragten lehnt somit das Lager einfach deshalb ab, weil nun eine Kompensation damit verbunden ist. Die *Höhe* der Entschädigung beeinflußt die Akzeptanz nicht. Um dies zu testen wurde denjenigen, die das erste Kompensationsangebot ablehnten, ein besseres Angebot gemacht. Die Kompensationssumme wurde (abhängig vom Ausgangsbetrag) von CHF 2500 auf 3750, von 5000 auf 7500, und von 7500 auf 10 000 erhöht. Obwohl somit die Kompensation stark gesteigert wurde, war nur ein einziger unter den Befragten, die das erste Angebot ausschlugen, nun bereit, das Geldangebot anzunehmen. Der in Gleichung (4) ausgewiesene Verdrängungseffekt (N_{LE}<0) überwiegt somit in diesem Fall den Preiseffekt (C_{LE}<0), so daß die Geldkompensation eine negative Gesamtwirkung erzeugt

(was $\frac{dL^*}{dE} < 0$ entspricht).

Das von uns gefundene Ergebnis wird durch entsprechende Untersuchungen anderer Forscher gestützt. So haben z.B. erhöhte Steuerrabatte die Bereitschaft, ein Lager für Atommüll in Nevada zu akzeptieren, nicht gesteigert (Kunreuther & Easterling 1990).

Die Resultate unserer Untersuchung stützen die Verdrängungstheorie; gleichwohl ist es wichtig, zwei alternative Interpretationen der Beobachtungen in Betracht zu ziehen.

(i) *Strategisches Verhalten.* Es ist denkbar, daß die Befragten ihre Bereitschaft, das Lager zu akzeptieren, untertrieben haben, um eine höhere Kompensation zu bewirken. Allerdings sollte dieser Anreiz dann am höchsten sein, wenn keine Entschädigung angeboten wird. Wir haben jedoch festgestellt, daß die Bereitschaft zur Akzeptanz gerade dann am höchsten war, was mit einer Interpretation im Sinne eines strategischen Verhaltens unvereinbar ist. Darüberhinaus haben nur 4.9% der Befragten ausgesagt, daß die angegebenen Summen zu gering seien, um sie zu einer Akzeptanz zu bewegen. Strategisches Verhalten kann somit für die überwiegende Mehrheit der Befragten ausgeschlossen werden.

(ii) *Signalwirkung*. Ein großzügiges Kompensationsangebot könnte als Anzeichen dafür aufgefaßt werden, daß die Anlage gefährlicher ist als man zuvor dachte. Gilt dies, müßte eine höhere Kompensation mit einer höheren Risikoeinschätzung einhergehen, und damit (ceteris paribus) zu einer geringeren Akzeptanz führen. Nur 6.3% der Befragten sahen jedoch einen Zusammenhang zwischen der Kompensationshöhe und dem Risikoausmaß. Somit läßt sich auch diese alternative Erklärung zurückweisen.

5. Bedingungen für den Verdrängungseffekt

Die zentrale Frage, wann ein von außen kommender Eingriff die intrinsische Motivation negativ, positiv oder gar nicht beeinflußt, wurde bisher auf psychologischer Ebene behandelt. Wir haben festgestellt, daß die betroffenen Personen ihre intrinsische Motivation vermindern, wenn eine Intervention als *kontrollierend* empfunden wird (Verdrängungseffekt). Wird hingegen der Eingriff als *unterstützend* erlebt, wird die intrinsische Motivation aufgebaut, und wir beobachten einen Verstärkungseffekt.

5.1 Gesellschaftliche Bedingungen

Nun gilt es die *Umstände* zu erörtern, unter denen eine externe Intervention als kontrollierend oder unterstützend empfunden wird. Analysiert wird, wie ein von außen kommender Eingriff den perzipierten Kontrollbereich und damit die Selbstbestimmung verändert, und wie die Selbsteinschätzung der betroffenen Person beeinflußt wird. Die Psychologie, die sich mit diesem Phänomen beschäftigt, erklärt die individuelle Reaktion mit Hilfe von Persönlichkeitseigenschaften. Die Ökonomik muß hingegen erforschen, welche Ergebnisse unter welchen gesellschaftlichen Bedingungen wahrscheinlicher sind. Wann und wie sollten Belohnungen und Regulierungen angewandt werden, damit sich die Leistung erhöht? Diese Frage ist politikorientiert; insbesondere besteht ein Ziel darin zu erfahren, welche unter den vielen möglichen Institutionen gewählt werden sollte, um ein bestimmtes Ergebnis zu erzielen (*Vergleichende Analyse von Institutionen*). Die bestehende empirische Evidenz sagt darüber nur wenig aus, weil die in der Psychologie durchgeführten Labor- und Feldexperimente nicht zur Beantwortung derartiger Fragen unternommen worden sind. Deshalb ist es notwendig, die Aussagen theoretisch abzuleiten und sie so zu formulieren, daß sie einer empirischen Testung zugänglich sind.

Die folgenden Bedingungen für das Auftreten des Verdrängungseffektes lassen sich auf der Grundlage der einschlägigen Literatur (Lane 1991, Frey 1993 und 1994) formulieren. Der Verdrängungseffekt ist umso stärker ausgeprägt,

(i) je persönlicher die Beziehung zwischen Prinzipal und seinem oder ihrem Agenten ist;

(ii) je größer die Mitwirkungsmöglichkeiten des Agenten sind;

(iii) je uniformer die äußeren Eingriffe sind, d.h. je weniger die individuellen Unterschiede in der Motivation der Agenten vom Prinzipal berücksichtigt werden; und

(iv) je mehr der äußere Eingriff (insbesondere die Belohnungen) von der spezifischen Leistung des Agenten und nicht von seinem allgemeinen Verhalten abhängig gemacht werden.

5.2 Der Überschwappeffekt

Äußere Eingriffe können die intrinsische Motivation auch indirekt beeinflussen. Der Verdrängungseffekt kann sich auf weitere Bereiche ausdehnen, selbst auf solche, die vom Eingriff nicht tangiert wurden. Es läßt sich deshalb von einem motivationalen Überschwappen sprechen. Dieser indirekte Effekt kommt zum direkten Verdrängungseffekt hinzu. Ein wichtiger Fall bezieht sich auf eine auf Umweltsteuern oder handelbaren Lizenzen gründende ökonomische Umweltpolitik. Diese Instrumente sind in den Bereichen, in denen sie angewandt werden, häufig sehr wirksam, aber die durch die eingeführten monetären Anreize verursachte Verdrängung der Umweltmoral kann die Individuen dazu veranlassen, die Umwelt in jenen Bereichen weniger zu schonen, in denen umweltpolitisch nicht eingegriffen wird. Dieser unerwünschte Überschwappeffekt wird nicht nur durch monetäre Anreize, sondern auch durch direkte Eingriffe wie Verbote und Vorschriften ausgelöst.

6. Was folgt?

In der Einleitung zu dieser Arbeit wurden zwei Fragen gestellt:

(1) Können Geldkompensationen den Widerstand gegen Projekte überwinden, die dem St. Florians-Prinzip unterworfen sind?

(2) Erhöht eine stärkere Abschreckung bei Steuerhinterziehung die Steuereinnahmen?

Wie ausgeführt wurde, müßten beide Fragen mit einem eindeutigen JA beantwortet werden, wenn der traditionellen Ökonomie gefolgt wird.

In dieser Arbeit wird hingegen eine differenzierte Antwort vorgeschlagen: Die Antwort *kann* JA lauten, unter politisch wichtigen Bedingungen ist die Antwort aber NEIN. Es ist ökonometrische Evidenz vorgebracht worden, daß in bestimmten demokratischen Industriegesellschaften die Antwort in der Tat NEIN war. Die den Bürgern für die Akzeptanz eines Nuklearendlagers angebotene Kompensation hat die Bereitschaft zur Annahme vermindert (von 50.8% auf 27.4%). Auch das Ausmaß an Steuerhinterziehung hängt nicht signifikant von der erwarteten Strafhöhe ab. Hingegen reagieren die Schweizer Steuerzahler auf unterschiedliche Ausgestaltungen des politischen Entscheidungsprozesses: Sie sind bereit, weniger Steuern zu hinterziehen, wenn die Institutionen direkter Bürgerbeteiligung (Volksinitiative und Referendum) besser entwickelt sind.

Die empirischen Ergebnisse entsprechen der Verdrängungstheorie, wonach (unter identifizierbaren Bedingungen) externe Eingriffe systematisch die intrinsische Motivation in Form des Bürgersinns und der Steuermoral beeinflussen. Im ersten Fall (Standortproblem für eine Atommülldeponie) wurde ein Verdrängungseffekt, im zweiten Fall (Steuerhinterziehung) wurde ein Verstärkungseffekt festgestellt. Die Rationalanalyse sollte bei der Betrachtung der Anreize nicht (wie im bestehenden ökonomischen Denkansatz) auf den Preiseffekt reduziert werden. Dieser ist für ein Verständnis der gesellschaftlichen Wirklichkeit unverzichtbar. Er sollte aber durch die hier skizzierten Effekte erweitert werden, die einen systematischen und empirisch beobachtbaren Zusammenhang zwischen Anreizen und Moral herstellen.

Literatur

Alchian, A. A. (1977). *Economic Forces at Work*. Indianapolis.

Alchian, A. A., Demsetz, H. (1972). Production, Information Costs and Economic Organization, *American Economic Review* 62, 777-795.

Allingham, M. G. und Sandmo, A. (1972). Income Tax Evasion: A Theoretical Analysis, *Journal of Public Economics* 1, 323-38.

Alm, J., Sanchez, I., de Juan, A. (1995). Economic and Noneconomic Factors in Tax Compliance. *Kyklos* 48 (1), 3-19.

Alm, J., McKee, M., Beck, W. (1990). Amazing Grace: Tax Amnesties and Compliance. *National Tax Journal* 43, 23-38.

Arrow, K. J. (1974). *The Limits of Organizations*. New York.

Baurmann, M. (1996). *Der Markt der Tugend*. Tübingen.

Becker, G. S. (1968). Crime and Punishment: An Economic Approach, *Journal of Political Economy* 76, 169-217.

Becker, G. S. (1982). *Der ökonomische Ansatz zur Erklärung menschlichen Verhaltens*. Tübingen, 225-281.

Becker, G. S. (1991). *A Treatise on the Family*. Enlarged edition. Cambridge, Mass.

— (1992). Habits, Addictions, and Traditions, *Kyklos* 45 (3), 327-346.

Blau, P. M. (1964). *Exchange and Power in Social Life*. New York.

Burtt, S. (1993). The Politics of Virtue Today: A Critique and Proposal. *American Political Science Review* 87, 360-151.

Coase, R. H. (1978). Economics and Contiguous Disciplines. *Journal of Law, Economics and Organization* 4, 33-47.

Coleman, J. S. (1990). *Foundations of Social Theory*. Cambridge, MA.

Deci, E. L. (1971). Effects of Externally Mediated Rewards on Intrinsic Motivation. *Journal of Personality and Social Psychology* 18, 105-15.

— (1975). *Intrinsic Motivation*. New York.

Deci, E. L., Ryan, R. M. (1985). *Intrinsic Motivation and Self-Determination in Human Behaviour*. New York.

Denzau, A. T., North, D. C. (1994). Shared Mental Models: Ideologies and Institutions. *Kyklos* Vol. 47, Fasc. 1, 3-32.

Easterling, D. H., Kunreuther, H. (1995). *The Dilemma of Siting a High-Level Nuclear Waste Repository*. Boston.

Fama, E. F., Jensen, M. C. (1983). Separation of Ownership and Control. *Journal of Law and Economics* 26, 301-351.

Frey, B. S. (1992). Tertium Datur: Pricing, Regulating and Intrinsic Motivation. *Kyklos* 45, 161-184.

— (1993). Does Monitoring Increase Work Effort? The Rivalry with Trust and Loyalty. *Economic Inquiry* 31 (4), 663-670.

— (1994). How Intrinsic Motivation Is Crowded Out and In. *Rationality and Society* 6 (3) (July), 334-352.

Frey, B. S., Eichenberger, R. (1993). American and European Economics and Economists. *Journal of Economic Perspectives* 9 (1), 203-212.

Frey, B. S., Eichenberger, R., Oberholzer, F. (1996). The Old Lady Visits Your Backyard: A Tale of Markets and Morals. *Journal of Political Economy* (erscheint demnächst).

Frey, B. S., Weck-Hannemann, H. (1984). The Hidden Economy as an ‚Unobserved' Variable. *European Economic Review* 26, 33-53.

Fukuyama, F. (1995). *Trust*. New York.

Gambetta, D. (1988) (ed.) *Trust: Making and Breaking Cooperative Relations*. Cambridge.

Graetz, M. J., Wilde, L. L. (1985). The Economics of Tax Compliance: Facts and Fantasy. *National Tax Journal* 38, 355-63.

Graetz, M. J., Reinganum, J. F., Wilde, L. L. (1986). The Tax Compliance Game: Toward an Interactive Theory of Law Enforcement, *Journal of Law, Economics and Organization* 39, 1-32.

Hamilton, J. T. (1993). Politics and Social Costs: Estimating the Impact of Collective Action on Hazardous Waste Facilities. *Rand Journal of Economics* 24, 101-125.

Homans, G. C. (1958). Social Behavior as Exchange. *American Journal of Sociology* 63, 597-606.

Kazdin, A. E. (1982). The Token Economy: A Decade Later. *Journal of Applied Behavior Analysis* 15, 431-445.

Kazdin, A. E., Bootzin, R. R. (1972). The Token Economy: An Evaluative Review. *Journal of Applied Behavior Analysis*. 5, 343-98.

Kelman, S. (1987). *Making Public Policy: A Hopeful View of American Government*. New York.

— (1992). Adversary and Cooperationist Institutions for Conflict Resolution in Public Policymaking, *Journal of Policy Analysis and Management* 11, 178-206.

Kirchgässner, G. (1991). *Homo Oeconomicus: Das ökonomische Modell individuellen Verhaltens und seine Anwendung in den Wirtschafts- und Sozialwissenschaften*. Tübingen.

Kramer, R. M., Tyler, T. R. (1996) (eds). *Trust in Organizations*. Seven Oaks.

Kunreuther, H., Kleindorfer, P. R. (1986). A Sealed-Bid Auction Mechanism for Siting Noxious Facilities. *American Economic Review, Papers and Proceedings* 76, 295-299.

Kunreuther, H., Portney, P. (1991). Wheel of Misfortune: A Lottery Auction Mechanism for the Siting of Noxious Facilities. *Journal of Energy Engineering* 117, 125-132.

Lane, R. E. (1991). *The Market Experience*. Cambridge.

Lepper, M. R. und Greene, D. (1978) (eds.) *The Hidden Costs of Reward: New Perspectives on the Psychology of Human Motivation*. New York.

Lind, E. A., Tyler, T. R. (1988). *The Social Psychology of Procedural Justice*. New York and London.

Linnerooth-Bayer, J., Davy, B., Faast, A., Fitzgerald, K. (1994). *Hazardous Waste Cleanup and Facility Siting in Central Europe: The Austrian Case*, Laxenburg.

Mansbridge, J. (1990) (ed.). *Beyond Self-Interest*. Chicago.

— (1994). Public Spirit in Political Systems. In: H. J. Aaron, Th. E. Mann, T. Taylor (eds.), *Values and Public Policy*. Washington, 146-172.

Mayer, T. (1993). *Truth versus Percision in Economics*. Aldershot.

Milgrom, P., Roberts, J. (1992). *Economics, Organization and Management*. Englewood Cliffs.

North, D. C. (1991). Institutions. *Journal of Economic Perspectives* 5, 97-112.

Nozick, R. (1989). *The Examined Life. Philosophical Meditations*. New York.

O'Hare, M. (1977). Not On My Block You Don't: Facility Siting and the Strategic Importance of Compensation. *Public Policy* 25, 409-458.

Oberholzer-Gee, F., Frey, B. S., Hart, A., Pommerehne, W. W. (1995). Panik, Protest und Paralyse: Eine empirische Untersuchung über nukleare Endlager in der Schweiz. *Schweizerische Zeitschrift für Volkswirtschaft und Statistik* 131, 147-177.

Pommerehne, W. W. und Frey, B. S. (1993), The Effects of Tax Administration on Tax Morale. Unpublished manuscript, Department of Economics, University of the Saar.

Portney, P. R. (1991). *Siting Hazardous Waste Treatment Facilities: The NIMBY Syndrome*. New York.

Putnam, R. D. (1993). *Making Democracy Works*. Princeton.

— (1995). Tuning In, Tuning Out: The Strange Disappearance of Social Capital in America. *PS: Political Science and Politics* (Dec.), 664-683.

Pyle, D. J. (1990). The Economics of Taxpayer Compliance. *Journal of Economic Surveys* 5, 163-198.

Roth, J. A., Scholz, J. T. und Witte, A. D. (1989) (eds.). *Taxpayer Compliance*. Philadelphia.

Rotter, J. B. (1966). Generalized Expectancies for Internal versus External Control of Reinforcement. *Psychological Monographs*. 80 (1, Whole No. 609).

Schmölders, G. (1960), *Steuern und Staatsausgaben in der öffentlichen Meinung der Bundesrepublik*. Köln/Opladen.

— (1970). Survey Research in Public Finance: A Behavioural Approach to Fiscal Policy. *Public Finance* 25, 300-6.

Simonton, D. Keith (1994). *Greatness. Who Makes History and Why*. New York and London.

Slemrod, J. (1992) (ed.). *Why People Pay Taxes. Tax Compliance and Enforcement*. Ann Arbor.

Smith, K. W. (1992). Reciprocity and Fairness: Positive Incentives for Tax Compliance. In: J. Slemrod (ed.). *Why People Pay Taxes. Tax Compliance and Enforcement.* Ann Arbor.

Stiglitz, J. E. (1991) (ed.). Symposium on Organizations and Economics. *Journal of Economic Perspectives* 5, 15-88.

Strümpel, B. (1969). The Contribution of Survey Research to Public Finance. In: A. T. Peacock (ed.), *Quantitative Analysis in Public Finance.* New York, 13-38.

Sunstein, C. R. (1990). Political self-interest in consitutional law. In: J. J. Mansbridge (ed.), *Beyond Self-Interest.* Chicago and London.

Thaler, R. H. (1980). Toward a Positive Theory of Consumer Choice. *Journal of Economic Behavior and Organization* 1, 39-60.

Throsby, D. C. (1994). The Production and Consumption of the Arts: A View of Cultural Economics. *Journal of Economic Literature* 33, 1-29.

Tocqueville, A. de [1835-1840] (1945). *Democracy in America.* New York.

Tyler, T. R. (1990). *Why People Obey the Law.* New Haven and London.

Walzer, M. (1980). *Radical Principles: Reflections of an Unreconstructed Democrat.* New York.

Weck-Hannemann, H., Pommerehne, W. W., Frey, B. S. (1984). Schattenwirtschaft. München.

Williamson, O. E. (1993). The Evolving Science of Organization. *Journal of Institutional and Theoretical Economics* 149, 36-63.

— (1993). „The New Science of Organization", *Journal of Institutional and Theoretical Economics.* Forthcoming.

Wilson, J. Q. (1993). *The Moral Sense.* New York.

Witte, A. D., Woodbury, D. F. (1985). The Effects of Tax Laws and Tax Administration on Tax Compliance: The Case of the U.S. Individual Income Tax, *National Tax Journal* 38, 1-13.

Moral in Organisationen – wieviel und welche Unternehmenskultur verträgt eine freiheitliche Ordnung?

Reinhard Zintl

1. Organisationen, Kooperation, Opportunismus[1]

Organisationen sind Formen der Kooperation mit den folgenden speziellen Eigenschaften:

Es sind Gruppierungen von Personen, die eine ausdrückliche kollektiv verbindliche Zielsetzung aufweisen; die Aktivitäten der Organisationsmitglieder sind auf diese Zielsetzung hin ausgerichtet in der Form von Kompetenzzuweisungen, die Koordination erfolgt hierarchisch. Die Ordnung von Organisationen ist ausdrücklich errichtete und nicht „spontane" Ordnung – sie beruht auf Befehl, nicht auf freiwilligen Einzelvereinbarungen der Organisationsmitglieder[2].

Diese Betonung von Hierarchie und bewußt gestalteter Ordnung in der Definition unseres Gegenstandes sollte nicht mißverstanden werden – sie bezieht sich allein auf die Art und Weise, in der die gegebenen Ziele einer gegebenen Gruppe von Personen umgesetzt werden. Sie sagt weder etwas darüber, wie die Ziele zustande kommen, noch sagt sie etwas darüber, wie die Gruppe zustande kommt. Zielsetzungen können autokratisch oder demokratisch oder wie auch immer zustande kommen; Mitgliedschaft kann auf Zwang, Vertrag oder worauf sonst immer beruhen. Eine durch Zwangsrekrutierung gebildete Armee ist der eine Grenzfall, ein kooperativ verfaßtes Wirtschaftsunternehmen ist der andere Grenzfall. Beide sind Organisationen, sicherlich unterschiedlichen Typs.

Unser Thema bezieht sich auf ein Problem, das aus dem folgt, was Organisationen jeglichen Typs gemein haben – der Ausrichtung der individuellen Handlungen an Vorgaben, die nicht identisch sind mit den jeweiligen Zielen der Individuen. Auch dann, wenn das offizielle Ziel von einem Organisationsmitglied im Prinzip geteilt wird, bedeutet das ja nicht, daß die konkrete Aktion, die von dem betreffenden Individuum im konkreten Augenblick verlangt wird, ihm selbstverständlich „Motiv" sein wird – zunächst ist sie nur „Pflicht", bestenfalls als legitim beurteilte Pflicht.

---

[1] Für Kritik und Anregungen danke ich Hartmut Kliemt.

[2] Für die Unterscheidung vgl. nur Hayek (1969).

Wir müssen Akteure nicht als böswillig und hinterlistig stilisieren, um hier ein Problem zu erwarten. Es genügt, daß sie opportunistisch sind, also dazu neigen, ungeachtet ihrer allgemeineren Urteile sich von ihren situativen Interessen in Versuchung führen zu lassen[3]. Jeder mag zustimmen, daß allgemeine Nachlässigkeit im Vergleich mit allgemeiner Sorgfalt schlecht abschneidet; er wird daher kaum ein vertretbares Argument dafür formulieren können oder wollen, daß er allein nachlässig sein darf; er mag aber sehr wohl geneigt sein, sich diese Annehmlichkeit ganz einfach und ohne philosophische Erörterung zu gönnen, wenn die Gelegenheit sich bietet.

Gelegenheiten bieten sich unvermeidlich. Die Steuerung der individuellen Handlungen kann auch in Organisationen nicht perfekt sein und darf es nicht einmal sein. Sie darf es nicht sein, da Organisationen, die wie Maschinen konzipiert sind, schlecht funktionieren – sie sind allenfalls für simple, wohldefinierte, repetitive Aufgaben in konstanter Umgebung geeignet, unter allen anderen Bedingungen jedoch viel zu inflexibel. Selbst dort aber, wo die Reduzierung der Individuen auf automatenhaftes Verhalten erwünscht sein könnte, gibt es doch keine Möglichkeit, das durchzusetzen, da die hierfür notwendige Kontrollinformation weder erhältlich ist noch verarbeitet werden könnte, falls sie erhältlich wäre. Informationsasymmetrien sind geradezu definierendes Merkmal der Arbeitsteilung, auch wenn diese nicht spontan erfolgt. Informationsasymmetrien resultieren aus der Differenz zwischen der jeweils „privaten" Information, über die die einzelnen Akteure verfügen, und der jeweils „öffentlichen" Information, die allen und damit auch der „Organisation" verfügbar ist. Hieraus ergeben sich Spielräume. Die Akteure finden Befehle und Regeln vor – aber sie entscheiden darüber, ob sie sie klug oder dumm, überzeugt oder widerwillig, nach ihrem Geist oder ihrem Buchstaben oder gelegentlich auch überhaupt nicht befolgen wollen.

Diese Motivations- und Informationskonstellation wird üblicherweise als ein principal-agent-Problem bezeichnet[4]. Der Prinzipal, „die Organisation", setzt die Kriterien und Zwecke, der Agent, das einzelne Mitglied, soll für die Realisierung sorgen, hat aber seine eigenen Ziele und ist für den Prinzipal nicht vollständig sichtbar. Zumindest dann, wenn der Beitritt zu einer Organisation freiwillig ist, und erst recht dann, wenn die Mitglieder über die Organisationsziele bestimmen, sind die Mitglieder insoweit Prinzipale und Agenten zugleich. In ihrer Eigenschaft als Prinzipale sind sie an Zuverlässigkeit der Agenten (insgesamt) interessiert; in ihrer Eigenschaft als Agenten sind sie (je einzeln) nicht unbedingt zuverlässig. In dieser letzten Beschreibung ist das principal-agent-Problem zugleich ein multilaterales Kooperationsdilemma, in dem jedes Mitglied der Organisation zweierlei Interessen hat: unmittelbare Handlungsinteres-

[3] Über Opportunismus vgl. Williamson (1985), bes. Kap. 1 u.2.

[4] Vgl. nur Arrow (1985).

sen, die zu Nichtkooperation führen, und allgemeinere, „konstitutionelle", Interessen, die die Ermöglichung und Sicherung von Kooperation verlangen[5].

Die konstitutionellen Interessen der Subjekte können auf unterschiedlich abstrakte Normen gerichtet sein: Sie können einerseits gewissermaßen „horizontal" sein – unmittelbar auf die erlebte Kooperation bezogen; die Normen, die hier ausreichen, sind an konkreten Situationen angelagerte Reziprozitätsnormen. Sie können andererseits gewissermaßen „vertikal" sein – auf das Florieren des gemeinsamen Unternehmens insgesamt gerichtet; die Normen, die hier notwendig werden, sind intuitiv nicht so naheliegend, sie sind allgemeine Solidaritätsnormen (Vanberg & Buchanan 1988).

Wie kann man die Probleme, die aus opportunistischen Verhaltensweisen folgen, institutionell bewältigen oder mildern?

2. *Kontrolle, Vertrauen, Moral*

Bis zu einem gewissen Grade können die Akteure ihre Kontrollprobleme durch förmliche Vorkehrungen, also spezielle Anreiz- und governance-Strukturen, bewältigen[6]. Hierunter rechnen kann man auch die indirekten Sanktionen, die in Konstellationen dauerhafter Kooperation und gegenseitiger Sichtbarkeit möglich sind (wiederholtes Spiel ohne vorab feststehendes Ende). Man kann aber nicht alles feststellen, nicht einmal im Nachhinein. Keine abstrakte Regel kann lückenlos durchgesetzt werden, kein explizit formulierter Vertrag kann alle Eventualitäten berücksichtigen. Es bleibt daher immer ein kleinerer oder größerer Rest an Spielräumen für Regelverletzung oder für opportunistischen Umgang mit den Regeln. Aus einleuchtenden Gründen ist die Etablierung von Reziprozitätsnormen auf diesem Wege einfacher als die von Solidaritätsnormen, jedoch kommt selbst hier mindestens als Ergänzung, vielleicht auch als Alternative zu externen Anreizen und Kontrollen die Selbstkontrolle der Akteure in Betracht (Ouchi 1980: 135; Ben-Porath 1980; Bradach & Eccles 1989). Wenn sie überhaupt möglich ist, ist sie erwünscht, denn sie ist ja auf jeden Fall billiger als externe Kontrolle.

Ist sie als Institution möglich? Wann?

Interne Steuerung und Kontrolle des Agenten als Institution ist nur möglich, wenn es nicht nur die Möglichkeit gibt, sich selbst zu kontrollieren, sondern wenn es darüber hinaus für die Umgebung die Möglichkeit gibt, dem rationa-

---

[5] Vgl. den Beitrag von Kliemt in diesem Band.

[6] Vgl. stellvertretend für eine inzwischen kaum mehr überschaubare Literatur Williamson (1975), (1985); Alchian/Woodward 1987).

lerweise zu trauen. Geht das? Daß Vertrauen instrumentell nützlich sein kann, ist uns allen selbstverständlich. Aber: Gibt es instrumentell motiviertes – und insofern „rationales" – Vertrauen? Oder ist es eben entweder da oder nicht, aber nichts, was geschaffen werden kann? Im letzteren Fall könnten wir eben nicht von „Institution" etc. sprechen. Das wollen wir zunächst systematischer betrachten.

„Vertrauen" ist die Erwartung eines Verhaltens, das in bestimmtem Sinne unplausibel ist – man erwartet, daß die betreffende Person Handlungen, die eigentlich in ihrem situativen Interesse liegen, unterläßt, ohne daß ihr für diese Handlungen irgendwelche äußeren Sanktionen drohen. Zur Entstehung und Existenz von Vertrauen unter rationalen Subjekten kann nun so viel gesagt werden[7]: Wenn es nur Opportunisten gibt und wenn alle das wissen, ist Vertrauen strikt unmöglich (keiner kann ja darauf hinarbeiten, sich den Anschein des Besitzes von Qualitäten zu geben, die es nach allgemeinem Urteil gar nicht gibt). Vertrauen kann es – simpler Umkehrschluß – nur geben, wenn entweder die Akteure nicht wissen, daß es nur Opportunisten gibt, oder aber, wenn es tatsächlich nicht nur Opportunisten gibt. Den ersten Fall können wir ausschließen, da rationale Akteure nicht als systematisch und auf Dauer im Irrtum über die Welt befangen fingiert werden sollten. Bleibt der zweite Fall – die Existenz nicht nur von Opportunisten. Etwas theoretische Vorsicht ist hier am Platze, da die Konstruktion ihre Tücken hat. Offensichtlich wäre es wenig hilfreich, grundsätzlich die Nichtexistenz von Opportunismus zu unterstellen. Damit würde man die ursprüngliche Problemstellung zu gründlich aus der Welt schaffen. Eine plausible und fruchtbare Konstruktion wird vielmehr lediglich darauf verzichten, alle Akteure ausnahmslos als Opportunisten zu fingieren. Zugelassen wird die – zunächst nicht erklärte – Existenz von Personen mit einem spezifischen Rationalitätsmangel, nämlich mit Moral: Sie haben zwar ihre situativen Interessen, aber sie orientieren sich auch an Normen. Sie erleiden Beeinträchtigungen, wenn sie Versprechen nicht halten. Solche Personen sind offensichtlich interessantere Kooperationspartner als Opportunisten, falls sie einigermaßen zuverlässig identifiziert werden können. Rational ist es also, wenn solche Personen Signale geben, die ihre Identifikation ermöglichen; sie können dann einen Wettbewerbsvorteil erwarten. Nun könnten solche Signale, wenn sie intentional gegeben werden könnten, auch gefälscht werden, so daß bisher nicht viel gewonnen ist. Weiter kommen wir dann, wenn wir das Bild noch ein wenig vervollständigen. Auf der Senderseite möge gelten, daß nicht alle Signale intentionaler Verfügung unterliegen (man wird rot, wenn man lügt usw.); auf der Empfängerseite möge gelten, daß auch die nicht frei manipulierbaren Signale wahrgenommen und richtig gedeutet werden können[8]. Die Grundlage solcher Konstruktionen ist ein

---

[7] Vgl. allgemein Albach (1980); Dasgupta (1988); Güth/Kliemt (1993).
[8] Vor allem Frank (1992); vgl. auch Bicchieri (1994).

„reflexives Selbst" (Sabel 1992) – Akteure, die nicht nur Maximierungskalküle nachvollziehen können, sondern Empathie auch für komplexere Innenleben entwickeln können. Sie können sich hierbei täuschen, aber das ist nicht die Regel. Sie müssen nicht blind vertrauen, und deshalb können sie rationalerweise vertrauen.

Eine Bemerkung dazu, was die Konstruktion normativ enthält: Wir können über vertrauensbasierte Binnenkontrolle von Organisationen – die zunächst allein ein Thema der konstitutionellen Interessen ist – nicht allein auf konstitutioneller Ebene sprechen. Unter puren Opportunisten ist nicht einmal instrumentelles Vertrauen möglich, unter Vertrauensfähigen gibt es niemals allein instrumentelles Vertrauen. Die Realisierung vertrauensbasierter Binnenkontrolle tangiert die Akteure in der Person. Wer Vertrauen nutzt, nutzt insoweit unweigerlich Personen.

Auf dieser Basis können wir fortfahren: Angenommen, eine Organisation reguliert ihre internen Angelegenheiten in nennenswertem Umfang vertrauensbasiert. Das bedeutet zugleich, daß die internen Sozialbeziehungen sich von den Außenbeziehungen unterscheiden werden. Sie werden nicht einfach – arbeitsbezogen – dichter sein, sondern sie werden persönlicher sein. Nennen wir den so entstandenen Typus von Organisation „Organisation als Clan"[9].

Was bedeutet die Existenz solcher Clans für ihre Umgebung?

3. Clans und ihre Umgebung

3.1. Anarchie

In Clans wird Sicherheit der wechselseitigen Erwartungen auf spezielle Weise erzeugt – durch persönliche Beziehungen. Sicherheit der Erwartungen ist an sich ein Gut, das nicht selbst Exklusivität nahelegt; im Gegenteil gilt, daß es unter Sicherheitsgesichtspunkten am besten wäre, wenn der Clan die ganze Menschheit umfaßte. Es ist die besondere Produktionsweise des Gutes, die die Begrenzung erzwingt – persönliche Beziehungen kann man nur begrenzt unterhalten. Wenn die Produktionseinheit notwendig begrenzt ist, dann wird sie eine Umgebung haben. Wie sollen wir uns die Umgebung dieser Sicherheitsgemeinschaft vorstellen? Grundsätzlich haben wir hier zwei Möglichkeiten – es gibt entweder überhaupt keine Sicherheit außerhalb der Clans, oder es gibt durchaus Sicherheit, die aber von anderer Art oder Qualität ist als die im Clan hergestellte. Im ersten Fall ist der Clan eingebettet in eine Hobbesianische Umgebung, im zweiten Fall in irgendeine Sorte von Rechtsordnung. Uns interessiert hier speziell der

[9] Für die Etikettierung vgl. Ouchi (1980).

Fall einer voll ausformulierten Rechtsordnung, in der allgemeine, abstrakte, unpersönliche Normen gelten. In der Anarchie ist die Sicherheit, die der Clan gegebenenfalls produziert, ein Äquivalent oder ein Ersatz für das Recht selbst. Falls es eine umgebende Rechtsordnung gibt, koexistiert der Clan mit dieser – ergänzt sie oder ist irrelevant für sie oder konkurriert mit ihr. Die Koexistenz von Clan und Rechtsordnung ist das, was uns hier beschäftigt. Wir wollen aber den Fall Hobbesianischer Clans zunächst betrachten, da wir hier einiges für unseren Fall Wichtige lernen können.

Unter Bedingungen der Anarchie schaffen Clans Inseln der Sicherheit in einem Meer der Unsicherheit. Zu dieser Unsicherheit tragen sie insofern bei, als sie nach außen selbstverständlich im Kriegszustand verbleiben, nicht nur als Schutzbünde, sondern immer auch als Räuberbanden, die um so schlagkräftiger sind, je besser sie ihre inneren Angelegenheiten unter Kontrolle haben. Die Verbindung von Clans und Anarchie ist immer dann zu erwarten, wenn andere Formen der Sicherheitsproduktion nicht zur Verfügung stehen. Der prototypische Fall sind Nomadengesellschaften – die Subjekte sind mobil, die Räume groß, Technologien zentralisierter Rechtsdurchsetzung nicht vorhanden.

Falls die Herstellung von Sicherheit der einzige Maßstab ist, den man anlegt, muß eine solche Konstellation als unbefriedigend erscheinen – eben deshalb, weil sie nicht umfassend ist. Jede Begrenzung der Reichweite der Friedensordnung bedeutet, daß Anstrengungen in Übergriff und Abwehr, also unproduktive Tätigkeiten, investiert werden. Insofern kann man Clans als einen Notbehelf ansehen, als Ersatz für die eigentlich erwünschte, weil effizientere, mit höherem materiellen Output oder mindestens mehr Freizeit gesegnete, aber nicht verfügbare umfassende Rechtsordnung. Geht es nur hierum, so ist klar, welcher Zustand vorzuziehen ist[10].

Ambivalent wird das Ganze, sobald man die Lebensform insgesamt betrachtet. In der Clan-Welt herrscht Unbeschränktheit, Totalität sowohl der Einbindung als auch der Unsicherheit. Sowohl die totale Einbindung in die Gruppe als auch der permanente Krieg nach außen sind Angelegenheiten, die von den Subjekten je eigens bewertet werden können, und die, je nach Geschmack, unterschiedlich bewertet werden können. Für den Kampf nach außen gilt: Was aus unserer Sicht als die Notsituation par excellence erscheint, kann aus der Wahrnehmung einer Kultur von Kriegern als die allein freiheitliche Verfassung erscheinen. Es mag dennoch sein, daß man auch dort des Heroismus' als Lebensform müde wird und irgendwann zum doux commerce (Hirschman 1977) übergehen möchte. Nun kann man zu diesem möglichen Zwiespalt noch sagen, daß er uns – nach erfolgter kultureller Veränderung – nicht ernsthaft in Bewertungsschwierigkeiten bringt. Anders verhält es sich mit unseren Urteilen über die inneren Verhältnisse von Clans. Einerseits weist die Sicherheit, die auf per-

[10] So weit Buchanan (1984).

sönlichen Vertrauensbeziehungen beruht, eine Dimension von Geborgenheit und sozialem Zusammenhalt auf, deren Verlust auch nach den Maßstäben einer nichtheroischen Kultur Verlust zu nennen ist; zugleich aber wird diese Geborgenheit erkauft mit der kompletten Einbindung des Individuums ins Kollektiv, also auch eindeutig mit kompletter Unterwerfung – ihre Beseitigung ist nach den Maßstäben einer Kultur individueller Freiheit ein Gewinn.

3.2. Rechtsordnung

Eine allein herrschende Rechtsordnung ebnet – idealtypisch gesprochen – die gewaltige Differenz zwischen „innen" und „außen", die in der Clan-Anarchie besteht, völlig ein: Sie beseitigt den Krieg und auch die verschworenen Gemeinschaften in ihm und setzt an ihre Stelle eine einzige Sorte von Beziehungen, die nun alle mit allen verbinden – rechtliche Beziehungen. Die Regeln sind universalistisch, nicht partikularistisch: Sie normieren das Verhalten aller in allgemein beschriebenen Situationen, in die alle kommen können; sie normieren nicht spezielle Pflichten, die aus speziellen Beziehungen erwachsen. Die Rechtsordnung schafft und ermöglicht „Anonymität in der Beziehung": Da man sich auf das Recht stützen kann, muß man sein Gegenüber nicht kennen. Da die rechtliche Bindung nur bestimmte Teile des Verhaltens reguliert und sich in keinem Fall die gesamte Person des Akteurs unterwirft, enthält die Rechtsordnung keine Festlegung der individuellen Orientierungen auf eine gemeinsame Sache, die typisch für den Clan ist. Die Ordnung ist nicht für Zwecke zuständig, sondern nur dafür, die Verfolgung wie auch immer beschaffener individueller Zecke wechselseitig kompatibel zu machen. Die notwendige Gemeinsamkeit der Subjekte besteht im gemeinsamen Respekt vor den Regeln.

Der Übergang von der Clan-Anarchie zur Rechtsordnung bedeutet also die Realisierung des unmittelbaren Kontrastprogramms hinsichtlich der oben konstatierten Ambivalenzen. Bezogen auf das, was zuvor der Clan nach innen bedeutete, hat Entfremdung und zugleich Emanzipation stattgefunden. Entfremdung, weil eine auf abstrakten Regeln fußende Ordnung jedenfalls nicht als solche sozialen Zusammenhalt erzeugt[11]. Emanzipation, weil es nun keine natürlichen persönlichen Unterwerfungsverhältnisse mehr gibt, allenfalls noch vertraglich eingegangene[12]. Die Überwältigung der „Lebenswelt" durch das „System", die da stattfindet, ist ein zwiespältiger Vorgang und nicht, wie eine

[11] Vgl. nachdrücklich Gellner (1988: 143): „it is precisely anarchy which engenders trust or, if you want to use another name, which engenders social cohesion. It is effective government which destroys trust. This is a basic fact about the human condition..."

[12] „Die Bourgeoisie, wo sie zur Herrschaft gekommen, hat alle feudalen, patriarchalischen, idyllischen Verhältnisse zerstört. Sie hat die buntscheckigen Feudalbande, die den Menschen an seinen natürlichen Vorgesetzten knüpften, unbarmherzig zerrissen und kein anderes Band zwischen Mensch und Mensch übriggelassen, als das nackte Interesse..." Marx (1971: 527f.).

verbreitete Terminologie – „Invasion“ und „Kolonialisierung“ – suggeriert, allein ein Prozeß der Zerstörung von Bewahrenswertem.

Bisher haben wir Clans ohne Rechtsordnung einerseits, Rechtsordnungen ohne Clans andererseits betrachtet. Was können demgegenüber „Clans in der Rechtsordnung“ sein? Uns interessieren dabei nicht so sehr die Bereiche, in denen die Rechtsordnung tatsächlich gar nicht herrscht, sei es gewollt, sei es ungewollt. Gewollte Beschränkung bestände in der Existenz buchstäblicher, gewissermaßen extraterritorialer Reservate, in denen die Einheit der Rechtsordnung nicht beansprucht wird[13]; ungewollte Beschränkung bestände in der Existenz von Handlungsbereichen, in denen Illegales praktiziert wird und die Rechtsordnung nicht durchgesetzt werden kann. Dort existierende Clans sind letztlich weiter Clans in der Anarchie. Clans innerhalb der Rechtsordnung sind demgegenüber diejenigen Clans, die deshalb existieren können, weil Rechtsordnungen – auch in ihrem eigenen Zuständigkeitsbereich – niemals „vollständig“ sind. Unter den eingangs geschilderten Informationsbedingungen kann es vollständige Regulierung von Handlungen durch Regeln und Verträge nicht geben. Da das so ist, bleibt die Anarchie des Hobbes in der Rechtsordnung existent. Insofern ist klar, daß Clans sehr wohl auch hier ihren Platz haben können.

Damit gelten aber auch unsere bisherigen Feststellungen fort: Die Weiterexistenz der Lebenswelt im System oder ihre Rückkehr ins System hat zwei Gesichter. Sie kann Geborgenheit schaffen und sie kann Unterwerfung sein.

Was uns demnach interessiert, sind Wechselwirkungen, Vereinbarkeiten, Unvereinbarkeiten von Rechtsordnung einerseits und unterschiedlichen Sorten von Organisationen, die clanförmige Binnenverfassungen haben, andererseits. Eine naheliegende erste Unterscheidung kann am Organisationszweck ansetzen: Vereinbarkeitsprobleme ergeben sich zumindest dann, wenn die Intention der Clanbildung direkt konspirativ ist. Diesen Fall betrachten wir zuerst (Abschnitt 4.1.). Wenn andererseits die verfolgten Zwecke nicht subversiv sind, wird eine zweite Unterscheidung wichtig, die nach der Art der Normen, die die Clanbildung tragen. Kompatibel mit der Rechtsordnung sind Clans wohl um so eher, je eher die Normen, um die sie sich kristallisieren, universalistische Normen sind. In diesem Falle sind Clans als intensivierte Fortsetzung von Verträgen mindestens vereinbar mit einer vor allem rechtsbasierten Ordnung, wenn sie nicht sogar regelrechte Stützpfeiler einer solchen Ordnung sind. Sind dagegen die Binnenregeln eines Clans partikularistisch, so stellt dieser Clan die Rückkehr personaler Unterwerfung in die Welt der Verträge dar und kollidiert mit der Rechtsordnung; statt von Subversion kann man hier von Erosion oder Korruption der Rechtsordnung sprechen.

---

[13] Wie es etwa Kymlicka (1995: 166ff.) zum Zwecke des Schutzes kultureller Minderheiten diskutiert und mit m.E. fragwürdigen Argumenten befürwortet.

Die Kernthese der im weiteren zur Diskussion gestellten Überlegungen lautet nun: Ob ein Clan, der von der Intention her nicht subversiv ist, eher auf universalistische oder eher auf partikularistische Normen gegründet ist, hängt davon ab, ob die konstitutionellen Probleme, die er bearbeitet, Reziprozitätsprobleme oder aber ob sie Solidaritätsprobleme sind. Wenn es um die Beherrschung von Reziprozitätsproblemen geht, sind auch für Clans universalistische Normen möglich und plausibel; geht es dagegen um die Beherrschung von Solidaritätsproblemen, können Clans sich nur in Ausnahmefällen um universalistische Normen kristallisieren. Der erste Fall ist Gegenstand von Abschnitt 4.2., der zweite von Abschnitt 4.3.

4. Subversion, Stabilisierung, Erosion

4.1. Subversion

Hier sollen einige knappe Bemerkungen genügen: Auf Kollisionskurs mit der Rechtsordnung sind sicherlich alle Clans, die im Zusammenhang mit illegalen Aktivitäten gebildet werden und diese gruppenintern stabilisieren (etwa „Ganovenehre"). Das ist aber nicht das, was man subversive Tätigkeit nennen sollte. Subversiv sind Clans vielmehr dann, wenn der Zweck der Verdichtung persönlicher Beziehungen nicht nach innen, sondern nach außen gerichtet ist und darin besteht, die Verkehrsregeln, die die Rechtsordnung etabliert, in bestimmter Hinsicht außer Kraft zu setzen. Ziel ist hier, durch persönliche Beziehungen Sonderkonditionen gegenüber dem zu schaffen, was bei dem eigentlich intendierten Funktionieren der Spielregeln errreichbar wäre. Bezogen auf die Vertragsarena läuft die Tätigkeit solcher Bünde („Cliquen"[14]) darauf hinaus, den Nichtmitgliedern von vornherein die Chancen auf erwünschte Verträge zu verschlechtern und ihren Mitgliedern Vorfahrt zu verschaffen. Subversive Clans zielen nicht darauf, Vorfahrt zu kaufen (das wäre „Korruption" und unterläge selbst dem Wettbewerb [Bradach & Eccles 1989: 109ff.; Granovetter 1985:492]), sondern darauf, sie durch Veränderung der Gesamtsituation zu erreichen. Je anspruchsvoller eine Gruppe hier ist, um so härter wird sie Front gegen die Rechtsordnung machen, um so eindeutiger werden ihre Aktivitäten illegal sein müssen. Den Grenzfall stellt eine Erscheinung wie die Mafia dar, die nicht lediglich Privilegien, sondern Monopole will und hierbei in einen direkten Machtkampf mit denen eintritt, die die Rechtsordnung durchsetzen sollen. Die üblichen und vertrauten Formen von Protektionsnetzwerken treiben es nicht so weit und würden sich in der Regel auch nicht gerne als subversiv bezeichnen geschweige denn in Verwandtschaft mit der Mafia bringen lassen. Dennoch ist das, was die Mafia ausdrücklich anstrebt, genau dasselbe, was solche Clans mindestens in Kauf

[14] Vgl. Zintl (1993).

nehmen – die allmähliche Zerstörung des Vertrauens in die offizielle Rechtsordnung (Gambetta 1988: 166ff.). Und das ist selbstverständlich nichts anderes als Subversion.

4.2. Reziprozitätsnormen und emergente Clans

Wenn eine Organisation insgesamt für ihre Mitglieder gut überschaubar ist, sind zwei Dinge möglich: Erstens können die Mitglieder eine Verbindung zwischen dem Beitrag des einzelnen Mitgliedes und dem Wohlergehen der Organisation insgesamt und dann wieder ihrem eigenen Wohlergehen herstellen; zweitens können die Mitglieder mindesten eine nennenswerten Teil der anderen Mitglieder persönlich kennen. Die erste Bedingung sorgt dafür, daß die Organisationsmitglieder das Verhalten anderer Mitglieder grundsätzlich als Frage der ganz persönlichen Fairness ihnen selbst gegenüber definieren können; die zweite Bedingung sorgt dafür, daß persönliches Vertrauen ein tragendes Teil der Verhaltenssteuerung sein kann. Die Organisation als Clan ist hier ein Grenzfall des allgemeineren Phänomens „relationaler Kontrakte“[15]. Solche Clans können als emergente Clans bezeichnet werden; die Etablierung der tragenden Verhaltensnormen ist „spontane Ordnung“ (Vanberg & Buchanan 1988).

Es ist selbstverständlich möglich, daß die Clanbildung vor allem die Wirkung und womöglich auch den subjektiven Zweck der Erhöhung der Schlagkraft nach außen hat. Das ist aber nur eine metaphorische Erinnerung an die Rolle des Hobbesianischen Clans, nicht die Rückkehr des Krieges: Es geht um Wettbewerbsfähigkeit, nicht um Vorfahrt; und der Wettbewerb ist nicht nur das, was die abstrakte Rechtsordnung erlaubt, sondern das, was sie impliziert.

Aber nicht nur in dieser Hinsicht sind emergente Clans mit der einbettenden Rechtsordnung vereinbar. Für uns viel wichtiger ist, daß sie es auch hinsichtlich ihrer inneren Verhältnisse sind: Zunächst einmal ist der Clan, kristallisiert um Reziprozitätsfragen, eine weiterhin symmetrische Angelegenheit. Alle sind Prinzipale und Agenten zugleich. Vertrauen spielt sicherlich eine strategische Rolle in solchen Organisationen, es ist eine zweckorientiert produzierte Ressource – aber das gilt jeweils in alle Richtungen; niemand wird mißbraucht. Insofern bleibt die Freiheit, die die Rechtsordnung herstellt, auch im Clan ungebrochen.

Vereinbar mit der Rechtsordnung sind solche Clans überdies hinsichtlich der Normen selbst, die in ihnen gelten – es sind genau die universalistischen Normen von Treu und Glauben, auf die die äußere Rechtsordnung ja ebenfalls abzielt. Man kann noch etwas weiter gehen und nicht nur die Vereinbarkeit solcher Clans mit der Rechtsordnung behaupten, sondern sie sogar als notwendig für die Stabilität dieser Ordnung ansehen: Hier werden die Tugenden praktisch eingeübt

[15] Vgl. nur MacNeil (1980).

und internalisiert, ohne die eine abstrakte Ordnung auf die Dauer nicht bestehen kann. Vielleicht nicht nur hier, aber sicherlich auch hier finden sich die „Lebenswelten", aus denen die Zufuhr von Einstellungen stammt, die das „System" braucht, aber nicht unmittelbar reproduzieren kann[16]

4.3. Solidaritätsnormen und oktroyierte Clans

Jenseits einer gewissen Größe der Organisation ist die eben verwendete Überschaubarkeitsbedingung nicht mehr erfüllt. Was kann man hier erwarten?

Zunächst einmal besteht die Möglichkeit, daß die Mitglieder von sich aus Motivationen mitbringen, die ihnen die Organisationsziele zu persönlichen Anliegen machen. Das kommt am ehesten vor im Falle nichtkommerzieller Organisationen, die religiöse, humanitäre, politische usw. Ziele verfolgen. Es ist dagegen nicht plausibel bei Organisationen, deren Zweck ganz profan darin besteht, sich ökonomisch so gut es geht zu behaupten, Profit zu erwirtschaften. Das Produkt ist in solchen Organisationen grundsätzlich Mittel zum Zweck, nicht „Anliegen". Die Geschäftsgrundlage, auf der Verträge mit Mitarbeitern geschlossen werden, entspricht diesem Kontext vollauf – so wie für das Unternehmen das Produkt Mittel zum Zweck der Erzielung von Ertrag ist, so ist das Unternehmen für die Beschäftigten Mittel zum Zweck der Einkommenserzielung. Da das „Do Ut Des" Grundlage auch der inneren Verhältnisse ist, bleibt das Kooperationsdilemma endemisch.

Auch hier können sich Reziprozitätsnormen etablieren – nun aber nur noch bezogen auf Teilgruppen. Für diese innerorganisatorischen Clans gilt alles bisher Gesagte analog – sie können, bezogen auf die einbettende Organisation, subversiv sein („Cliquen", „Seilschaften"), sie können aber auch Teil der notwendigen Infrastruktur sein („Teams"), insbesondere dann, wenn es gelingt, so etwas wie eine Mehrebenenstruktur von Teams zu etablieren. Die Verhinderung von Cliquenbildung und die Förderung der Entstehung einer Teamstruktur, in der die Gruppenloyalitäten noch Bezug zum Ganzen haben, sind aber bereits nicht mehr Angelegenheiten der Emergenz, sondern setzen bewußte Gestaltung voraus. Erst recht ist bewußte Gestaltung dann notwendig, wenn es darum geht, die individuellen Wahrnehmungen, Urteile und Motive auf die Organisation insgesamt zu orientieren – es geht ja nicht mehr um unmittelbar erlebte Reziprozität, sondern um sehr viel abstraktere Solidarität.

Daß die Führung einer Organisation Anstrengungen in dieser Richtung unternimmt, ist plausibel. Wenn Solidaritätsnormen verinnerlicht sind, kann ja die

---

[16]Vgl. allgemein Baurmann (1996). Schumpeter (1972) ist in diesem Zusammenhang zu „rationalistisch"; er schätzt die Leistungsfähigkeit der anonymen Organisation so hoch ein, daß kein Platz mehr bleibt für das, was uns hier beschäftigt.

Regulierung der internen Angelegenheiten der Organisation mit weniger Aufwand erfolgen als unter dem Regime lediglich externer Anreize und Kontrollen. Das Problem für die Führung besteht darin, daß man hier mit Aufklärung und Appellen nicht allzu weit kommt. Mehr Erfolg verspricht es, wenn ein Ersatz für die lebendige Erfahrung, die für die Internalisierung von Reziprozitätsnormen tragend ist, auch hier geschaffen werden kann. Ob nun solche Maßnahmen und das, was sie bewirken, mit der einbettenden Rechtsordnung zusammenpassen oder nicht, ist eine Frage der Intensität: Solange die Vermittlung von Korpsgeist, Wir-Gefühl, einer spezifischen „Unternehmenskultur" oder sogar – besonders exquisit – einer spezifische „Unternehmensphilosophie"[17] strikt auf den innerorganisatorischen Kontext beschränkt bleiben, sind solche Subkulturen mit der umgebenden Rechtsordnung noch vereinbar. Wenn man es aber weiter treibt, die Individuen in die Organisation komplett integriert und dafür sorgt, daß ihre Identifikation mit ihr nicht nur partiell und rollenbezogen ist, sondern die ganze Person erfaßt und umfaßt, wenn man die Organisation also wieder zum – nun oktroyierten – Clan gemacht hat, dann entsteht eine andere Lage.

Die Vorbilder sind Mönchsorden und Armeen eines bestimmten Typus', den man mit dem Kürzel „Staat im Staate" kennzeichnen kann. Die für uns entscheidenden Merkmale dieser Vorbilder sind zum einen die Existenz extrem starker Identifikationsobjekte und zum anderen die faktische Möglichkeit, das Leben der Mitglieder komplett in die Organisation zu integrieren. Kommerzielle Unternehmen, die sich hieran orientieren, verfügen über solche Mittel nicht im strengen Sinne, können sich aber – in Grenzen – durchaus funktionale Äquivalente schaffen. Als besonders konsequent in dieser Hinsicht gelten die japanischen Unternehmen, denen man etwa die folgenden einschlägigen Eigenschaften zuschreibt[18]:

Erstens wird die Rekrutierung von Mitgliedern mit dem Ziel größtmöglicher Homogenität der Belegschaft in allen möglichen – auch extrafunktionalen Hinsichten – erfolgen, idealerweise über Generationen hinweg; der Zutritt ist also strikt limitiert. Zweitens zielen Qualifikationsmaßnahmen nicht lediglich auf fachliche Ausbildung, sondern auf die Schaffung eines möglichst firmenspezifischen Humankapitals; das verstärkt nicht nur die Wirkung der Rekrutierung, sondern es limitiert zusätzlich die Abwanderungsoptionen der Mitglieder. Drittens werden umfassende Identifikationsmöglichkeiten geschaffen, die weit über den engeren Arbeitsbereich hinausgehen – Uniformen, Hymnen, firmeneigene Sportvereine, kollektiver Urlaub usw. Viertens wird das Privatleben in Kontrolle genommen (etwa durch Einflußnahme auf die Heiratsgewohnheiten) bzw. regel-

[17] Heinen (1987), Sackmann (1989) über Kultur; Herder-Dorneich (1990) zur Philosophie.

[18] Vgl. Deutschmann (1987); ausführlicher Murakami (1984), Ouchi (1981); für die Anverwandlung solcher Konzepte anderswo vgl. Bleicher (1986), Peters/Waterman (1982).

recht enteignet (durch systematisch unberechenbare Termingestaltung, häufige Versetzungen usw.).

Man kann diese vier Sorten von Verfahrensweisen als vier Stufen immer schärferen Konflikts der Organisationsverfassung mit der umgebenden Rechtsordnung ansehen. Auch das, was sich lediglich wie ein Angebot ausnimmt, ist Bestandteil eines Systems, das auf totalitäre Vereinnahmung des Individuums zielt, auf Schaffung einer speziell verfaßten Gesellschaft in der Gesellschaft. Der Konflikt zwischen oktroyierten Clans und der Rechtsordnung besteht in zwei Hinsichten: Erstens steht die Lebensform, die sie einführen, mit der im Rahmen der Rechtsordnung ansonsten geschützten individuellen Autonomie im Konflikt. Zweitens ist das, was so verfaßte Organisationen auf die Dauer bewirken, für die Existenz dieser Ordnung insgesamt bedrohlich.

Zum ersten: Konnten wir die emergenten Clans des vorangegangenen Unterabschnitts noch recht eindeutig als eine – wenigstens teilweise – Wiederherstellung der Geborgenheit des ursprünglichen Hobbesianischen Clans ansehen, die nicht mit Verlusten der individuellen Autonomie bezahlt wird, so müssen wir nun fast das direkte Gegenteil konstatieren: Zwar mag es auch in oktroyierten Clans Vertrauen und Geborgenheit geben (angesichts der Zerstörung der Alternativen ist das sogar zu erwarten), jedoch ist das nur ein Nebenprodukt dessen, worum es eigentlich geht – um die Wiederkehr der Unterwerfung. Insofern ist deutlich, daß so verfaßte Unternehmen in ihrem Bereich etwas realisieren, das die Rechtsordnung eigentlich überwunden hatte, und daß sie insofern mit ihr nicht vereinbar sind.

Diese Unvereinbarkeit selbst muß aber noch nicht unbedingt die Rechtsordnung bedrohen. Solange sichergestellt ist, daß der Eintritt in die betreffenden Organisationen freiwillig ist und daß der Austritt aus ihnen jedenfalls nicht mit direktem Zwang verhindert wird, wird das Recht ja nicht ausdrücklich gebrochen. Wo das der Fall ist, etwa bei bestimmten Sekten, die die Logik oktroyierter Clans radikaler anwenden als die hier betrachteten Unternehmen und auch diese Grenze überschreiten, ist grundsätzlich klar, daß hier die individuelle Autonomie auch gegen etwaigen Widerstand der Mitglieder selbst durchgesetzt werden muß. Sonst wären Grundrechte veräußerlich. Soweit Organisationen unterhalb der Schwelle ausdrücklichen Rechtsbruchs bleiben, stellen sie zwar Fremdkörper in der freiheitlichen Ordnung dar und erzeugen eine widersprüchliche Konstellation von Institutionen – aber so etwas ist zu allen Zeiten eher die Regel als die Ausnahme gewesen. Inkonsistenz macht zunächst einmal nur Konzeptionen brüchig, nicht unbedingt aber Gesellschaften.

Jedoch gibt es keinen Grund, sich mit einer solchen Feststellung zu begnügen. Organisationsformen wie sie hier beschrieben wurden, können die einbettende Ordnung selbstverständlich bedrohen. Damit ist nicht die handfeste Sorte von Bedrohung gemeint, die von einer Armee als Staat im Staate oder von einer militanten Sekte ausgeht. Gemeint sind vielmehr die kulturellen Folgen der Organisationsform[19]. Auch in oktroyierten Clans wird, ganz genau so wie in den oben betrachteten reziprozitätsbasierten Konstellationen, etwas eingeübt. Allerdings nicht mehr, wie dort, die Orientierung an universalistischen Normen, sondern eher die partikularistische Orientierung, die zu einer Feudalgesellschaft paßt. Je nachdem, wie verbreitet der hier besprochene Typus von Organisation ist, wird die Wirkung auf die Kultur insgesamt unterschiedlich groß sein. Sollte der Typus Wettbewerbsvorteile bieten und sich durchsetzen, würde sich die Kultur insgesamt verändern. Dann kann man nicht mehr sicher sein, ob die Rechtsordnung unberührt weiterexistieren wird – es wäre nicht das erstemal, daß ein erfolgreicher Handlungstypus die gesamte umgebende Landschaft verändert.

5. *Schlußfolgerungen*

Organisationen sind Zweckbündnisse, die ihre Mitglieder instrumentalisieren – mitgebrachte Motive und erwartetes Funktionieren sind nicht von Haus aus identisch. Für die Organisation folgt hieraus ein Kontrollproblem. Für ihre Mitglieder folgt hieraus ein Problem, das man am ehesten als Entfremdung bezeichnen kann; sie sind nicht als ganze Person gefragt, sondern als Funktionsträger, in Rollen. Hieran ändert sich nichts, wenn die Mitglieder der Organisation aus freien Stücken beigetreten sind; es ändert sich auch nichts, wenn sie jederzeit austreten und sich eine andere Organisation aussuchen können (denn für die Alternativen gilt grundsätzlich das Gleiche).

„Die Organisation" will daher den Menschen durchaus gerne als ganzen haben – allerdings zu ihren Bedingungen, also bei Anpassung seiner Motive an die Organisationszwecke. Das Mitglied seinerseits will sich gerne als ganzer Mensch einbringen können – allerdings zu seinen Bedingungen, mit ungestutzten Zielsetzungen. In aller Regel sind die beiden Ideale nicht kongruent, so daß man entweder Übereinstimmung herstellen muß – oder aber sich damit abfinden muß und damit umgehen muß, daß eben keine komplette Übereinstimmung besteht. Die Herstellung von Kongruenz kann nicht anders erfolgen als dadurch, daß das Individuum sich an die Organisation anpaßt, nicht umgekehrt. Sie bedeutet also Unterwerfung. Will man das nicht, so muß man Entfremdung akzeptieren: Nur die Grenzziehung zwischen Lebensbereichen und die Beschränkung auf Rollen in bestimmten Lebensbereichen erlauben Vielfalt trotz Ausrichtung auf bestimmte Zwecke bzw. Ausrichtung trotz Vielfalt.

---

[19] Wir lassen also die Zielsetzung der Organisation hier ganz aus dem Spiel. Es ist aber sicher kein Zufall, daß politische Organisationen, deren Zielsetzungen mit einer freiheitlichen Ordnung kollidieren, sich Binnenverhältnisse schaffen, in denen die angestrebte andere Ordnung bereits eingeübt wird.

Hierzu gibt es erkennbare Mißverständnisse in unserer eigenen Kultur. Man vergißt nicht selten, daß die Trennung von Dienst und Schnaps vor allem auch „Freiheit" bedeutet. Eine Kultur, die sich selbst nicht mehr so recht versteht, die ihre Grenzziehungen nicht mehr unter dem Aspekt der Emanzipation, sondern nur noch unter dem der Entfremdung wahrnimmt, kann reif für die Refeudalisierung werden. Der Kult des Sich-Einbringens, die Forderung, sich in jeder Lage als verletzlich und gegebenenfalls betroffen zu beweisen, das inquisitorische Interesse an der Person und den persönlichen Erfahrungen von Amtsträgern statt an ihrer Amtsführung, insgesamt also die „Tyrannei der Intimität"[20], zerstört mit der Trennung von Privatsphäre und öffentlicher Sphäre zugleich auch beide Sphären. Am Ende finden es die Leute nicht nur in Ordnung, sich überall einzumischen; sie finden es auch in Ordnung, wenn man sich bei ihnen überall einmischt. Das Fazit für unseren Zusammenhang ist:

Auch dann, wenn es um ganz legale Organisationszwecke geht, ist intrinsische Motivation der Mitglieder nicht unter allen Umständen das, was man sich wünschen kann. Sofern die zugrundeliegende individuelle Moral auf universalistischen Normen beruht, gibt es keinen Einwand. Immer dann aber, wenn die von der Organisation benötigte Moral der Individuen eine Partikularmoral ist bzw. sein muß, gibt es ein übergreifendes moralisches Interesse daran, die Erzeugung intrinsischer Motivation innerhalb der Unternehmenssphäre eher zu unterlassen bzw. zu verhindern. Sowohl der Prozeß der Erzeugung als auch die resultierenden Einstellungen sind einer freiheitlichen Gesellschaftsordnung abträglich. Genau aus diesem Grunde und in diesem Sinne kann man sagen: „Vertrauen ist (nicht immer) gut, Kontrolle ist (manchmal) besser!"

---

[20] Vgl. Sennett (1983).

Literatur

Albach, H. (1980). Vertrauen in der ökonomischen Theorie. *Zeitschrift für die gesamte Staatswissenschaft* 136, 2-11.

Alchian, A. A., Woodward, S. (1987). Reflections on the Theory of the Firm. *J. of Institutional and Theoretical Economy (Zeitschrift für die gesamte Staatswissenschaft)* 143, 110-136.

Arrow, K. J. (1985). The Economics of Agency. In W. Pratt, R. J. Zeckhauser (Hg.), *Principals and Agents. The Structure of Business*. Boston, 37-51.

Baurmann, M. (1996). *Der Markt der Tugend. Recht und Moral in der liberalen Gesellschaft. Eine soziologische Untersuchung*. Tübingen.

Ben-Porath, Y. (1980). The F-Connection: Families, Friends, and Firms and the Organization of Exchange. *Population and Development Review* 6, 1-30.

Bicchieri, C. (1994). *Rationality and Coordination*. Cambridge.

Bleicher, K. (1986). Unternehmenskultur und strategische Unternehmensführung. In D. Hahn, T. Taylor (Hg.), *Strategische Unternehmensführung* (4. Aufl.). Heidelberg, 757-797.

Bradach, J. L., Eccles, R. G. (1989). Price, Authority, and Trust. *American Review of Sociology* 15, 97-118.

Buchanan, J. M. (1984). *Die Grenzen der Freiheit*. Tübingen.

Dasgupta, P. (1988). Trust as a Commodity. In D. Gambetta (Ed.), *Trust. Making and Breaking Cooperative Relations*. Oxford, 49-72.

Deutschmann, C. (1987). Der „Betriebsclan". Der japanische Organisationstypus als Herausforderung an die soziologische Modernisierungstheorie. *Soziale Welt* 38, 133-147.

Frank, R. (1992). *Strategie der Emotionen*. München.

Gambetta, D. (1988). Mafia: The Price of Distrust. In D. Gambetta (Ed.), *Trust. Making and Breaking Cooperative Relations*. Oxford, 158-175.

Gellner, E. (1988). Trust, Cohesion, and the Social Order. In D. Gambetta (Ed.), *Trust. Making and Breaking Cooperative Relations*. Oxford, 142-157.

Granovetter, M. (1985). Economic Action and Social Structure: The Problem of Embeddedness. *American J. of Sociology* 91, 481-510.

Güth, W., Kliemt, H. (1993). Menschliche Kooperation basierend auf Vorleistungen und Vertrauen. *Jahrbuch für Neue Politische Ökonomie* 12, 253-277.

Hayek, F. A. v. (1969). Arten der Ordnung. In ders., Freiburger Studien. Tübingen, 32-46.

Heinen, E. (1987). Unternehmenskultur als Gegenstand der Betriebswirtschaftslehre. In E. Heinen (Hg.), *Unternehmenskultur*. München, 1-48.

Herder-Dorneich, P. (1990). Unternehmensphilosophie. *Deutsche Zeitschrift für Philosophie* 38, 944-952.

Hirschman, A. O. (1977). *The Passions and the Interests. Political Arguments for Capitalism before its Triumph*. Princeton.

Kymlicka, W. (1995). *Multicultural Citizenship. A Liberal Theory of Minority Rights*. Oxford.

Macneil, I. R. (1980). *The New Social Contract. An Inquiry into Modern Contractual Relations*. New Haven.

Marx, K. (1971). Manifest der kommunistischen Partei. In S. Landshut (Hg.), *Karl Marx – Die Frühschriften*. Stuttgart, 525-560).

Murakami, Y. (1984). Ie Society as a Pattern of Civilization. *J. of Japanese Studies* 10, 281-363.

Ouchi, W. G. (1980). Markets, Bureaucracies, and Clans. *Administrative Science Quarterly* 25, 124-142.

Ouchi, W. G. (1981). *Theory Z. How American Business Can Meet the Japanese Challenge*. New York.

Peters, T. J., Waterman, R. H. (1982). *In Search of Excellence. Lessons from America's Best-Run Companies*. New York.

Sabel, C. F. (1992). Studied Trust: Building New Forms of Cooperation in a Volatile Economy. In F. Pyke, W. Sengenberger (Eds.), *Industrial Districts and Local Economic Regeneration*. Geneva, 215-250.

Sackmann, S. (1989). 'Kulturmanagement': Läßt sich Unternehmenskultur 'machen'? In K. Sandner (Hg.), *Politische Pozesse in Unternehmen*. Berlin/Heidelberg, 157-183.

Schumpeter, J. A. (1972). *Kapitalismus, Sozialismus und Demokratie* (3. Aufl.). München.

Sennett, R. (1983). *Verfall und Ende des öffentlichen Lebens. Die Tyrannei der Intimität*. Frankfurt.

Vanberg, V., Buchanan, J. M. (1988). Rational Choice and Moral Order. *Analyse & Kritik* 10, 138-160.

Williamson, O. E. (1975). *Markets and Hierarchies*. New York.

Williamson, O. E. (1985). *The Economic Institutions of Capitalism: Firms, Markets, Relational Contracting*. New York.

Zintl, R. (1993). Clubs, Clans und Cliquen. In B.-T. Ramb, M. Tietzel (Hg.), *Die ökonomische Logik des menschlichen Verhaltens*. München, 89-117.

Interessenbasierte Moralbegründung in Ethik und Ökonomik *

Hartmut Kliemt

Die begründungstheoretischen Verflechtungen zwischen Moral und Interesse sind vielfältig und komplex. Da sie sich am Verhältnis zwischen normativer Ethik und normativer Ökonomik recht gut studieren lassen, bildet dieses Verhältnis den Ausgangspunkt der folgenden primär methodologischen Betrachtungen.

1. Hypothetische und kategorische Imperative der Normbefolgung und Normbegründung

Viele Diskussionen um das Verhältnis von Moral und Interesse leiden darunter, daß nicht hinreichend genau zwischen verschiedenen Ansprüchen unterschieden wird. Es sind insbesondere direkte normative Ansprüche (Du sollst x tun!) von Begründungsansprüchen (x ist gerechtfertigt, weil!) zu trennen und innerhalb dieser beiden Kategorien wiederum jeweils kategorische von hypothetischen Ansprüchen.

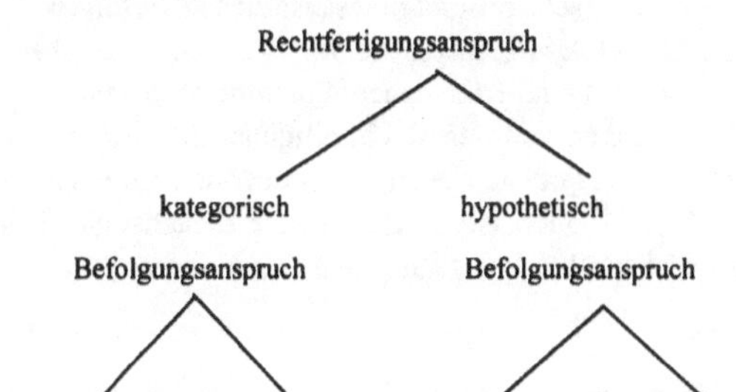

Fassen wir zusammen: Wir müssen unterscheiden, zwischen kategorischen bzw. hypothetischen Ansprüchen auf Normbefolgung einerseits und An-

* Ich danke Michael Baurmann für seine anregende und weiterführende Kritik.

sprüchen auf hypothetische bzw. kategorische Rechtfertigung von Normen andererseits.

1.1. Kategorische und hypothetische Normbefolgungsansprüche

Zunächst zu den direkten normativen Befolgungsansprüchen. Eine Norm wie „Auf dem Gang ist rechts zu gehen!" trat mir als Schüler eines traditionellen Gymnasiums noch mit dem kategorischen Anspruch auf Befolgung entgegen. Diese Norm wurde von der Lehrerschaft nicht als eine Empfehlung an die Schüler gerichtet. Sie besagte nicht, daß es für mich als Schüler vernünftig sei, rechts zu gehen, weil dies an unübersichtlichen Ecken für mich die Gefahr von Zusammenstößen vermindern würde. Der Sinn dieser Norm, war nicht der einer an mich gerichteten Empfehlung, meine eigenen Interessen an der Vermeidung solcher Zusammenstöße in geeigneter Weise zu verfolgen. Die Norm gebot mir ganz unabhängig von einer Bezugnahme auf meine Interessen, etwas zu tun. Sie war kategorisch in ihrem unbedingten Anspruch auf Befolgung.

Natürlich hätte mir jemand zur gleichen Zeit empfehlen können, diese Norm zu befolgen, weil ich sonst Gefahr lief, einem prügelnden Lehrer in die Hände zu laufen. Diese Empfehlung wäre unter Bezug auf mein Interesse an der Vermeidung von Ohrfeigen ausgesprochen worden. Sie hätte mich über eine geeignete Ohrfeigenvermeidungsstrategie in Form folgender Einzelnorm informiert: „Wenn Du Ohrfeigen vermeiden willst, dann befolge die Norm, ‚Im Gang ist rechts zu gehen!' !". Die letztere Empfehlung wäre eine hypothetische Einzelnorm gewesen, um der Strafvermeidung willen eine allgemeine Norm mit kategorischem Befolgungsanspruch zu befolgen.

Unterschiedliche Befolgungsansprüche von Normen gegenüber den direkten Normadressaten (das sind jene, denen die Normen etwas empfehlen oder gebieten) sind zu trennen von den Rechtfertigungsansprüchen von Normen. Diese Rechtfertigungsansprüche werden gegenüber den Adressaten der Rechtfertigung einer Norm erhoben. Als solche sind sie zunächst gänzlich unabhängig davon, mit welchem Befolgungsanspruch eine Norm auftritt.

1.2. Kategorische und hypothetische Normrechtfertigungsansprüche

Einer Schulleitung kann man etwa, um beim vorangehenden Beispiel zu bleiben, empfehlen, die Norm, „Im Gang ist rechts zu gehen!", zu erlassen, wenn sie daran interessiert ist, daß möglichst wenige Zusammenstöße zwischen Schülern auftreten. Diese Empfehlung benennt den Erlaß der kategorisch Befolgung verlangenden Norm als Mittel zu einem gegebenen Zweck der Schulleitung.

Wenn der Erlaß der Norm, ihre Durchsetzung im Schulalltag etc. geeignete Mittel zu den in der Rechtfertigung angesprochenen Zwecken sind, dann kann man die Norm selbst hypothetisch gerechtfertigt nennen. Die Rechtfertigung der Norm ist hypothetisch, weil die Wahl des Mittels nur so lange empfehlenswert ist, wie der Zweck, dem das Mittel dient, nicht in Fortfall gerät. Genau genommen hat man es in hypothetischen Normrechtfertigungen, sogar mit in zweifacher Hinsicht „hypothetischen" Beziehungen zu tun. Denn neben dem Fortfall der die Empfehlung rechtfertigenden Zwecke, kann es sich auch erweisen, daß die unterstellte empirische Beziehung zwischen den Mitteln und den Konsequenzen nicht besteht (d. h., es erweist sich, daß die empirischen Theorien über die Welt, die in die Ableitung der Empfehlung eingehen, nicht gelten.)

Wenn im folgenden von hypothetischen Normrechtfertigungen gesprochen wird, dann hebt das allerdings primär darauf ab, daß die in der Rechtfertigung angeführten rechtfertigenden Zwecke nicht selbst als „gültig" behauptet werden, sondern nur die Beziehung zwischen Zweck und Mittel. Hypothetische Normrechtfertigungen können Geltung nur gegenüber jenen beanspruchen, die de facto bestimmte Ziele verfolgen. Ihre Rechtfertigung ist in diesem Sinne strikt relativ zu partikularen Interessenlagen, die vorliegen können oder auch nicht. Viele Theoretiker glauben, über derartige Normrechtfertigungen hinausgehen zu können, indem sie den hypothetischen Normrechtfertigungen mit Immanuel Kant solche kategorischer Art gegenüberstellen.

Eine kategorische Normrechtfertigung erhebt den Anspruch, der Vernunft einsichtig zu sein, ohne sich auf eine instrumentelle oder Mittel-Zweck-Beziehung zu reduzieren. Sie wendet sich nicht nur an jene Individuen, die de facto bestimmte Prämissen akzeptieren, sondern universell an jedes vernünftige Wesen unabhängig von dessen Interessenlagen einfach, weil es ein vernünftiges Wesen ist. Für eine solche Theorie ist normative Geltung nicht in unseren Interessen (im weitesten Sinne), sondern in der Vernunft selbst verankert. Die Vernunft vermag nicht nur Geltungsansprüche hinsichtlich der Beziehungen zwischen Zwecken und Mitteln zu erheben, sondern auch mit Bezug auf die Zwecke selbst.

Wenn von kategorischen bzw. hypothetischen Imperativen die Rede ist, so geht es vor allem um die Begründungs- nicht die Befolgungsansprüche der betreffenden Normen. Selbstverständlich kommt es für den normativ-kategorischen Charakter eines Imperativs nicht auf die äußere Satzform an. „Wenn eine Person in Lebensgefahr gerät und man sie retten kann ohne Gefahr für das eigene Leben, dann soll man sie retten!" ist ein konditional formulierter Satz, der gleichwohl normativ kategorischen Status besitzen kann, weil man etwa annimmt, daß es für die Rettungspflicht nicht auf die Ziele des Adressaten dieses Imperativs ankommt. „Halte Versprechen ein!" gibt demgegenüber keine Bedingung an, erhebt aber dennoch möglicherweise seinem Status nach nur Anspruch auf eine hypothetische Begründetheit der Norm (weil beispielsweise in der Begründung auf Reputationseffekte für den Adressaten Bezug genommen wird).

Die Unterscheidung zwischen kategorischen und hypothetischen Rechtfertigungsansprüchen (im Unterschied zu Befolgungsansprüchen) von Normen ist von zentraler Bedeutung für jedes angemessene Verständnis des Verhältnisses von Moral und Interesse. Insoweit primär auf die Rechtfertigungsansprüche abzustellen, bedeutet allerdings nicht, daß Fragen der Normbefolgung und menschlichen Motivation unwichtig wären. Sie sind im Gegenteil von äußerster sozialer Bedeutung. Hier wird nur betont, daß sie von den Rechtfertigungsfragen zu trennen sind. – Betrachten wir nun das Verhältnis von Ethik und Ökonomik im Lichte der zuvor getroffenen Unterscheidungen.

2. Kognitivismus und Non-Kognitivismus

So, wie sich die Ökonomik als Wirtschaftstheorie von der Wirtschaft unterscheidet, so unterscheidet sich die Ethik als Moraltheorie von tatsächlicher Moral, Sitte und positivem Recht. Die Meta-Ethik spricht als Theorie höherer Stufe über Ethik. Sie ist demzufolge nach dem hier vorgeschlagenen (vom allgemein üblichen etwas abweichenden) Begriffsgebrauch eine Theorie über moralische *Theorien.* Vor allem zwei Fragenkomplexe behandelt eine so verstandene Meta-Ethik. Zum einen untersucht sie die Bedeutung solcher moraltheoretischer Begriffe wie „gut", „schlecht", „erlaubt", „verboten" etc.[1] Neben Untersuchungen dieser ersten Art, die lange Zeit im Vordergrund der sprachanalytischen angelsächsischen meta-ethischen Diskussion standen, tritt heute zum zweiten wieder vermehrt die Frage danach, mit welchen Methoden sich normative Thesen ethischer Theorien überhaupt begründen lassen. Diese begründungstheoretische Frage stellt sich nicht nur der ethischen, sondern jeder Theoriebildung, die normative Forderungen mit rationalem Begründungsanspruch erhebt. Die normative Ökonomik ebenso wie die philosophische Moraltheorie muß deshalb zu begründungstheoretischen Problemen Stellung nehmen.

Im gegenwärtigen Zusammenhang reicht es aus, zwei grundsätzliche Arten einer solchen Stellungnahme zu unterscheiden: Das eine methodologische Lager geht davon aus, daß die obersten Wertprämissen einer Moraltheorie nicht Gegenstand der Erkenntnis sein können und deshalb der Erkenntnis von Begründungsrelationen „extern" vorgegeben werden müssen. Das andere Lager behauptet, daß es wenigstens einige Normen gibt, deren Rechtfertigung Sache der Erkenntnis allein ist, deren Gültigkeit also ohne erkenntnisexterne

---

[1] Die Analyse der alltäglichen und alltagstheoretischen Gegenstücke der Begriffe der Ethik wird sich häufig nur unwesentlich von der der theoretischen Konzepte unterscheiden. Dennoch kann man die Fragestellungen auseinanderhalten.

normative Vorgaben demonstriert werden kann. Ansätze des ersten Typs werden im folgenden als *non-kognitivistisch* bezeichnet, während im zweiten Falle von *kognitivistischen* Ansätzen gesprochen wird.[2]

Non-Kognitivisten sehen die ethische Erkenntnis im allgemeinen auf die Aufstellung von Normen kluger *Interessen*wahrung beschränkt. Deshalb werde ich den Non-Kognitivismus im folgenden mit dieser begründungstheoretischen einschränkenden Nebenbedingung identifizieren. Die letzten oder obersten Werte, Affekte, Wünsche, Ziele, Ideale, Präferenzen etc. – von nun an unterschiedslos und leider aus Gründen der Knappheit manchmal auch etwas „schief" als *Interessen* bezeichnet – müssen der ethischen Theorie von außen vorgegeben werden. Sie sind nicht Gegenstand der theoretischen Erkenntnis.

Aus non-kognitivistischer Sicht ist die Rechtfertigung theoretischer normativer Empfehlungen letztlich darin verankert, daß die Rechtfertigungsadressaten de facto bestimmte Dinge wollen bzw. akzeptieren.[3] Die so verstandene ethische Theorie kann allenfalls erkennen, welche „letzten Werte" bei ihren potentiellen Adressaten vorhanden sind. Ob diese Werte selbst gerechtfertigt sind, muß sie offen lassen. Sie spricht darüber, was man klugerweise tun, welche Institutionen man klugerweise einrichten sollte, *wenn* man bestimmte Ziele, Werte, grundlegende Affekte hat. In diesem Sinne sind alle Normbegründungen hypothetisch und ihre Ergebnisse „bloß" hypothetisch gerechtfertigt. Aus dem selben Grunde sind alle Rechtfertigungen für den Non-Kognitivisten ausschließlich partikulärer Natur. Sie wenden sich nicht universell an jedes rationale Individuum, sondern nur an jene Individuen, die de facto bestimmte Prämissen akzeptieren.[4]

Die kognitivistische Auffassung von der Begründung ethischer Normen sieht das anders. Die Vernunfterkenntnis in der Ethik beschränkt sich ihr zufolge nicht auf Mittel-Zweck-Beziehungen, sondern richtet sich in irgendeiner

---

[2] Der Non-Kognitivismus mag dabei auf einer ontologischen Skepsis hinsichtlich der Existenz von Werttatsachen beruhen oder auf einer epistemischen hinsichtlich der Erkennbarkeit der Werttatsachen. Das kann offenbleiben, sofern für die moral(theoret)ische Auseinandersetzung jedenfalls angenommen wird, daß über *oberste* normative Prämissen nicht im Zuge einer intersubjektiven Erkenntnis entschieden werden kann.

[3] Dabei kann sich dieses Wollen auf allgemeine normative Ideale ebenso wie auf „materielle" Ziele richten. Es geht hier allein um den Status der Begründungsprämissen. Eine Theorie darüber, was die Menschen tatsächlich im allgemeinen wollen bzw. – man denke etwa an Meta-Präferenzen – im Sinne ihrer langfristigen Interessen „wollen sollten", wird hier nicht beansprucht, obschon zugestanden sei, daß es sich dabei um Fragen handelt, die für die Reichweite der vorgeschlagenen ethischen Theorien von großer Bedeutung sind.

[4] Der Status begründungstheoretisch partikulärer Rechtfertigungen ändert sich selbst dann nicht, wenn alle Individuen de facto ein bestimmtes Interesse teilen sollten. Denn die „Universalität" des Adressatenkreise bleibt ein kontingentes Faktum. Daß die Empfehlung bei jedem Adressaten geeignete Zwecke vorfindet, die dieser tatsächlich akzeptiert, kann sich jederzeit ändern. Einer solchen Änderung auf oberster Wertebene hat die non-kognitivistische Ethik keine rational begründbaren Argumente entgegenzusetzen. Denn nach non-kognitivistischer Auffassung stehen der Zulässigkeit der Änderung rationale Erkenntnisse als solche nicht entgegen.

Form auch auf die Zwecke selbst. Nicht jedes ethische Sollen setzt ein Wollen oder gegebenes Interesse voraus, mit dem die Begründungskette abbricht. Damit gelangt man zu einer einfachen Charakterisierung von kognitivistischen und non-kognitivistischen Auffassungen ethischer Erkenntnis: Die ersten behaupten, daß es jedenfalls gewisse kategorisch begründbare Normen und damit einen auf Erkenntnis allein gegründeten Teil der Ethik gibt. Die zweiten insistieren, daß alle rationalen Rechtfertigungen von präskriptiven Urteilen und Normen ausschließlich hypothetischer Art sind.

3. Begründungsprobleme normativer Urteile in Ökonomik und Ethik

Die Annahme, daß *ausschließlich* hypothetische Normrechtfertigungen Anspruch auf Rationalität erheben können, ist in der praktischen Philosophie höchst umstritten. In der Ökonomik hingegen wurde zumindest seit Mitte dieses Jahrhunderts fast ausnahmslos eine entsprechende These akzeptiert. Diese Selbstbeschränkung schien den Ökonomen erforderlich, um eine intersubjektive Prüfbarkeit ihrer Argumente zu sichern. Sie gehen seither überwiegend davon aus, daß sie normative Vorschläge nur im Hinblick auf gegebene Zwecke, Ziele oder Interessen der Adressaten ihrer Argumente rechtfertigen können. Die Fachkompetenz des Ökonomen reicht aus, Mittel oder Instrumente „kluger" Zielverfolgung anzugeben. Über die Akzeptabilität der Ziele muß er als Wissenschaftler schweigen. Normative Argumentationen mit fachwissenschaftlichem Anspruch müssen in bestimmten normativen Voraussetzungen, die einfach als akzeptierte Fakten gegeben sind, verankert werden.

Ökonomen sprechen deshalb davon, daß sich die Ökonomik mit der Verwendung knapper Mittel zur Erreichung vorgegebener konkurrierender Zwecke befaßt. Sie betonen, daß sie jedenfalls in ihrer Rolle als Wissenschaftler die Zwecke nicht selbst noch einer Bewertung unterziehen können. Die Wirtschaftssubjekte wollen ihre Ziele, welche das auch immer sein mögen, selbst möglichst weitgehend erfüllt wissen. Dem ordnet sich der Ökonom als Wissenschaftler unter. Soweit Ökonomen an normativen Fragen interessiert sind, sehen sie sich in der Rolle des technischen Beraters dessen, der gewisse Ziele im Rahmen seiner Möglichkeiten realisieren möchte. Um diese Rolle optimal ausfüllen zu können, müssen sie sich so weit wie möglich eigener Wertungen enthalten. Normative ökonomische Theorie wird ein Fundus von Empfehlungen, wie sich Ziele besonders gut erreichen oder die besten Wege zum Ziel methodisch bestimmen lassen, wobei offen bleibt, der Erreichung welcher Ziele der entwickelte theoretische Apparat letztlich dienstbar gemacht wird.

Die non-kognitivistische Ethik hat es seit Hobbes ebenfalls mit Mittel-Zweck-Relationen zu tun. Wie die Ökonomik geht sie überdies in ihrem Begründungsdenken regelmäßig von der Prämisse individuell-rationaler Interessenverfolgung aus. Von daher liegt es nicht nur nahe, Hobbes als den Stammvater der modernen normativen Ökonomik zu betrachten, sondern auch große Teile der neueren Mikroökonomik als Methode der Ethik heranzuziehen. So, wie es eine ökonomische Theorie des Rechts gibt, so könnte es auch eine ökonomische Theorie tatsächlicher moralischer Institutionen wie der des Versprechens aber auch der *moralischen Rechtfertigung* politisch-rechtlicher Institutionen geben. Und tatsächlich entwickeln sich heute ja genau solche Theorien in einem interdisziplinären Prozeß.

Kurzum: Aus Sicht einer non-kognitivistischen meta-theoretischen Begründungslehre bricht die Grenzlinie zwischen Ethik und Ökonomik zusammen. Im Rahmen der normativen Ökonomik lassen sich grundsätzlich alle Fragen der non-kognitivistischen Ethik behandeln. Insoweit kann der ökonomische Imperialismus zur Eroberung auch des traditionellen Territoriums der Ethik ansetzen und Moralrechtfertigungen auf gegebene Interessen stützen.

Selbst dann jedoch, wenn man nicht von einer Reduzierbarkeit der nonkognitivistischen Ethik auf Ökonomik ausgeht, steht Ökonomen, die an einer Zusammenarbeit von Ethik und Ökonomik interessiert sind, der Weg zu nonkognitivistischen Ethikauffassungen offen. Manchen Fachökonomen geht es aber heute gar nicht um diese interdisziplinäre Orientierung und den Zugang zu bestimmten Fragestellungen außerhalb der traditionallen Ökonomik. Sie wollen vielmehr in der Behandlung normativer Fragen jene zum harten Kern ihres eigenen neo-klassischen Forschungsprogramms gehörige methodische Norm, die ihnen verbietet, über hypothetische Rechtfertigungen hinauszugehen, aufgeben. Um im Bilde zu bleiben, könnte man sagen, daß sie eher Teile ihres eigenen Territoriums erobern lassen wollen, als selbst neue Gebiete zu erobern.

Angesichts des Rufes, den Ökonomen mittlerweile in den sozialtheoretischen Nachbardisziplinen genießen, ist das eher überraschend. Tatsache ist jedoch, daß Ökonomen sich vermehrt der kognitivistischen philosophischen Ethik zuwenden. Sie erhoffen sich von dieser offenkundig die Bereitstellung fundamentaler Wertsetzungen, die ihnen eine stärkere normative Theoriebildung als mit traditionellen ökonomischen Methoden erlauben. Solche Ökonomen, die sich eine Verbreiterung der Wertbasis der normativen Ökonomik wünschen, neigen allerdings dazu, darüber die Intersubjektivitätsfrage, die für die methodische Entwicklung ihrer eigenen Disziplin von ausschlaggebender Bedeutung war, aus dem Auge zu verlieren. Die Intersubjektivitätsfrage stellt sich jedoch in der Ethik ebenso wie in der Ökonomik. Alle methodologischen Gründe, die für eine Beschränkung normativer Argumente auf hypothetische Imperative kluger Interessenwahrung *in* der Ökonomik sprechen mögen, legen eine entsprechende Beschränkung rationaler Diskussion auch *außerhalb* dieser Disziplin nahe.

Jedenfalls für *den* Ökonomen, der glaubt, gute Gründe für eine entsprechende Einschränkung in der Ökonomik zu haben, ist es ziemlich zwingend, auch die philosophische Ethik auf hypothetische Normrechtfertigungen beschränkt zu sehen. Wenn der Ökonom hingegen annehmen möchte, daß man in der philosophischen Ethik Intersubjektivität auch ohne eine Beschränkung des normativen Argumentes auf hypothetische Imperative kluger Interessenwahrung sicherstellen kann, dann muß er sich fragen lassen, warum in der Philosophie auf einmal möglich sein soll, was für die Ökonomik selbst ausgeschlossen wird. Entweder ist eine wissenschaftlich intersubjektive Diskussion auch letzter Wertungen möglich oder sie ist es nicht. Ist sie möglich, so sollte sie in allen Disziplinen in gleicher Weise möglich sein.

Im letzteren Falle wäre die methodologische Begründung für eine Selbstbeschränkung der normativen Ökonomik auf hypothetische Rechtfertigungen hinfällig. Wenn Intersubjektivität überhaupt in der Diskussion kategorischer normativer Behauptungen gewahrt werden könnte, dann können diese Behauptungen auch *in* der Ökonomik begründet werden, ohne die Intersubjektivität und Wissenschaftlichkeit der Disziplin in Frage zu stellen. Diejenigen Ökonomen, die eine kritische Diskussion derartiger Behauptungen aus der Ökonomik verbannen, zugleich aber von ihnen als rational begründeter normativer Vorgaben Gebrauch machen wollen, verhalten sich bestenfalls inkohärent; schlimmstenfalls camouflieren sie nur ihre eigenen moralischen Steckenpferde durch Berufung auf philosophische Autoritäten.

Wir können nach alledem festhalten, daß unter einer kognitivistischen Auffassung von der Begründbarkeit normativer Urteile der prinzipielle methodische Unterschied zwischen Ökonomik und Ethik ebenso wie unter einer non-kognitivistischen Begründungslehre zusammenbricht. Denn unter kognitivistischen Vorzeichen sollte man fundamentale Wertfragen *in* der Ökonomik wissenschafltich rational behandeln können, ohne die Intersubjektivität und Wissenschaftlichkeit der Ökonomik dadurch zu gefährden. Irgendwelche methodologisch motivierten Berührungsängste gegenüber der Behandlung ethischer Fragen sind deshalb ungerechtfertigt, wenn der Kognitivismus zutreffen sollte. Ist hingegen der Non-Kognitivismus zutreffend, so sind – wie zuvor festgestellt – ohnehin alle intersubjektiv diskutablen normativen Fragen prinzipiell mit den Mitteln der (normativen) Ökonomik behandelbar und eine Berührungsangst sollte insoweit gar nicht erst aufkommen.

Die traditionelle Auffassung, daß die Möglichkeit einer Zusammenarbeit von Ökonomik und Ethik entscheidend davon abhängt, ob der meta-ethische Non-Kognitivismus Recht hat oder nicht, ist zurückzuweisen. Nach den vorangehenden Überlegungen muß die Möglichkeit einer interdisziplinären Zusammenarbeit zwischen normativer Ethik und normativer Ökonomik in jedem Falle bejaht werden gleichgültig, ob nun der Non-Kognitivismus oder der Kognitivismus akzeptiert wird. Sofern man beiden Disziplinen in kohärenter Weise die gleiche meta-theoretische Begründungskonzeption zugrundelegt, kann diese Zusammenarbeit durchaus eine wissenschaftliche Arbeitsteilung beinhalten. Unzulässig ist es aber, die Arbeitsteilung mit unterschiedlichen Modellen normativer Rechtfertigung zu verknüpfen.

Kurzum: Gleichgültig, ob der meta-theoretische Kognitivismus oder der meta-theoretische Non-Kognitivismus zutrifft, in jedem Falle gibt es keine scharfe begründungstheoretische Grenze zwischen normativer Ethik und normativer Ökonomik.

Es scheint durchaus plausibel, daß der Charakter normativer Disziplinen davon abhängt, welche Nebenbedingungen man dem normativen Argument auferlegt. Es ist jedenfalls immer wieder behauptet worden, daß in der konkreten Begründung von Normen grundsätzliche Unterschiede zwischen non-kognitivistischen und kognitivistischen Ansätzen auftreten. Vor allem wurde argumentiert, daß eine bloß hypothetische Normbegründung, die mit dem traditionellen ökonomischen Begründungsmuster vereinbar ist, nicht „ausreiche", um zufriedenstellende normative Kriterien zur Beurteilung grundlegender moralischer bzw. politisch-rechtlicher Institutionen bereitzustellen. Deshalb gilt es, in einem nächsten Schritt zu untersuchen, wie weit eine non-kognitivistische und insoweit ökonomische normative Theorie grundsätzlicher gesellschaftlicher Institutionen reichen kann.

4. Die angebliche Unzulänglichkeit der non-kognitivistischen Ethik

Die überwiegende Zahl zumindest der deutschen praktischen Philosophen argumentiert, es sei unmöglich auf non-kognitivistischer Basis und damit in den methodologischen Grenzen normativer Ökonomik eine zufriedenstellende ethische Theorie gesellschaftlicher, insbesondere politisch-rechtlicher Institutionen zu erreichen. Ihnen hat sich mittlerweile eine beträchtliche Anzahl von Ökonomen, die die moralische Aufrüstung ihres Faches betreiben möchten, angeschlossen. Diese Kritiker erheben meist vier Einwände:

Erstens wenden sie ein, eine interessenbasierte partikularistische Theorie, welche ich hier der Einfachheit halber als Prototyp der non-kognitivistischen Ethik gewählt habe, sei grundsätzlich egoistisch. Das ist trivial falsch, da beliebige faktische Interessen, seien sie nun altruistischer oder egoistischer Natur von dieser Theorie zugelassen werden. Alles, was verlangt wird, ist die faktische Akzeptanz „letzter Ziele" durch die Rechtfertigungsadressaten.

Zweitens behaupten sie, non-kognitivistische Theorien würden der rationalen Grundlegung entbehren. Das ist eine petitio principii, da der Non-Kognitivist gerade jede Form der Ethik-Begründung, die über hypothetische Rechtfertigungen hinausgeht, für unmöglich hält. Der Non-Kognitivist mag mit dieser Auffassung zwar Unrecht haben. Dafür müßte der Kognitivist jedoch eigens argumentieren. Der Kognitivist darf jedenfalls nicht einfach so tun, als handele es sich bei seinen eigenen Rationalitätsstandards um die auch vom Non-Kognitivisten anerkannten. Der Streit geht ja gerade um Charakter und Grenzen dieser Standards.

Drittens hört man immer wieder, wenn man in der Rechtfertigung von gegebenen Interessen ausgehe, müsse man alle Interessen gleichermaßen akzeptieren. Einem Hitler oder Stalin habe man nichts entgegenzusetzen. Auch dieses Argument wird durch ständige Wiederholung nicht besser. Denn derjenige, der de facto andere Ziele oder Ideale als ein Hitler oder Stalin hat, der hat möglicherweise allen Grund, gegen solche Individuen vorzugehen. Das gilt vor allem auch und gerade für den Non-Kognitivisten, der keineswegs glaubt, daß man die Ziele und Autonomie anderer Individuen absolut tolerieren müsse. Im Gegenteil erlaubt es seine Begründungskonzeption, instrumentelle Vorschläge auszuarbeiten, wie man in Verfolgung aus seiner Sicht besserer Ziele, gegen die Verwirklichung aus seiner Sicht verwerflicher Ziele anderer vorgehen kann. Daß sich die anderen ebenso beraten lassen können, stimmt zwar, ändert aber nichts an der Tatsache, daß die „instrumentelle Vernunft“ nicht nur – wie das häufig suggeriert wird – zum Schlechten, sondern ebenso zum Guten wirken kann. Darin gleicht sie völlig jenen ausgreifenderen Konzeptionen von Vernünftigkeit, die zwar den Anspruch auf kategorische Rechtfertigung ihrer Vorstellungen erheben, doch keineswegs garantieren können, daß dieser Anspruch bereits sicherstellt, daß es sich um „gute Inhalte“ handelt. Was sich schließlich durchsetzt, ist überdies in beiden Fällen unterschiedslos eine Frage faktischer Durchsetzungsmacht.

Das führt zu dem vierten Standardeinwand, die non-kognitivistische Ethik reduziere sich auf technische Beratung darüber, was man im Machtkampf aufgrund der je eigenen Interessen anstreben sollte. Sie sei Macchiavellismus und von daher keine ernstzunehmende Moraltheorie.

In diesem Einwand wird erstens im allgemeinen stillschweigend vorausgesetzt, daß empirisch gesehen Macchiavellismus schlechte Wirkungen hat. Das scheint jedoch keineswegs selbstevident zu sein.[5] Zweitens ist es eine Faktenfrage, ob man die gesellschaftlichen Abläufe als Machtkampf zu begreifen hat oder nicht. Ich sehe nicht, wie an diesen Tatsachen, wenn es denn welche sind, durch irgendeine methodologische Annahme etwas geändert werden könnte. Ob der Non-Kognitivismus wahr oder falsch ist, ist ebenso eine Tatsachenfrage, wie die Frage danach, ob „die Welt“ letztlich von einem bloßen Machtkampf partikularer Interessen bestimmt wird. Die Bewertung

[5] Macchiavelli selbst hätte das bestritten. Er ist im *principe* eindeutig der Auffassung, daß die Umsetzung seiner Theorie durch einen tatkräftigen Fürsten insbesondere im Italien seiner Zeit zu wünschenswerten Ergebnissen führen würde. Denkt man daran, in welchem Maße die neuzeitlichen großen Menschheitsverbrechen auf dem beruhen, was Hannah Arendt treffend als die „Selbstlosigkeit der Massen“ charakterisierte, so muß man folgern, daß eine nüchterne Kalkulation von Interessen auf Seiten der Beherrschten sicher nicht zu einer Verschlechterung geführt hätte.

dieser Tatsachen nach den Standards irgendeiner Moraltheorie wird als solche an den Tatsachen nichts ändern.

Eine non-kognitivistische Begründungskonzption, die moralische Urteile und Normen aus gegebenen Partikularinteressen begründen will, scheint nach alledem immun gegenüber den vorerwähnten Standardeinwänden. Zugleich ist jedoch festzustellen, daß auch das Standardargument, das im allgemeinen zu Gunsten non-kognitivistischer, interessenbasierter Moralbegründungen angeführt wird, nicht zutrifft. Die Frage, warum man die so begründeten Moralnormen tatsächlich befolgen solle, wird nämlich nicht „automatisch" mitbeantwortet. Der geradezu sprichwörtliche Gegensatz zwischen Moral und Interesse verschwindet nicht, weil die Moral durch Interessen begründet wird. Diese gängige und zunächst naheliegende These ist ebenso zu kurzgegriffen wie die konventionelle Kritik an interessenbasierten Moralkonzeptionen. Wir begegnen hier dem scheinbaren Paradox, daß wir typischerweise kein individuell handlungswirksames Interesse an der Realisierung von Moralnormen nehmen, deren Existenz wir aus unserem eigenen Interesse heraus wünschen sollten.

5. Interessenbasierte non-kognitivistische Moraltheorie als Theorie von Wunschgründen

Die Römer waren sich bereits des Unterschiedes zwischen Wunsch- und Handlungsgründen bewußt. Eines ihrer vielen lebenspraktischer Weisheit Ausdruck verleihenden Sprichworte lautete: „video meliora proboque deteriora sequor" – „Ich sehe das Bessere *und* heiße es gut, dem Schlechteren werde ich folgen." Thomas Hobbes sagte ganz ähnlich, seine hypothetischen Imperative kluger Interessenwahrung verpflichteten „nur in foro interno zu dem Wunsche, daß sie gelten mögen". Jene hypothetischen Imperative also, die er als „Gesetze der Natur" bezeichnete, geben uns nur an, was wir uns klugerweise realisiert *wünschen* sollten, falls wir de facto überleben möchten, nicht jedoch, was wir klugerweise „in foro externo" tun sollten, um das, was wir zufolge dieser Einsicht realisiert wissen wollen, auch tatsächlich zu realisieren.

Das, was rationalerweise wünschenswert ist, wird nicht allein *deshalb* auf der Ebene menschlicher Handlungsgründe rational realisiert werden. Diese Einsicht ist für ein angemessenes Verständnis des Verhältnisses von Moral und Interesse von fundamentaler Bedeutung. Dennoch hat die Hobbessche Unterscheidung bis heute nicht die Beachtung gefunden, die ihr gebührt. Worauf sie hinausläuft, das kann man leicht an der Elementarstruktur eines Gefangenen-Dilemmas illustrieren.

Das Gefangenen-Dilemma (vgl. dazu auch Hegselmann in diesem Band) ist durch das Aufeinandertreffen zweier Rationalitätsprinzipien charakterisiert:

des schwachen Pareto-Prinzips, wonach ein Zustand, zu dem es einen anderen gibt, in dem sich jeder einzelne besser stehen würde, rationalerweise vermieden werden sollte und des Dominanz-Prinzips, wonach ein Individuum eine Handlung, die unabhängig von dem, was außerhalb seines eigenen Einflußbereiches geschieht, stets zu besseren Folgen als eine Vergleichshandlung führt, der Vergleichshandlung rationalerweise vorziehen sollte. Individuen, die sich geleitet von der unsichtbaren Hand ihres Interesses an das Dominanzprinzip halten, enden in einem „paretoinferioren" Zustand. Dieser ist dadurch charakterisiert, daß der Nutzen jedes einzelnen geringer ist als der für jeden einzelnen mögliche Nutzen; d. h. jeder einzelne könnte sich besser stehen als in dem individuell-rational aufgrund des Dominanzprinzips realisierten Zustand.

Wenn vielen dieses Ergebnis als paradox erscheint, dann vermutlich deshalb, weil sie eine implizit in die Konstruktion des Gefangenendilemmas eingehende Prämisse individuell-rationalen Verhaltens vernachlässigen. Nach dieser für jeden rechtverstandenen Rationalwahlansatz zunächst konstitutiven Prämisse, die ich als „Interventionsprinzip" bezeichnen möchte, muß der rational Handelnde genau zwischen dem unterscheiden, was er durch sein Handeln – durch seine Interventionen – kausal beeinflussen kann, und dem, was sich seinem Kausaleinfluß entzieht. Überdies wird verlangt, daß er in der Handlungswahl jeweils allein auf die Kausalfolgen jeder *Einzel*handlung abstellt. Man hat es hier gleichsam mit einem zweifachen Individualismus zu tun, indem es zum einen um Handlungen *von Individuen* und zum anderen um jeweils einzelne, in diesem Sinne „individuelle" Handlungen und *nicht* ganze Handlungsklassen geht.

Im Zwei-Personen-Gefangenen-Dilemma können die Individuen erkennen, daß sie guten Grund haben, sich zu wünschen, daß sie beide das Dominanzprinzip verletzen. Die Analyse der Situation macht ihnen Wunschgründe für die Erlangung einer Pareto-Verbesserung gegenüber dem Gleichgewichtszustand einsichtig. Die Verletzung des Dominanzprinzips würde beider individuellen Nutzen steigern. Wenn man die Abweichung von der dominanten Strategie dennoch nicht als individuell-rational ansieht, dann deshalb, weil man Rationalität primär über das Interventionsprinzip und nicht über das Konzept der Nutzenmaximierung versteht. Nutzenmaximierung ist eines, individuelle Rationalität in der Erlangung des Nutzens jedoch ein anderes Problem.

Die begriffliche Unterscheidung zwischen Wunsch- und Handlungsgründen spiegelt diese Differenz wider. Die Moraltheorie kann dementsprechend gute Gründe präsentieren, warum man sich wünschen sollte, daß etwas der Fall sein möge, zugleich jedoch anerkennen, daß das einzelne Individuum ungeachtet der besseren Einsicht (video meliora) keinen guten Grund hat, etwas dafür zu tun. Die ethische Theoriebildung ist primär als eine Theorie der Wunschgründe zu begreifen. Nicht das „Was soll ich tun?" Kants, sondern ein

„Was sollte ich mir wünschen, daß es getan würde?“ rückt in das Zentrum der Diskussion und der Blick richtet sich automatisch auf die einzurichtenden Institutionen. Die Regeln einer „Handlungsordnung“ nicht die persönliche Verantwortlichkeit für individuelles Handeln unter einer derartigen Ordnung bilden dann richtigerweise den Hauptgegenstand der Aufmerksamkeit des Moraltheoretikers.

Die Unterscheidung zwischen Wunsch- und Handlungsgründen bzw. den entsprechenden unterschiedlichen theoretischen Unternehmungen verläuft weitgehend quer zu traditionellen Unterscheidungen wie etwa der zwischen sogenannter „Gesinnungs- und Verantwortungsethik“ oder der zwischen „teleologischen und deontologischen“ Ethikkonzeptionen. Sie verläuft aber auch quer zu der zuvor betonten Unterscheidung zwischen kognitivistischen und non-kognitivistischen ethischen Theorien. Non-kognitivistische von de facto gegebenen Interessen ausgehende Theorien des moralisch Wünschenswerten sind nicht prinzipiell handlungsnäher als kognitivistische. Der Vergleich einer auf Partikularinteressen gegründeten interessenbasierten Theorie mit einem utilitaristischen, am Gemeinwohl orientierten Ansatz mag das verdeutlichen.

Beide Theorien erheben die Konsequenzen des Handelns zum Maßstab des moralisch Rechten. Der Utilitarismus ist darüber hinaus in seinem fundamentalen Rechtfertigungsanspruch nicht nur kognitivistisch, sondern auch universalistisch. Denn die Norm, die Interessen aller Betroffenen gleichberechtigt so zu berücksichtigen, daß ein maximaler Nutzen erreicht wird, rechtfertigt er nicht selbst noch durch Rückgriff auf partikulare, de facto gegebene Interessen. (Ein entsprechender vormals recht populärer „Beweis“ für den Utilitarismus ist heute zu Recht selbst unter Utilitaristen unpopulär.) Der Utilitarist erhebt vielmehr mit Bezug auf seine Fundamentalnorm transsubjektive Ansprüche. Er kann deshalb bspw. im Gefangenen-Dilemma sinnvoll von einem Widerspruch zwischen transsubjektiver, kollektiver auf der einen und subjektiver, individueller Rationalität auf der anderen Seite sprechen. Der non-kognitivistische ethische Partikularist kann das nicht. Er kann nur nach Maßstäben individueller Rationalität feststellen, daß Individuen im Gefangenendilemma sämtlich je für sich guten Grund haben, sich zu wünschen, daß die Dominanz der Handlungsgründe für die unkooperative Alternative durchbrochen wird. Denn das hätte für jeden einzelnen je für sich gute Folgen.

Ungeachtet dieser argumentativen Differenzen unterscheiden sich die beiden Ansätze jedoch mit Bezug auf das Motivationsproblem nicht. Beide können zwar aufzeigen, wo die „Bonanza“ sozialer Kooperation liegt, die man heben könnte, sollte es gelingen, gewissen moralischen bzw. rechtlichen Institutionen reale Wirksamkeit zu verleihen. In beiden Fällen gibt die ethische Theorie jedoch unterschiedslos nur Wunschgründe an und keineswegs Handlungsgründe. Eine auf „instrumentelle“ Vernunft „reduzierte“ non-kognitivistische Ethik kann daher, wird sie als Theorie von Wunschgründen formuliert, ebenso wenig wie jede andere ethische Theorie der Frage nach ihrer eigenen Wirksamkeit ausweichen. Auch sie muß die Frage beantworten, warum man tatsächlich moralisch handeln und sich nicht nur die Existenz einer moralischen Ordnung wünschen sollte. *Dieses* Problem löst eine Interessenbasierung der Moral nicht.

6. Schlußbemerkungen

Nach traditioneller Auffassung der Anhänger einer interessenbasierten Moraltheorie sollten wir unsere Institutionen so einrichten, daß unter den institutionellen Regeln Moral und Eigeninteresse möglichst zusammenfallen. Natürlich gilt es, das von Bruno Frey in diesem Sammelband herausgestellte Problem zu beachten, daß „intrinsische" Motivation zu moralisch erwünschtem Verhalten durch „extrinsische" Anreize zerstört werden kann. Natürlich muß man die von Michael Baurmann, Rudolf Schüßler und Reinhard Zintl in ihren Beiträgen diskutierten Sozialisationsprozesse beachten, in denen Individuen allererst ihre faktisch wirksamen Verhaltensdispositionen erwerben. Dennoch sollte jede interessenbasierte Moraltheorie darauf Wert legen, daß das moralisch Erwünschte *möglichst* unabhängig von einer intrinsischen Motivation realisiert werden kann. Daß wir guten Grund haben, uns eben dies zu wünschen, ist selbst eine moraltheoretische Einsicht, die von leidvollen Erfahrungen des Alltags ebenso wie vom Scheitern aller auf gegenteiligen Annahmen fußenden Sozialexperimente gestützt wird.

Keine moraltheoretische Konzeption kann allerdings ganz ohne intrinsische Motivation realisiert werden. Auf irgendeiner Ebene des gesellschaftlichen Interaktionsprozesses müssen Individuen nach den Normvorschlägen der Theorie handeln. Mindestens einige müssen wenigstens zeitweilig und in gewissen Kontexten die ihnen von der Theorie vorgestellten Wunschgründe zu realen Handlungsgründen machen. Die Theorie muß, um realweltlich wirksam zu werden, zum realen Handlungsmotiv werden. Was das anbelangt lassen sich non-kognitivistische, auf Wunschgründe abstellende Moraltheorien nicht prinzipiell leichter umsetzen als kognitivistische Theorien.

Wenn man die Ebene quasi-funktionalistischer Untersuchungen von Wunschgründen verläßt und sich auf die Ebene konkreter Handlungsgründe begibt, dann tritt, solange wir auf dem Boden des neo-klassischen ökonomischen Rationalitätsmodells verbleiben wollen, das Interventionsprinzip wiederum in sein volles Recht. Wir müssen fragen, auf welche Weise ein ökonomisches Verhaltensmodell die Wirksamkeit ethischer Überlegungen aus dem Bereich der Wunschgründe auf Handlungsgründe überhaupt zulassen kann.[6] Es wird deshalb notwendig sein, gewisse Prämissen des auf einzelfallbezogene Rationalwahl gestützten ökonomischen Verhaltensmodells aufzuweichen. Da die Untersuchung von regelbefolgendem Verhalten, das die Wirkungen der Regelbefolgung nicht in jedem Einzelfall kalkuliert, unter Ökonomen in vollem Gange ist, dürfen wir einige Hoffnung hegen, daß sich in der Zukunft ein – wie ich sagen würde – realistischeres ökonomisches Verhaltensmodell ausbildet, das auch nicht-einzelfolgenorientiertem individuellem Verhalten Raum bietet, ohne die grundsätzliche Einheitlichkeit des ökonomischen Rationalmodells kasuistischer Beliebigkeit anheimzugeben. Dann können wir darauf hoffen, eine ökonomische Theorie zu bilden, die neben den zuvor behandelten normativen Aspekten möglicherweise auch in kohärenter Weise das Verhalten nach akzeptierten Standards im Gegensatz zu einem einzelfallkalkulierenden Verhalten inkorporiert. Diese Theorie würde dann den Anspruch des ökonomischen Verhaltensmodells als Grundlage einer universellen Theorie des menschlichen Verhaltens dienen zu können, untermauern. Sie würde uns zweifellos auch zu einem neuen, tieferen Verständnis des Verhältnisses von Moral und Interesse führen.

---

[6] Natürlich gehört auch die ganze Diskussion um das sogenannte Hobbessche Ordnungsproblem in diesen Zusammenhang; wobei allerdings zu bemerken ist, daß die Gegner des Rationalwahlmodells ohne Hobbes und seine Nachfahren überhaupt nicht wissen würden, worin dieses Probelm besteht. Hier sollte man den ökonomischen Ansatz soweit nur irgend möglich verteidigen – aber eben auch nicht weiter.

Moral und Interesse, Ethik und Ökonomik

Viktor Vanberg

Wenn man über das Verhältnis zwischen Ethik und Wirtschaftswissenschaft nachdenkt, so könnte man geneigt sein, es als einen Spezialfall des Verhältnisses zwischen Ethik und Erfahrungswissenschaft zu interpretieren. In ähnlicher Weise wie etwa die Physik oder die Chemie stellt die Wirtschaftswissenschaft demnach empirische Hypothesen über den von ihr untersuchten Realitätsbereich auf, die uns darüber informieren, was wir faktisch tun können, während die Ethik mit der Frage befaßt ist, was – von dem, was wir tun können – wir tatsächlich tun sollten bzw. nicht tun sollten. Mit anderen Worten, während die Ökonomik im Sinne dieser Interpretation als Erfahrungswissenschaft über faktisch bestehende Handlungsmöglichkeiten informiert, sucht die Ethik die normativen Grenzen zu bestimmen, die wir uns im Rahmen unserer Handlungsmöglichkeiten auferlegen sollten. Bei weiterem Nachdenken wird freilich recht bald deutlich, daß die angesprochene Arbeitsteilung zwischen positiver und normativer Analyse zwar zwischen Naturwissenschaften und Ethik einigermaßen klar durchzuführen ist, daß sie aber für das Verhältnis zwischen Ethik und Wirtschaftswissenschaft fragwürdig erscheint. Das Verhältnis zwischen diesen beiden Disziplinen ist eher durch gespannte Rivalität denn durch entspannte Arbeitsteilung geprägt, durch ein Spannungsverhältnis, für das es historische und systematische Gründe gibt.

1. Zur traditionellen Auffassung vom Verhältnis zwischen ökonomisch rationalem und ethisch rechtem Handeln

Zu erinnern ist hier zunächst an einen wissenschaftshistorischen Sachverhalt. Die moderne Wirtschaftswissenschaft hat ihre Wurzeln in der Moralphilosophie, genauer, in der angelsächsischen Moralphilosophie des 18. Jahrhunderts. Als Pendant zur *Naturphilosophie* war die damalige *Moralphilosophie* eine umfassende Lehre vom menschlichen Zusammenleben, eine Art allgemeine Sozialwissenschaft, der die disziplinäre Spezialisierung der modernen Sozialwissenschaften noch ebenso fremd war wie der Gedanke einer strikten Trennung zwischen erklärender Sozialwissenschaft und normativer Ethik oder Moralphilosophie im engeren, modernen Sinne. Ethisch-normative und realwissenschaftliche Analyse waren eng miteinander verbunden, ein Umstand, der – um ein prominentes Beispiel anzuführen – etwa daraus erhellt, daß es Adam Smith in seinem Hauptwerk nicht um die bloße Darlegung analytischer Zusammenhänge ging, sondern darum, in durchaus praktischer Absicht über die „Natur und Ursachen des Wohlstandes der Nationen"aufzuklären, und daß er sich in seinem zweiten Hauptwerk mit der „Theorie der ethischen Gefühle" befaßt hat.

Ist es einerseits ihr wissenschaftsgeschichtliches Erbe, das Ethik und Ökonomie in ein engeres Verhältnis bringt als etwa Ethik und Physik, so gibt es andererseits auch systematische Gründe dafür, daß sich zwischen Ethik und Wirtschaftswissenschaft jene Art von gespanntem Mißtrauen bemerkbar macht, wie es für Nachbarn mit Grenzunklarheiten typisch ist. Während die Berührungspunkte zwischen Ethik und Naturwissenschaften im wesentlichen in den Bereichen der technologischen Umsetzung und der Forschungspraxis liegen, nicht jedoch im spezifischen Erkenntnisbereich der naturwissenschaftlichen Fachdisziplinen selbst, so haben Ethik und Ökonomie einen gemeinsamen Gegenstand, nämlich menschliches Handeln. Das Objekt, auf das sich das Erkenntnisinteresse des Ökonomen richtet, ist dasselbe menschliche Verhalten, das der Ethiker in wertender Absicht analysiert, wobei die Abgrenzung ihrer jeweiligen Fragestellungen nicht immer völlig eindeutig erscheint. Nach verbreitetem Selbst- und Fremdverständnis der Ökonomik dürfte eine solche Abgrenzung allein schon deshalb Probleme aufwerfen, weil die in wirtschaftswissenschaftlichen Argumenten durchaus gängige Berufung auf das Konzept *ökonomischer Rationalität* oder *Effizienz* bereits ein Beurteilungskriterium mit eigenem normativem Gewicht zu implizieren scheint, ein Kriterium, das von ethischen Kriterien losgelöst scheint und mit diesen möglicherweise in Konflikt geraten kann.

Nach gängigem Verständnis ist die Ökonomie die Wissenschaft, die menschliches Handeln unter dem Gesichtspunkt der rationalen Verwendung knapper Ressourcen für die Verfolgung konkurrierender Ziele und Interessen betrachtet. Dabei wird die Annahme *rationalen Handelns* einerseits als Verhaltenshypothese verstanden, die zur Erklärung jeglichen menschlichen Handelns herangezogen werden kann, andererseits wird von ökonomischer Rationalität aber auch im Sinne eines Maßstabes gesprochen, den man an beobachtetes Verhalten herantragen kann. Als „ökonomisch rational" gilt danach ein Handeln, das knappe Ressourcen zweckmäßig einsetzt, d.h. im Sinne einer bestmöglichen Realisierung der von dem Handelnden verfolgten Ziele oder Interessen. Benutzt man eine solche Vorstellung von ökonomischer Rationalität als Maßstab der Handlungsbeurteilung, so ist das implizierte Bewertungskriterium offensichtlich rein instrumenteller Natur. Ob ein Handeln ökonomisch rational ist, bemißt sich daran, ob die gewählte Ressourcenverwendung im Hinblick auf die jeweiligen Ziele und Absichten des Handelnden zweckdienlich ist.

Der Kontrast zwischen einer solchen Vorstellung von ökonomischer Rationalität und einer ethischen Sichtweise scheint augenfällig. Der Ethik geht es, so würde wohl die gängige Interpretation lauten, nicht um die Frage, ob ein Handeln aus der Sicht des Akteurs *zweckmäßig* ist, sondern darum, ob es in einem überpersönlichen, moralischen Sinne *recht* ist.[1] Aus einer solchen Perspektive unterscheiden sich die ökonomische und die ethische Sicht, so scheint es, durch die unterschiedliche Rolle, die sie den Zielen und Interessen des Handelnden als Beurteilungsmaßstab einräumen. Ob ein Handeln als „ethisch recht" zu betrachten ist, hängt danach nicht von seiner Instrumentalität für die Ziele und Interessen des Akteurs selbst ab, sondern ist an davon unabhängigen Maßstäben zu messen, wobei wohl vor allem an die Auswirkungen gedacht ist, die das betreffende Handeln auf *andere* Personen hat.[2]

Aus dem bisher Gesagten scheint zu folgen, daß die ökonomische und die ethische Perspektive auf zwei grundverschiedene und potentiell konfligierende Kriterien der Handlungsbeurteilung abstellen. Was wir als *ökonomisch rational* betrachten mögen, braucht keineswegs mit dem übereinzustimmen, was uns *ethisch recht* erscheint, – eine Diagnose, die wohl die gängige Auffassung vom Verhältnis zwischen Ethik und Ökonomik zum Ausdruck bringen dürfte.[3]

Im folgenden möchte ich zu zeigen versuchen, warum die im vorhergehenden skizzierte, gängige Auffassung sich bei kritischer Prüfung als revisionsbedürftig erweist, und warum die ökonomische und die ethische Perspektive weit enger miteinander verwandt sind, als es dieser Auffassung entspricht.

2. Eigeninteressiertes Handeln und die Berücksichtigung der Interessen anderer

Wenn ethisch rechtes Handeln sich im Sinne der obigen Auffassung dadurch auszeichnet, daß es – über die Instrumentalität für die Ziele des Handelnden

[1] W.K. Frankena (1973: 7): „(M)orality must be contrasted with prudence. ... (I)t is not characteristic of the moral point of view to determine what is right or virtuous wholly in terms of what the individual desires or of what is to his interest."

[2] H. Delius 1958: 71: „Während die sachliche Beurteilung einer Handlung sich allein daran orientiert, wie weit die Handlung der Absicht, der sie dienen soll, tatsächlich angemessen ist, ist für die moralische Beurteilung in erster Linie der Gesichtspunkt maßgebend, weiweit durch die Handlung einer Person die Absichten anderer Personen gefördert oder geschädigt werden. Dabei liegt generell die Überzeugung zugrunde, daß die Interessen anderer Personen in unseren Handlungen in irgendeiner Weise zu berücksichtigen sind". - D. Gauthier (1986: 7): „Morality ... is traditionally understood to involve an impartial constraint on the pursuit of individual interest."

[3] J. Mittelstrass (1985: 21) bringt eine sicherlich verbreitete Auffassung zum Ausdruck, wenn er über die ökonomische Theorie rationaler Entscheidung feststellt: „Im Rahmen einer derartigen Theorie stellt sich eine Lehre vom richtigen Handeln nicht mehr als eine Lehre des gerechten Handelns, sondern (nur noch) als eine Lehre des zweckmäßigen Handelns dar."

selbst hinaus – die Absichten und Interessen *anderer*, davon betroffener Personen berücksichtigt, so liegen zwei Fragen nahe, nämlich
(1) wer sind die für die ethische Bewertung relevanten *anderen Betroffenen*, und
(2) *in welcher Weise* sollen die Absichten und Interessen anderer in den Handlungsentscheidungen einer Person Berücksichtigung finden?

Die erste Frage weist darauf hin, daß es *die* Ethik mit der sich die ökonomische Perspektive vergleichen ließe, nicht gibt. Es gibt verschiedene Ethiken, sowohl im Sinne von Moralsystemen als auch im Sinne von ethischen Theorien[4], die sich unter anderem dadurch unterscheiden, wie sie den Kreis der moralisch relevanten „anderen" abgrenzen, ob sie etwa transzendente (Götter) und nichtmenschliche Wesen (Tiere) einbeziehen, oder lediglich Menschen als moralisch relevante andere betrachten, wobei bei Ethiken der letzteren Kategorie wiederum danach zu unterscheiden wäre, wie umfassend sie die moralische Gemeinschaft definieren, und zwar in zeitlicher Dimension (Stichwort „zukünftige Generationen") wie auch im Sinne sozialkultureller Gruppengrenzen.

Ich möchte mich hier im folgenden auf die zweite Frage konzentrieren und auf die Frage der Abgrenzung der relevanten moralischen Referenzgruppe nur mit einigen Hinweisen eingehen, die sich dazu aus der Diskussion der zweiten Frage ergeben. Was diese Frage anbelangt, so trifft man häufig auf die Vorstellung, daß die Berücksichtigung der Absichten und Interessen anderer ein Problem der Handlungs*motivation* sei. Die Interessen anderer in seinen Handlungsentscheidungen zu berücksichtigen bedeutet nach dieser Auffassung, sie zu einem Teil der eigenen Handlungsmotivation zu machen. Einer solchen Vorstellung muß das Verhältnis zwischen Ökonomik und Ethik unversöhnlich erscheinen, denn das ökonomische Modell rationalen eigeninteressierten Verhaltens scheint für ein im Sinne dieser Vorstellung „genuin moralisches", an den Interessen anderer orientiertes Handeln wenig Raum zu lassen.

So verbreitet die Vorstellung vom vermeintlichen Gegensatz zwischen *ökonomisch rationalem* und *moralischem* Handeln auch sein mag, sie führt doch insofern in die Irre, als sie eine Unterscheidung verdeckt, die für die Frage unseres ethischen Urteils von grundlegender Bedeutung ist, nämlich die Unterscheidung zwischen Handlungs- oder Verhaltens*motivation* und Handlungs- oder Verhaltenss*weise*. Die moralische Beurteilung von Handlungen kann einerseits auf die dem Handeln zugrundeliegende Motivation abstellen, d.h. sie kann die Motive bewerten, aus denen jemand handelt, etwa im Sinne einer positiven Bewertung „altruistischer", auf die Interessen anderer gerichteter Beweggründe. Das moralische Urteil kann aber auch allein auf das äußere Verhalten abstellen und die von einer Person gezeigten Handlungsweisen

[4] Dazu N. Hörster 1984.

selbst, unabhängig von der zugrundeliegenden Motivation, beurteilen, etwa als sozial erwünscht oder unerwünscht. Je nachdem ob der eine oder der andere Gesichtspunkt im Vordergrund steht, wird die Zielrichtung ethischer Überlegungen eine andere sein, wobei sich die unterschiedlichen Implikationen anhand einer Matrix veranschaulichen lassen, in der „Verhaltens*motivation*" und „Verhaltens*weise*" als zwei Dimensionen moralischen Urteils gegenübergestellt werden (Matrix 1).

Verhaltens-weise / Verhaltens-motivation	sozial unerwünscht	sozial erwünscht
eigeninteressiert	A	B
'moralisch'	C	D

Matrix 1

Was Matrix 1 vor allem deutlich machen soll, ist der Umstand, daß eine – aus der Sicht einer motivationsorientierten Ethik – als ‚moralisch' qualifizierte Motivation (was immer unter ‚moralischer Motivation' im Gegensatz zu einer eigeninteressierten zu verstehen sein mag), nicht notwendigerweise zu – aus der Sicht einer verhaltensorientierten Ethik – (sozial) wünschenswerten Handlungen führen muß, und daß, umgekehrt, aus eigeninteressierter Motivation nicht unbedingt sozial unerwünschtes Verhalten erwachsen muß. D.h., die Matrix soll darauf aufmerksam machen, daß Handlungsmotivation und Handlungsweise nicht zwangsläufig – wie von motivationsorientierten Moralauffassungen gerne stillschweigend unterstellt wird – im Sinne der Kombinationen A und D miteinander verbunden sind, sondern daß wir auch mit den Kombinationen C und B rechnen müssen. Mit anderen Worten, die Matrix soll darauf hinweisen, daß jemand aus moralischen Motiven auch sozial unerwünschte Handlungen begehen, und daß jemand aus Eigeninteresse sozial wünschenswertes Verhalten zeigen kann.

3. Handlungsmotive und Handlungsweisen

Eine motivationsorientierte Ethik muß in der Tat einen zwangsläufigen Konflikt zwischen ökonomischem Verhaltensmodell und moralischen Anforderungen sehen, könnte der Mensch doch nur entgegen der Natur, die das Modell rationalen Handelns ihm unterstellt, zum „motivationalen Moralisten" gemacht werden.[5] Für eine solche Auffassung ist denn auch Überwindung des Eigeninteresses das Hauptproblem einer Erziehung zur Moral. Die Aufmerksamkeit richtet sich darauf, wie Handlungskategorie B in Matrix 1 sichergestellt werden kann, nicht darauf, wie A und C verhindert werden können.

In einem völlig anderen Licht erscheint die Frage des Verhältnisses zwischen Eigeninteresse und Moral, wenn man von einer *verhaltensorientierten* ethischen Perspektive ausgeht, die die Frage der Handlungsmotivation offen läßt und statt dessen auf die Frage der Wünschbarkeit des äußeren Verhaltens selbst abstellt. Eine solche Sicht stellt das Problem der Vermeidung der Handlungskategorien A und C in den Vordergrund, nicht die Sicherstellung von B. Dies entspricht im übrigen der Art und Weise, in der viele unserer geläufigen Moralprinzipien formuliert zu werden pflegen. Bei ihnen geht es weniger um Handlungs*motive*, sie gebieten oder verbieten bestimmte Verhaltens*weisen*. Wenn Moral aber darauf abzielt, bestimmten Handlungsweisen entgegenzuwirken und andere zu ermutigen, dann kann es beim Verhältnis zwischen rationaler Interessenverfolgung und moralischem Handeln nur um ein pragmatisches Problem gehen, nicht um einen grundsätzlichen Konflikt. Das Interesse richtet sich dann zwangsläufig primär auf die Rahmenbedingungen, insbesondere auf die institutionellen Bedingungen, unter denen Menschen ihre Handlungsentscheidungen fällen, sowie auf die Frage der möglichen Gestaltbarkeit dieser Rahmenbedingungen im Sinne einer systematischen Ermutigung sozial erwünschten Verhaltens. Entsprechend stellt sich für eine verhaltensorientierte – im Unterschied zu einer motivationsorientierten – Ethik die praktische Frage: Welche Möglichkeiten haben wir, unser soziales Zusammenleben so zu ordnen, daß auch eigeninteressierte Akteure gute Gründe haben, in ihren Handlungsentscheidungen den Interessen anderer angemessen Rechnung zu tragen?

Eine Ethik, die so fragt, befindet sich aber in natürlicher Nachbarschaft zu einer Ökonomik, die sich jenes Probleminteresse bewahrt hat, das bei ihrer Geburt aus der Moralphilosophie des 18. Jahrhunderts Pate stand. Die klassische Ökonomie war politische Ökonomie, sie verstand sich als – wie Adam Smith (1981: 468) es ausdrückte – *science of legislation*. Ihr Erkenntnisinteresse galt der Frage nach den institutionellen Grundlagen einer „guten" sozialen Ordnung, „gut" im Sinne der Bewertungen der in dieser Ordnung lebenden Menschen. Für die klassische politische Ökonomie stellte sich die Frage der Ordnung einer guten Gesellschaft gerade nicht als Motivationsproblem sondern als Institutionenproblem. Sie fragte nach Möglichkeiten einer Verbesserung der sozialen Institutionen, der Regeln, mit denen Menschen ihr Zusammenleben ordnen, und sie schaute mit ausgesprochener Skepsis auf Vorstel-

[5] Dies gilt, genauer gesagt, dann, wenn man unter „moralischer Motivation" mehr versteht als eine erlernte Disposition, Regeln moralischen Verhaltens zu respektieren. Zur Frage der theoretischen Interpretation einer solchen moralischen Disposition siehe Vanberg 1994: 41ff.

lungen, die den Schlüssel zu einer besseren Gesellschaft in der Verbesserung der menschlichen Natur suchen.[6]

Mit der hier vorgenommenen Gegenüberstellung von *motivations*orientierter und *verhaltens*orientierter Ethik soll, dies sei zur Vermeidung von Mißverständnissen angemerkt, keineswegs gesagt werden, daß eine verhaltensorientierte Sicht die Rolle leugnen müßte, die *moralische Dispositionen* im menschlichen Sozialverhalten spielen, also die Rolle dessen, was A. Smith (1976) als „moral sentiments" bezeichnet hat. Eine solche Sicht betont lediglich, daß ‚moralische Motive' – im Gegensatz zu eigeninteressierten Motiven – weder ein Garant noch eine notwendige Voraussetzung für ‚moralisches Verhalten' sind, wenn mit letzterem sozial wünschenswerte Verhaltensweisen gemeint sind. Aus einer solchen Sicht liegt das praktische Problem der Sicherung einer ‚moralischen Ordnung' darin, Rahmenbedingungen zu schaffen, die moralisches Verhalten belohnen, unmoralisches entmutigen.

Es sei betont, daß die verhaltensorientierte Sicht sich nur gegen eine Auffassung wendet, die das Problem der Moral als ein Motivationsproblem definiert und unter ‚moralischer Motivation' einen dem Eigeninteresse konträren Handlungsantrieb versteht. Sie ist jedoch durchaus mit der Vorstellung vereinbar, daß menschliches Verhalten immer auch durch erlernte Dispositionen bestimmt ist, und daß auch moralisches Verhalten auf entsprechenden Dispositionen beruhen, die die Bereitschaft zur Befolgung moralischer Regeln in gewissem Maße von den jeweiligen Besonderheiten der aktuellen Entscheidungssituation unabhängig machen.[7] Die Annahme, daß es erlernte ‚moralische Dispositionen' in dem erläuterten Sinne gibt, und daß moralisches Verhalten auf solchen Dispositionen beruht, läßt sich aber durchaus in ein Modell eigeninteressierten Verhaltens einbeziehen, und sie ist grundverschieden von der Vorstellung, daß Moral auf eine dem Eigeninteresse entgegengesetzte Motivation angewiesen ist.[8]

Man kann der klassischen politischen Ökonomie schwerlich vorwerfen, daß sie die Bedeutung der vorhin erläuterten Zusammenhänge verkannt hätte. Die Vorstellung vom Eigeninteresse als Grundzug menschlichen Verhaltens, wie sie von Adam Smith und anderen Theoretikern in der Tradition der schottischen Moralphilosophie betont wurde, war keineswegs blind für die Realität moralischer Empfindungen (Smith 1976) oder jener wohlwollenden Anteilnahme am Schicksal anderer, wie wir sie insbesondere zwischen verwandten oder befreundeten Menschen beobachten. Mitgefühl mit und Wohlwollen gegenüber anderen Menschen gehören durchaus zu dem Bild des Menschen, das

6 Siehe dazu etwa D. Hume 1967: 521 und 537.

7 Diese Wirkung von moralischen Dispositionen erklärt u.a. warum wir in der Regel den Umgang mit Personen vorziehen, von denen wir annehmen, daß sie solche Dispositionen haben. Wir wünschen uns typischerweise, daß das moralische Verhalten von Personen, mit denen wir umgehen, nicht ausschließlich von ‚günstigen' situationsgebundenen äußeren Anreizen abhängt, sondern durch eine entsprechende Disposition gestützt wird und dadurch relativ situationsunabhängig ist.

8 Dazu V. Vanberg 1994, Kap. 3 und 4, sowie V. Vanberg & R. Congleton 1992.

Smith zeichnet. Allerdings war er, ebenso wie Hume, der Auffassung, daß solche Neigungen unser Verhalten im sozialen Nahbereich – insbesondere in der Familie – am stärksten bestimmen, mit wachsender sozialer Distanz aber zunehmend schwächer werden (Kliemt 1986: 112), eine Auffassung, die durch unsere Alltagserfahrung ebenso gestützt wird wie durch Argumente der modernen Soziobiologie (Mackie 1985).

Diesen Autoren erschien es realitätsblind anzunehmen, man könne eine ausgedehnte, über den begrenzten Bereich von Kleingruppenzusammenhängen hinausgehende Gesellschaftsordnung auf der sozialen Integrationskraft menschlichen Wohlwollens aufbauen. Adam Smiths klassische Formulierung, daß wir nicht auf das Wohlwollen des Fleischers, Brauers und Bäckers angewiesen sind, um unseren Nahrungsbedarf zu decken, sondern daß wir darauf vertrauen können, daß diese sich unter marktlichen Wettbewerbsbedingungen aus ihrem eigenen Interesse heraus um unser Wohlergehen bemühen werden, zielt genau auf diesen Punkt. Sie drückt den Gedanken aus, daß Wohlwollen für andere weder hinreichend noch notwendig dafür ist, daß Menschen jenseits ihres unmittelbaren sozialen Nahbereichs bereit sind, in ihrem eigenen Verhalten den Interessen anderer Rechnung zu tragen. Es kommt vielmehr darauf an – dies war die zentrale Smithsche These —, daß das soziale Zusammenleben auf einer geeigneten institutionellen Ordnung beruht oder, anders gesagt, durch Spielregeln geordnet ist, die das Verhalten der Beteiligten in einer für alle wünschenswerten Weise lenken. Mit der Smithschen Formel von der „unsichtbaren Hand" ist nichts anderes gemeint als eben eine solche institutionelle Ordnung, die auch noch dort, wo man vernünftigerweise nicht mehr auf Gefühle des Wohlwollens rechnen kann, die Menschen dazu veranlaßt, aus ihrem eigenen Interesse heraus auf die Förderung des Wohls anderer bedacht zu sein (Windisch 1985: 222f.).

Die charakteristische Wendung, die die klassische politische Ökonomie der moralphilosophischen Frage nach der „guten Gesellschaft" gegeben hat, lag also – dies sei nochmals zusammenfassend festgestellt – darin, das analytische Interesse auf das Problem der *institutionellen Ordnung* der Gesellschaft zu lenken. Dieses Probleminteresse trat zwar in der späteren Entwicklung der Ökonomik zur wissenschaftlichen Spezialdisziplin, insbesondere in ihrer neoklassischen Phase, in den Hintergrund (Albert 1967), doch hat es gerade in neueren theoretischen Entwicklungen des Faches eine bemerkenswerte Wiederbelebung erfahren. Seit Mitte der fünfziger Jahre haben sich eine Reihe von theoretischen Sichtweisen Aufmerksamkeit verschafft, die nicht nur die vergleichende Untersuchung der Wirkungsweise alternativer institutioneller Arrangements wieder stärker als Aufgabe der Ökonomik betonen, sondern diese Fragestellung in systematischerer und allgemeinerer Form verfolgen als dies in der klassischen politischen Ökonomie der Fall war. Dazu gehören etwa die Public Choice Theorie und die Constitutional Economics ebenso wie die Theorie der Eigentumsrechte oder die sogenannte Transaktionskostenökonomie. Ohne hier im einzelnen auf die verschiedenen institutionenökonomischen Ansätze einzugehen, möchte ich im folgenden lediglich einige ihnen gemeinsame Aspekte erörtern, die für die Frage des Verhältnisses von Ökonomik und Ethik von besonderem Interesse sind.

4. Ethik und Ordnungsökonomik

Zu Beginn dieses Beitrages hatte ich den möglichen Konflikt zwischen dem ökonomisch Rationalen und dem ethisch Rechten dadurch gekennzeichnet, daß für ökonomische Rationalität die Absichten und Interessen des Handelnden selbst der relevante Bezugspunkt sind, während wir das, was wir als ethisch recht betrachten, offenbar nach Kriterien bemessen, die von den Interessen des Handelnden abgehoben sind. Nach den bisher dargelegten Überlegungen, kann nunmehr die Natur dieses Konflikts etwas genauer charakterisiert werden.

Insbesondere zwei Sachverhalte scheinen mir dabei erwähnenswert. Erstens, es gibt keine ökonomische Rationalität „an sich". Welche Handlungsweise ökonomisch rational, also den Interessen des Handelnden förderlich ist, hängt immer auch von den Bedingungen ab, unter denen jemand seine Handlungsentscheidungen trifft. Ob das ökonomisch Rationale und das ethisch Rechte miteinander in Konflikt geraten, ist daher auch immer eine Frage der Bedingungen, unter denen soziales Handeln stattfindet, und eine entsprechende Änderung der Handlungsumstände kann einen eventuell bestehenden Konflikt möglicherweise beseitigen. In dem Maße, in dem wir die Bedingungen unseres sozialen Zusammenlebens gestalten können – und das Hauptinstrument hierfür ist die Gestaltung des institutionellen Rahmens —, sollte unsere Aufmerksamkeit darauf gerichtet sein, solche institutionellen Bedingungen zu fördern, die einen Konflikt zwischen dem ethisch Rechten und dem ökonomisch Rationalen vermeiden helfen. Dazu müßten die institutionell-strukturellen Ursachen für derartige Konflikte bestimmt und alternative institutionelle Arrangements auf ihre erwartbaren Auswirkungen hin analysiert werden.

Der zweite Gesichtspunkt betrifft die Frage des Verhältnisses zwischen individuellem Interesse und ethischen Kriterien. Geht man davon aus, daß die institutionellen Rahmenbedingungen unseres sozialen Zusammenlebens so gestaltet werden sollten, daß systematische Konflikte zwischen dem individuell Klugen und dem ethisch Rechten vermieden werden, so bleibt noch zu klären, nach welchen Kriterien das ethisch Rechte bestimmt werden soll. Meine bisherige Argumentation ging implizit davon aus, daß die Interessen anderer Betroffener innerhalb einer wie auch immer abgegrenzten sozialen Gemeinschaft als relevante Bezugsgröße für die moralische Bewertung von Handlungen betrachtet werden. Der ökonomische Denkansatz hat – aus den erläuterten ideengeschichtlichen und systematischen Gründen – stärkere Affinität zu einer derartigen, auf ein „internes" Kriterium abstellenden „sozialen" Ethik, als zu einer Ethik, die auf „externe" Kriterien Bezug nimmt, d.h. auf Kriterien, die unabhängig von den Absichten und Interessen der Personen definiert sind, die die relevante soziale Gruppe konstituieren. Der in diesem Zusammenhang bedeutsame Gesichtspunkt, ist folgender: Wenn es auch zweifelsohne zutrifft, daß unsere üblichen Maßstäbe dafür, ob eine Handlung ethisch recht ist, von den Interessen des Handelnden *absehen*, so muß dies doch nicht bedeuten, daß sie von seinen Interessen gänzlich losgelöst sind.

Um dies zu verdeutlichen, mag ein simples Beispiel zweckmäßig sein. Wenn ich mit anderen Personen in einem gemeinsamen Haushalt lebe, so bemißt es sich nicht nach meinen eigenen Interessen, ob es ethisch recht ist, mich vor einer unangenehmen gemeinsamen Arbeit zu drücken. Ob mein Handeln recht ist, würde daran gemessen, ob es mit den Prinzipien oder Regeln im Einklang ist, die das Handeln von Menschen in einer derartigen sozialen Gemeinschaft bestimmen sollten. Solche Regeln können Interessen widerspiegeln, die auch derjenige, der sich im Einzelfall vor der Arbeit drükken möchte, hat. Diese Interessen werden erkennbar, wenn man sich die Entscheidungssituation zum Zeitpunkt der Begründung des gemeinsamen Haushalts vorstellt. In der Gründungssituation kann für jeden ein sehr klares Interesse daran bestehen, im Vorhinein Vorkehrungen für potentielle Konflikte und Probleme zu treffen, also mit den anderen Beteiligten gewisse Regeln zu vereinbaren, denen man sich gemeinsam unterwerfen will. Und da dieses gemeinsame Interesse an gewissen Regeln des Zusammenlebens nicht automatisch verhindert, daß man später versucht sein wird, eben diese Regeln zu umgehen, besteht darüber hinaus auch ein Interesse daran, sich für die Zukunft gemeinsam Beschränkungen aufzuerlegen, die geeignet sind, solchen Versuchungen vorzubeugen.

Mit diesem Beispiel soll eine Unterscheidung verdeutlicht werden, die für die analytische Perspektive der theoretischen Ordnungsökonomik grundlegend ist, nämlich die Unterscheidung zwischen zwei Arten oder Ebenen von Entscheidungen: Der Wahl *zwischen* Regeln oder Regelsystemen einerseits und Handlungsentscheidungen *innerhalb* von gegebenen Regeln andererseits, oder, wie dies auch umschrieben wird, zwischen *konstitutionellen* und *sub-konstitutionellen* Entscheidungen. Die Ordnungsökonomik weitet die Theorie rationaler Entscheidung über deren herkömmliche Konzentration auf die Frage der Handlungswahl unter gegebenen Bedingungen aus auf die Frage der Wahl *zwischen* Handlungsbedingungen, insbesondere institutionellen Rahmenbedingungen. Es geht darum zu fragen, ob nicht, im Vergleich zum status quo, alternative institutionelle Arrangements oder Regelordnungen vorstellbar und realisierbar sind, die die Interessen der Beteiligten wirkungsvoller fördern.[9] Solche Erwägungen sind, dies ist der entscheidende Punkt, durchaus interessenbezogene Klugheitserwägungen, wenn sie auch nicht, wie die ethische Sichtweise zu recht betont, auf die *Handlungs*interessen der Akteure abstellen. Sie sind Ausdruck der *konstitutionellen* oder *Regel*-Interessen der betroffenen Personen, d.h. der Interessen, die ihre Präferenzen bestimmen, wenn sie vor der Wahl stehen, unter welcher Art von Regelordnung sie leben möchten.

Mit der Hinwendung ihres Erkenntnisinteresses zur Frage der Regelwahl im menschlichen Zusammenleben gewinnt die Ökonomik jene ethische Dimension wieder, die der klassischen politischen Ökonomie immanent war. Die Frage, nach welchen Regeln wir unser soziales Zusammenleben zu gestalten wünschen, teilt eine solche *konstitutionelle* oder *Ordnungs*-Ökonomik mit der Ethik und der Moralphilosophie. Der ökonomische Zugang zu dieser Frage betont ebenso wie die Ethik, daß die Frage, welche Regeln gelten sollten, strikt zu trennen ist von der Frage, was im konkreten Einzelfall im Handlungsinteresse der Akteure liegt, daß also *in diesem Sinne* das, was „ethisch recht" ist, von dem zu unterscheiden ist, was „ökonomisch rational" ist. Er macht aber darauf aufmerksam, daß die Frage nach dem „ethisch Rechten", im Sinne der Frage nach den wünschenswerten Regeln menschlichen Zusammenlebens, nicht von menschlichen Interessen überhaupt losgelöst zu behandeln ist, sondern auf die für diese Frage *relevanten* Interessen abstellt, nämlich auf die *konstitutionellen* im Gegensatz zu den *Handlungs*-Interessen. Als realwissenschaftliche Disziplin kann die Ordnungsökonomik die Frage der Ethik, wie Menschen handeln sollen, nicht beantworten. Aber mit ihrer Unterscheidung zwischen konstitutionellen und Handlungs-Interessen kann sie einer Ethik, für die die Absichten und Interessen der betroffenen Individuen relevanter Bezugspunkt moralischen Urteils sind, helfen, auf diese Frage eine besser begründete Antwort zu finden.

5. Ethik und konsensfähige konstitutionelle Interessen

Für einen fruchtbaren Dialog zwischen Ethik und Ökonomie ist die Unterscheidung zwischen dem Problem der konstitutionellen Wahl zwischen Regeln und der Frage der post-konstitutionellen Handlungsentscheidung im Rahmen gegebener Regeln von grundlegender Bedeutung. In jedem einzelnen Beteiligten ist der Konflikt, den das obige Beispiel von der Hausgemeinschaft veranschaulichen sollte, angelegt. Der einzelne kann auf der konstitutionellen Ebene ein Interesse an einem bestimmten Regelwerk für das Leben seiner Gemeinschaft haben, und aus der Sicht eines solchen konstitutionellen Inter-

[9] Die hier getroffene Unterscheidung von Entscheidungsebenen hat anscheinend auch O. Schwemmer (1985: 50f.) mit seiner „Unterscheidung zwischen ‚Spielraum' des Verhaltens und der Ausgestaltung dieses Spielraums" im Auge.

esses kann er verschiedene potentielle Regeln und Regelsysteme wertend vergleichen. Daß er ein solches konstitutionelles Interesse an Regeln hat, bedeutet aber keineswegs, daß er damit gleichzeitig und automatisch in postkonstitutionellen Entscheidungssituationen ein Interesse daran hat, *sich selbst* an die Regeln, deren Geltung er wünscht, zu halten.

Es ist der Gesichtspunkt des konstitutionellen Regelinteresses, auf den, so scheint es, sich Ethiker im allgemeinen konzentrieren, freilich ohne einen solchen Interessenbezug deutlich zu machen. Dabei betonen die Argumente der Moralphilosophen typischerweise, daß die Abstraktion von individuellen Sonderinteressen und die Einnahme eines interessenneutralen Standpunkts auf seiten der Beteiligten ein wesentliches Kennzeichen *ethisch akzeptabler* Regeln ist. Mit diesen Argumenten wird ein Problem angesprochen, das auch die Ordnungsökonomik zu erörtern hat, und das über die bloße Unterscheidung von konstitutionellen Interessen und Handlungsinteressen hinausgeht, nämlich das Problem der *Konsensfähigkeit* konstitutioneller Interessen. Zwar sind, im Sinne der obigen Überlegungen, die konstitutionellen Interessen, in Abgrenzung von den Handlungsinteressen, für die Problemstellung der Moralphilosophie relevant, doch können wir nicht einfach unterstellen, daß die konstitutionellen Interessen der Akteure stets den Regeln entsprechen, die wir als *ethische* Regeln betrachten. Die „ungeläuterten" konstitutionellen Interessen der Akteure können und werden in der Regel durchaus auf Ordnungen gerichtet sein, in denen sie selbst in der einen oder anderen Form *privilegiert* sind, womit eine der Kernerfordernisse verletzt wäre, die üblicherweise an ethische Regeln gestellt werden. Es ist das zusätzliche Erfordernis der *Konsensfähigkeit*, das aus den „ungeläuterten" konstitutionellen Interessen diejenigen ausfiltert, denen wir die Qualitäten zuschreiben können, die wir mit ethischen Regeln verbinden. Wir können demnach das Verhältnis zwischen Ethik und Ordnungsökonomik nun genauer mit der Formel umschreiben, daß eine Ordungsökonomik, die nach den *konsensfähigen konstitutionellen Interessen* der Akteure fragt, das erfahrungswissenschaftliche Gegenstück zu einer Ethik ist, die nach den Maßstäben für ethisch rechtes Handeln fragt.

Für eine Ordnungsökonomik, die auch konstitutionelle Entscheidungen im Lichte des ökonomischen, den Gedanken rationaler Interessenverfolgung betonenden, Verhaltensmodells analysiert, wirft das Konzept der konsensfähigen konstitutionellen Interessen die Frage auf, von welchen Kräften man in der sozialen Realität jene „Läuterung" erwarten könnte, die aus den „ungeläuterten" konstitutionellen Interessen die konsensfähigen herauszufiltern hätte. Anderes gesagt, eine solche Ordnungsökonomik hat nach den Gründen zu fragen, aus denen erwartet werden kann, daß der Konflikt zwischen ökonomisch Rationalem und ethisch Rechtem sich auf der Ebene konstitutioneller Entscheidungen zwischen Regeln weniger scharf stellen sollte als auf der Ebene sub-konstitutioneller Handlungsentscheidungen.

Es sind insbesondere drei Umstände, die diesen Konflikt auf der Ebene konstitutioneller Entscheidungen tendenziell mildern. Erstens sind die Interessen des einzelnen auf der konstitutionellen Ebene weniger eindeutig, da er nicht so genau voraussehen kann, wie er selbst von möglichen alternativen Regeln betroffen sein wird. In dem Maß jedoch, in dem der einzelne nicht genau abschätzen kann, wie sich eine allgemeinen Regel für ihn speziell auswirken wird, hat er ein Motiv, solche Regeln vorzuziehen, die verschiedenen denkbaren Interessenlagen gerecht werden, die also – in diesem Sinne – *fair* sind. Dieser Gesichtspunkt ist charakteristisch für die Vorstellung vom „Schleier des Nichtwissens" in Rawls' (1979) *Theorie der Gerechtigkeit*, und er wird generell – in der einen oder anderen Weise – in solchen Beiträgen betont, die das Problem der Regelwahl aus der Perspektive einer Gesellschaftsvertragstheorie behandeln[10].

Der zweite, den angesprochenen Interessenkonflikt mildernde Umstand liegt darin, daß die Wahl von Regeln nicht durch unverbundene individuelle Entscheidungen geschieht sondern notwendigerweise ein Akt sozialer Wahl ist, da die Regeln naturgemäß für die Gruppe insgesamt gewählt werden müssen, für die sie Geltung haben sollen. In dem Maße, in dem Regelentscheidungen nicht einfach durch Diktat eines einzelnen oder einer Teilgruppe wirksam werden können sondern eine Verständigung unter allen Betroffenen erfordern, ist der einzelne zwangsläufig gehalten, im Interesse der Wirksamkeit eigener Regelvorschläge die Interessen anderer zu berücksichtigen und eigene Sonderinteressen zurückzustellen. Die Bedingungen des konstitutionellen Entscheidungsprozesses werden für die einzelnen auf indirektem Wege Motive schaffen, sich bei der Regelsuche um Interessenneutralität zu bemühen. Dieser Gesichtspunkt ist eher im Rahmen anderer Denktraditionen als der hier betrachteten ökonomischen Tradition betont worden – so etwa in der von J. Habermas und anderen explizierten Idee des „herrschaftsfreien Dialogs"[11]. Er verdient aber, von Seiten einer ökonomischen Theorie konstitutioneller Entscheidungen beachtet zu werden.

Der dritte Umstand, schließlich, der auf eine Konvergenz in Richtung auf konsensfähige konstitutionelle Interessen hinwirkt, ist der Grad der Freiwilligkeit der Mitgliedschaft in politischen Gemeinwesen und anderen Verbänden. Je leichter es für die Einzelnen ist, sich Verbänden, denen sie angehören, zu entziehen und attraktive Alternativen zu finden, um so weniger werden sie bereit sein, Regelordnungen zu tolerieren, in denen zu ihren Ungunsten andere privilegiert sind. Je mehr die Bedingung freiwilliger Mitgliedschaft in Verbänden realisiert ist, um so geringer wird demgemäß der Spielraum für Privi-

[10] Vgl. dazu insbesondere auch J.M. Buchanan 1984. Einige allgemeine Probleme einer Gesellschaftsvertragsperspektive werden in Vanberg 1994: Kap. 13 erörtert.

[11] Vgl. in diesem Zusammenhang auch etwa die Argumentation bei O. Schwemmer 1985: 44f.

legiensicherung sein, und um so größer werden die Aussichten sein, daß die konsensfähigen Interessen der Beteiligten zum Tragen kommen.

Anzumerken bleibt, daß sich auch für Regeln, die auf konsensfähigen konstitutionellen Interessen aller Beteiligten beruhen, das Problem der Regeleinhaltung nicht von selbst erledigt. Das Problem der *Konsensfähigkeit* konstitutioneller Interessen und das Problem der *Durchsetzung* von diesen Interessen entsprechenden Regeln sind separate Probleme, die ihre je eigenen Lösungen erfordern. Auch wenn wir uns über unsere konsensfähigen konstitutionellen Interessen verständigt haben, bleibt noch die Aufgabe, Bedingungen zu schaffen, die es in unserem Handlungsinteresse gelegen sein lassen, die Regeln zu befolgen, deren Geltung wir uns wünschen. Es sind in der Regel die Ökonomen, die den Unterschied zwischen unserem konstitutionellen Interesse an bestimmten Regeln und unseren (sub-konstitutionellen) Interessen an der Einhaltung dieser Regeln betonen, und die auf die sich daraus ergebende Notwendigkeit wirksamer Mechanismen der Regeldurchsetzung hinweisen. Eine Ethik, die darüber nachdenkt, wie das, was uns ethisch recht erscheint, auch praktisch wirksam werden kann, wird sich solchen Erwägungen nicht verschließen können.

Literatur

Albert, H. (1967). *Marktsoziologie und Entscheidungslogik – Ökonomische Probleme in soziologischer Perspektive.* Neuwied a. Rhein und Berlin.

Buchanan, J. M. (1984). *Die Grenzen der Freiheit – Zwischen Anarchie und Leviathan.* Tübingen.

Delius, H. (1958). Ethik. In: A. Diemer und I. Frenzel (eds.) *Philosophie, Fischer Lexikon,* Frankfurt a.M., S. 71-92.

Enderle, G.(1985) (Hg.). *Ethik und Wirtschaftswissenschaft, Schriften des Vereins für Socialpolitik,* NF Bd. 147, Berlin.

Frankena, W. K. (1973). *Ethics.* Englewood Cliffs.

Gauthier, D. (1986). *Morals by Agreement.* Oxford.

Hörster, N. (1984). Ethik und Moral. In: D. Birnbacher und N. Hörster (Hg.), *Texte zur Ethik.* München, S. 9-23.

Hume, D. (1967). *A Treatise of Human Nature.* Oxford.

Kliemt, H. (1986). *Antagonistische Kooperation – Elementare spieltheoretische Modelle spontaner Ordnungsentstehung.* München.

Mackie, J. L. (1985). Co-Operation, Competition and Moral Philosophy. In: ders., *Persons and Values.* Oxford, S. 152-69.

Mittelstrass, J. (1985). Wirtschaftsethik als wissenschaftliche Disziplin? In: G. Enderle (Hg.), S. 17-32.

Rawls, J. (1979). *Eine Theorie der Gerechtigkeit.* Frankfurt a.M.

Schwemmer, O. (1985). Ökonomische Rationalität und praktische Vernunft, oder: Kann man ethische Grundsätze zu Prinzipien ökonomischer Systeme machen? In: G. Enderle (Hg.), S. 33-53.

Smith, A. (1976). *The Theory of Moral Sentiments.*, Indianapolis.

— (1981). *An Inquiry into the Nature and Causes of the Wealth of Nations.* Indianapolis.

Vanberg, V. (1994). *Rules and Choice in Economics.* London.

Vanberg, V., Congleton, R. Rationality, Morality and Exit. *American Political Science Review,* Vol. 86, S. 418-31.

Windisch, R. (1985). *Vermögensmaximierung als ethisches Prinzip?* In: G. Enderle (Hg.).

Hobbes und der Egoismus

Rudolf Schüßler

1. Einleitung

Lange Zeit galt es als ausgemacht, daß niemand ein radikaler egoistisches Menschenbild vertreten habe als Thomas Hobbes[1]. Die neuere Hobbesliteratur ist von dieser Meinung abgerückt, und die Auffassung, daß Hobbes bestenfalls einer gemäßigt egoistischen Motivationstheorie anhing, kann inzwischen als weithin akzeptiert gelten. Wichtige Anstöße für diesen Sinneswandel gingen von den Arbeiten von Bernard Gert (1965, 1967) und F. S. McNeilly (1968) aus. Der Gang der Diskussion zu ihren Thesen dokumentiert allerdings, daß nach wie vor einiger Aufklärungsbedarf hinsichtlich des Ausmaßes des bei Hobbes angenommenen Egoismus besteht. Die Wurzeln dieser Problematik liegen in der Doppelstrategie, der sich Gert (1967) in seiner Kritik traditioneller Hobbesinterpretationen bedient. Zum einen verweist der darauf, daß einige Definitionen von Leidenschaften bei Hobbes keineswegs so egoistisch zu verstehen sind, wie es in den Augen älterer Kommentatoren den Anschein haben mochte. Zum anderen stützt er sich auf Hobbes' Äußerungen zur Erziehung und Gewöhnung, um der Zuschreibung eines radikalen Egoismus zu widersprechen. Interessanterweise erregte zunächst fast ausschließlich der erste Argumentationsstrang, der sich auch bei McNeilly findet, die Aufmerksamkeit der Rezipienten. Sein Inhalt scheint folglich das Herzstück der Argumentation gegen den radikalen Egoismus auszumachen. Dieser Eindruck täuscht jedoch, wie zu zeigen sein wird. Tatsächlich stellt Gert in anderen Arbeiten auch stärker den zweiten, sehr überzeugenden Argumentationszusammenhang in den Vordergrund (vgl. Gert 1991, 1996).

Bei näherer Betrachtung entpuppt sich dieser Schritt als folgenreich. Gerts erster Argumentationsstrang beschäftigt sich mit der egoistischen Formulierung von Leidenschaftsdefinitionen, von denen die des Mitleids am meisten diskutiert wurde. Selbst wenn sich aufzeigen ließe, daß sich hinter diesen Formulierungen kein radikaler Egoismus verbirgt, so bestehen wenig Zweifel, daß Hobbes' Charakterisierungen der Leidenschaften ein weitgehend egoistisches Menschenbild offenbaren. Hiermit können sich Theoretiker des ratio-

[1] Die ‚klassische' Sichtweise findet sich in starker Betonung z.B. bei Stephen (1991: 131), der Hobbes „the most thoroughgoing of egoists" nennt, oder bei Tönnies (1971: 177), der von Hobbes' „unbedingtem Egoismus" spricht.

nalen Egoismus, die sich als Hobbes' moderne Nachfahren sehen, durchaus zufriedengeben, da auch die Annahme überwiegend egoistischen Verhaltens als Stützpfeiler der egoistischen Tradition in der Sozialphilosophie taugt. Es kann also letztlich nicht überraschen, wenn Hobbesinterpreten dieser Provenienz den Thesen von Gert und McNeilly ohne weiteres zustimmen[2].

Die Zustimmung zur Auffassung, Hobbes habe angenommen, daß die meisten Menschen die meiste Zeit egoistisch handeln, ist so groß, daß sich von einem 'Neuen Konsens' der Hobbesforschung sprechen läßt. Diesen Schluß zieht auch Gert aus der Debatte zu seinen Thesen (vgl. Gert 1996: 173, Anm. 4). Dabei berücksichtigt er allerdings nicht, daß viele Neohobbesianer einen weitergehenden Anspruch mit der These vom Überwiegen des Egoismus verbinden. Sie messen ihr in der Regel einen universellen Gültigkeitsanspruch bei, was heißt, daß sie für alle gesellschaftlichen Zustände bzw. Entwicklungsstufen gelten soll. Ein solcher, umfassender Anspruch liegt dem 'Neuen Konsens' mithin unausgewiesen zugrunde. Gerts zweiter Argumentationsstrang stellt nun bei genauer Betrachtung in Frage, ob Hobbes eine universelle These vom Überwiegen des Egoismus vertrat. Man sollte daher nicht vorschnell auf die Tragfähigkeit eines neuen Konsenses in der Debatte um Hobbes und den Egoismus vertrauen. Statt dessen ist zu untersuchen, ob unter den Bedingungen befriedeter und hobbesianisch aufgeklärter, gesellschaftlicher Zustände ein Überwiegen nichtegoistischen Verhaltens in menschlichen Gesellschaften entstehen kann. Ich werde zu zeigen versuchen, daß Anhaltspunkte für die Möglichkeit einer solchen Entwicklung in Hobbes' Schriften existieren. Hobbes ist daher nicht nur kein radikaler Egoist, sondern vertritt auch nicht nachweislich die These vom Überwiegen des Egoismus in der Form wie sie vom Neohobbesianismus propagiert wird. Das sollte nicht hinter dem Schleier eines neuen Konsenses verborgen bleiben.

Meine Kritik am 'Neuen Konsens' werde ich über weite Strecken auf dem Weg einer kritischen Auseinandersetzung mit den Thesen von Gert und McNeilly entwickeln[3]. Dabei gilt es zu begründen, daß Hobbes tatsächlich kein radikal egoistisches Menschenbild vertrat und weshalb die bei Gert nicht explizit ausgewiesene Gewichtsverlagerung in der Debatte um Hobbes' radikalen Egoismus stattfinden muß. Im Anschluß stellt sich die Frage, wie weit eine Erziehbarkeit zu bzw. Einübung von tugendhaftem und nichtegoistischem Verhalten bei einer großen Zahl von Menschen unter Hobbes' Prämissen gehen kann. Schließlich werden die erzielten Ergebnisse vor dem Hintergrund der Fragestellungen und Bedürfnisse moderner „ökonomischer"

[2] Vgl. Hampton (1986: 21), Kavka (1986: 46) und Watkins (1973: 79).

[3] Aus Gründen der Untersuchungsökonomie beschränke ich mich auf den Kern ihres Behauptungsgeflechts, und das heißt, auf die These, daß Hobbes dem „Leviathan" kein radikal egoistisches Menschenbild zugrundelegt. Auf die Thesen, es habe eine Entwicklung in Hobbes' Schriften zu Fragen des Egoismus stattgefunden und der radikale Egoismus sei als Grundlage für Hobbes politische Philosophie verzichtbar (vgl. Gert 1967: 503, 508), werde ich nur am Rande eingehen.

Ansätze in der Sozialphilosophie diskutiert.

Die von mir gewählte Zitierkonvention der Werke von Hobbes ist dem Literaturverzeichnis zu entnehmen. Im übrigen spreche ich aus Gründen der Einfachheit sowohl von Egoismus, wenn eine Annahme der Motivationstheorie, als auch wenn ein menschlicher Charakterzug gemeint ist. Die jeweilige Bedeutung sollte allerdings immer aus dem Kontext zu erkennen sein.

2. *Spielarten des Egoismus*

Bereits ein flüchtiger Blick ins Innere des „Leviathan" offenbart, daß Hobbes menschliche Handlungen an vielen Stellen auf egoistische Motive zurückführt. Wer das traditionelle Verständnis von Hobbes' theoretischer Einstellung zum Egoismus im „Leviathan" in Frage stellen möchte, muß daher sorgfältig verschiedene Spielarten des Egoismus unterscheiden, darlegen, welche Hobbes üblicherweise zugeschrieben werden und anschließend differenzierte Bedenken entwickeln. Die Bedenken von Gert und McNeilly richten sich, wie bereits eingangs bemerkt, gegen die Annahme, Hobbes habe eine radikale Form des Egoismus, den psychologischen Egoismus, vertreten. Es scheint mir daher sinnvoll, vor jeder weiteren Diskussion, eine Definition des psychologischen Egoismus und einige wichtige Abgrenzungen zu anderen Spielarten des Egoismus vorzunehmen.

Mit Sicherheit findet sich bei Hobbes zumindest jene Spielart des Egoismus, die von neueren Kommentatoren als tautologischer Egoismus bezeichnet wird[4]. Als Form des Egoismus erscheint sie deshalb, weil sie unterstellt, Menschen würden ausschließlich nach dem streben, was gut für sie selbst ist. Als gut für ein Individuum wird aber gerade die Erfüllung seiner Ziele angesehen, wobei offen bleibt, welche Ziele es sind, deren Erfüllung angestrebt wird[5]. Jemand mag sich zum Ziel setzen, die Armut in der Welt zu beseitigen oder ins Guinness-Buch der Rekorde zu gelangen: jede konsistente Menge von Zielen ist aus Sicht des tautologischen Egoismus zulässig. Demnach können auch Nächstenliebe und Selbstaufopferung oberste Ziele eines Individuums sein, wodurch deren Erfüllung entsprechend der Identifikation von Ziel und persönlichem Gut zu einem Desiderat des Eigeninteresses aufrückt. Darüber hinaus wird durch geschickte Definitionen sichergestellt, daß die Ziele eines Akteurs letztendlich nicht zu seinen Handlungen in Widerspruch treten können. Eine Form des Egoismus, die dies behauptet, kann daher nicht widerlegt

---

[4] Vgl. Gert (1967: 507); Hampton (1986: 19); McNeilly (1968: 98).

[5] Genau genommen müßte hier vom subjektiven oder scheinbaren Gut eines Menschen gesprochen werden, denn es ist möglich, daß jemand seine objektiven Güter nicht erkennt. Die Unterscheidung zwischen scheinbarem und wirklichem Gut findet sich auch bei Hobbes. Allerdings ist zu beachten, daß „scheinbares Gut" im „Leviathan" als Bezeichnung für eine Summe von Einzelgütern verwendet wird, während es in „De Homine" die übliche Bedeutung besitzt (vgl. Esfeld 1995: 210).

werden und verdient in einem logisch nicht ganz wörtlichen Sinn die Bezeichnung „tautologisch". Allerdings besitzt sie aus dem gleichen Grund kaum einen Erkenntniswert als empirische Theorie.

Hobbes' Psychologie impliziert gemäß ihrer herrschenden Interpretation nun mindestens die Position des tautologischen Egoismus. Dies geht aus der Definition wichtiger psychologischer Grundbegriffe hervor. „Wille" wird im sechsten Kapitel des „Leviathan" definiert als (L, vi, 47):

> „Wille ist deshalb die Neigung, die beim Überlegen am Schluß überwiegt. Und obwohl wir im gewöhnlichen Sprachgebrauch sagen, jemand habe einmal den Willen gehabt, etwas zu tun, was er aber dann doch unterließ, so ist dies genau genommen nur ein Hang, der keine Handlung zur willentlichen macht, da die Handlung von ihm nicht abhängt, sondern nur vom letzten Hang oder der letzten Neigung."

Der Wille, und das heißt die handlungsleitenden Neigungen eines Akteurs, können folglich nicht im Widerspruch zu seinen willentlichen Handlungen stehen. Jede Handlung, die aus Neigungen und Abneigungen resultiert, erfolgt im übrigen nach Hobbes willentlich (L, vi, 47). Wie auch immer ein Akteur handelt, er folgt also je seinen Neigungen. Zugleich postuliert Hobbes (L, xiv, 101): „...Gegenstand der willentlichen Handlungen jedes Menschen ist ein Gut für ihn selbst"

Gut-für-ein-Individuum ist nach Hobbes, wonach ein Individuum verlangt (vgl. L, vi, 41). Dadurch wird der Zirkel des tautologischen Egoismus geschlossen. Weder Gert noch McNeilly bezweifeln, daß Hobbes die Position des tautologischen Egoismus vertritt. Ihre Thesen beziehen sich auf eine andere Spielart des Egoismus.

Der psychologische Egoismus gründet nach Gert und McNeilly auf der Annahme, daß das Handeln von Menschen ausnahmslos von Motiven beherrscht wird, die lediglich auf das eigene Wohlergehen bezogen sind und in die das Wohlergehen anderer und die Richtigkeit moralischer Handlungen nicht als eigenständige, motivierende Aspekte eingehen[6]. Im Unterschied zum tautologischen Egoismus erfolgt hiermit eine Festlegung auf bestimmte Inhalte von Neigungen oder Zielen. Was die Unterscheidung zwischen einer genuinen Orientierung an eigenem oder fremdem Wohlergehen oder an moralischer Richtigkeit besagt, läßt sich in voller Allgemeinheit und wünschenswerter inhaltlicher Konkretion nur schwer bestimmen. Kavka (1986: 42) hebt die Vorzüge einer „Auflistungsmethode" hervor, nach der Vergnügen, Machtsteigerung, Ruhm, Gesundheit, Status, Abwesenheit von Schmerz und Furcht usw. typische egoistische Ziele sind. Viele dieser Ziele spielen in Hobbes'

---

[6] Vgl. Gert (1967: 505): „Psychological egoism's philosophical interest rests upon the claim that men *never* act in order to benefit others, or because they believe a certain course of action to be morally right." Vgl. auch Hampton (1986: 20); Kavka (1986: 35); McNeilly (1968: 96).

Handlungstheorie und politischer Theorie eine prominente Rolle. Anhand der Liste egoistischer Ziele läßt sich zumindest für einen Kernbereich von Motiven überprüfen, ob ein Individuum egoistische Ziele verfolgt.

Man muß sich jedoch auch hierbei hüten, allzu schematisch zu verfahren. Die ausschließliche Orientierung am eigenen Vergnügen ist z.B. per se noch kein verläßlicher Indikator für das Vorliegen von psychologischem Egoismus. Sicherlich deuten Hobbes' Ausführungen zum Vergnügen (pleasure) auf den ersten Blick darauf hin, daß er eine hedonistische Variante des psychologischen Egoismus vertritt. Nach Hobbes geht jede Neigung mit Vergnügen einher. Er spricht ganz allgemein von (L, vi, 41): „Diese[r] Bewegung, welche Neigung und hinsichtlich ihrer Erscheinung Lust und Vergnügen genannt wird,...".

Das Wort „Erscheinung" zeigt hier an, daß Vergnügen als quale, als subjektive Empfindung angesehen wird, die eine Neigung begleitet. Es erscheint also nur als Frage der Perspektive, ob man lieber davon sprechen möchte, daß unser Handeln durch die Summe der Neigungen bestimmt wird oder einer Bilanz des (erwarteten) Vergnügens entspricht. Dem Individuum kann folglich die ausschließliche Orientierung an seinem je eigenen Vergnügen zugeschrieben werden. Allerdings sollte hieraus nicht vorschnell auf das Vorliegen eines hedonistischen psychologischen Egoismus bei Hobbes geschlossen werden. Hobbes' hedonistische Motivationstheorie zieht nicht zwangsläufig einen psychologischen Egoismus nach sich. Es ist vorstellbar, daß jemand sich vor allem daran erfreut, andere zu beglücken[7]. Eine solche Person würden wir als hedonistisch motiviert ansehen, sofern sie primär durch ihr eigenes Vergnügen an Handlungen angetrieben wird, die das Glück anderer bezwecken. Sie wäre jedoch nach der obigen Umschreibung kein psychologischer Egoist, weil das Handeln in der Absicht, anderen Gutes zu tun, einen wesentlichen Aspekt ihres eigenen Wohlergehens darstellt. Der Eintrag „Vergnügen" in der Liste der egoistischen Ziele muß folglich so verstanden werden, daß ein genuines Vergnügen an der Absicht, altruistisch zu handeln, und wohl generell am Wohlergehen anderer, ausgeschlossen ist, wenn Vergnügen ein Indiz für das Vorliegen des psychologischen Egoismus sein soll.

Es hat sich gezeigt, daß die beiden motivationstheoretischen Positionen, die Hobbes mit großer Sicherheit zugeschrieben werden können, d.h. der tautologische Egoismus und eine immer vorhandene hedonistische Orientierung am eigenen Vergnügen, die Position des psychologischen Egoismus nicht implizieren. Dieses Ergebnis schafft die Grundlage für ernsthafte Zweifel, daß Hobbes im „Leviathan" (dem die bisherigen Textbelege für Hobbes Position entstammen) die Position des psychologischen Egoismus vertritt. In Einklang mit den herausgearbeiteten Unterscheidungen bekennt Gert (1967: 507): „I do

---

[7] Ob dieses Motiv im Rahmen von Hobbes' Handlungstheorie Sinn macht, bedarf der genauen Untersuchung, die unten im Abschnitt zum Mitleid aufgenommen wird. Ein solches Motiv kann jedenfalls nicht ex ante ausgeschlossen werden

not deny that Hobbes was a tautological egoist; I do deny that he was a psychological egoist." Gert und McNeilly legen großen Wert darauf festzuhalten, daß sie es keineswegs ablehnen, Hobbes ein pessimistisches Menschenbild zuzuschreiben. Sie räumen ein, daß Menschen nach Hobbes' Ansicht überwiegend egoistisch und aus egoistischen Motiven handeln. Das Versäumnis, zwischen psychologischem Egoismus und einem pessimistischen Menschenbild klar zu unterscheiden, brachte ihrer Meinung nach die traditionellen Interpreten des „Leviathan" dazu, Hobbes als Vordenker des radikalen Egoismus mißzuverstehen. Ein weiteres Versäumnis bestand darin, die Interpretation des „Leviathan" von egoistischen Thesen aus früheren Werken leiten zu lassen, ohne zu berücksichtigen, daß Hobbes diese Thesen im „Leviathan" nicht mehr wiederholt. Während Gert und McNeilly es für möglich oder sogar für wahrscheinlich halten, daß Hobbes die Position des psychologischen Egoismus in früheren Werken vertrat, lehnen sie dies, wie gesagt, für den „Leviathan" ab.

Eine letzte Spielart des Egoismus, die für die gegenwärtige Untersuchung von Bedeutung sein dürfte, ist der generische Egoismus[8]. Motive sind generisch egoistisch, wenn sie allein aufgrund egoistischer Motive erworben wurden. Die so erworbenen Motive können aber durchaus im engeren Verständnis des psychologischen Egoismus nichtegoistisch sein.

Die Kennzeichnung eines generischen Egoismus ist nicht zuletzt im Hinblick auf Hobbes' psychologische Demaskierungsstrategie wichtig, die er mit kaum geringerer Meisterschaft als sein Zeitgenosse La Rochefoucauld in seinen Werken anwendet. Dabei werden vordergründig moralische oder altruistische Motive auf tieferliegende egoistische Motive zurückgeführt. Auch wenn Hobbes diese Strategie im „Leviathan" vorsichtiger einsetzt als in den scharfzüngigen „Elements of Law", ist die These, daß Hobbes sich vom psychologischen Egoismus abgewendet habe, immer auf die Möglichkeit der Demaskierung hin zu überprüfen. Das Vorhandensein vordergründig altruistischer oder moralischer Ziele bei Individuen widerspricht noch nicht der Annahme, daß Hobbes die Position des psychologischen Egoismus vertritt. Erst wenn glaubhaft gemacht werden kann, daß die betreffenden Motive nach Hobbes' Ansicht nicht zwangsläufig um tieferliegender egoistischer Motive willen verfolgt werden, erhält die These von Gert und McNeilly Gewicht. Nicht zuletzt deshalb ist es wichtig, die Rückführung auf tiefliegende egoistische Motive nicht mit der egoistischen Genese von Motiven zu verwechseln. Im ersten Fall soll aufgedeckt werden, daß Individuen moralisch oder altruistisch handeln, um egoistische Ziele zu erreichen, im zweiten Fall handeln sie moralisch oder altruistisch, weil sie entsprechende Neigungen besitzen, bei deren Erwerb ihr Eigeninteresse eine Rolle spielte. Die speziellen egoistischen

8 Hampton (1986: 22) beschreibt diese Form des Egoismus ebenso wie Kavka (1986: 36), der sie allerdings als „causal egoism" bezeichnet.

Motive, die zur Ausbildung moralischer oder altruistischer Motive führten, können längst kausal unwirksam geworden sein und über keine offene oder verdeckte motivationale Kraft mehr verfügen. Zwischen dem Nachweis eines tiefliegenden und eines generischen Egoismus ist folglich sorgsam zu unterscheiden. Auf diesen Punkt werde ich weiter unten an zentraler Stelle zurückkommen.

3. Definitionen des Mitleids

In der Debatte zum psychologischen Egoismus stehen Hobbes' Definitionen der Leidenschaften und insbesondere die Unterschiede in der Charakterisierung des Mitleids in den „Elements of Law" und im „Leviathan" im Mittelpunkt des Interesses. Zahlreiche Kritiker haben sich hierzu geäußert, während andere Belege, die von Gert und McNeilly gegen eine psychologisch egoistische Position von Hobbes angeführt worden sind, nahezu unbeachtet blieben.

In der Tat fällt auf, daß Hobbes' Definition des Mitleids im „Leviathan" bei oberflächlicher Betrachtung weit weniger egoistisch gefärbt ist als ihr Pendant in den „Elements of Law":

> „Bedauern ist die Vorstellung oder Einbildung zukünftigen Mißgeschicks unserer selbst, die vom Eindruck des gegenwärtigen Mißgeschicks eines anderen Menschen herrührt; aber wenn es jene befällt, von denen wir denken, sie hätten es nicht verdient, ist das Mitgefühl größer, weil dann die Wahrscheinlichkeit größer erscheint, daß das gleiche uns geschehen könnte. Denn das Übel das einem unschuldigen Menschen geschieht, kann jedem Menschen geschehen." (El. I, ix, 10; eigene Übersetzung, R.S.)

> „Kummer wegen des Mißgeschicks eines anderen ist Bedauern und entsteht aus der Vorstellung, daß dasselbe Mißgeschick uns selbst zustoßen könnte. Und deshalb wird es auch Mitleid und mit einem zur Zeit üblichen Ausdruck Mitgefühl genannt. Deshalb empfinden die besten Menschen wegen eines Mißgeschicks, das durch eigene Übeltaten verursacht wird, das geringste Bedauern, und bei einem solchen Mißgeschick lehnen diejenigen, die glauben, ihnen könne dies am wenigsten widerfahren, jedes Mitleid ab." (L, vi, 45)

In der ersten Definition bezeichnet Hobbes das Mitleid als Vorstellung eigenen, zukünftigen Unglücks, in der zweiten nähert er sich dem normalsprachlichen Gebrauch des Wortes an, wenn er Mitleid als Kummer um das Unglück eines anderen ansieht. Gert (1967: 509) merkt an, daß die Sorge um das eigene Unglück im „Leviathan" nur gebraucht wird, um zu erklären, weshalb wir manchmal Mitleid fühlen und manchmal nicht. Für ihn steht der Kummer um das Wohlergehen anderer, den er offenbar als genuin nichtegoistisches Motiv ansieht, im Vordergrund. Autoren wie Hampton, Kavka und Watkins[9] schließen sich der Auffassung von Gert an. Folgerichtig teilen sie auch seine Auffassung, daß Hobbes einem pessimistischen, aber nicht einem psychologisch egoistischen Menschenbild anhängt. Hobbes' wechselnde Definitionen des Mitleids sind meines Erachtens jedoch keine ausreichende Grundlage für eine solche Schlußfolgerung. Sicherlich findet sich der Kummer um das Wohlergehen anderer nicht auf einer paradigmatischen Liste egoistischer Motive. Es ist jedoch wichtig, genuine von abgeleiteten Motiven zu unterscheiden, weil der Egoismus eines Mitleidenden maskiert sein könnte. Die bloße Existenz für sich genommen altruistischer Motive ist daher kein beweiskräftiges Indiz gegen den psychologischen Egoismus.

Gerts Charakterisierung des psychologischen Egoismus läßt dies nicht unmittelbar erkennen. Er spricht lediglich davon, daß Menschen „never act in order to benefit others" (Gert 1967: 505). Auf den ersten Blick könnte es deshalb scheinen, als ob bereits die Existenz nicht bewußt geheuchelter, altruistischer Motive gegen die These spricht, daß Hobbes einen psychologischen Egoismus vertreten habe. Eine solche Lesart der Definition des psychologischen Egoismus würde diesen aber allzusehr trivialisieren. Sie träfe im übrigen auch nicht die Auffassungen der klassischen Hobbesinterpreten, von denen sich Gert absetzen will. Tönnies und sogar Hume erkennen z.B. die Möglichkeit eines oberflächlichen Altruismus bei Hobbes an und unterstellen lediglich, daß altruistische Motive nach Hobbes' Ansicht auf tieferliegende egoistische Motive zurückführbar sind[10]. Eine Debatte um den psychologischen Egoismus lohnt sich daher nur, wenn letzterer über tiefliegende egoistische Motive definiert wird und einem Oberflächenaltruismus nicht widerspricht. Mc Neilly trägt dem in seiner Explikation des psychologischen Egoismus explizit Rechnung und erkennt an, daß sowohl eine egoistische als auch eine nichtegoistische Lesart der Definition des Mitleids im „Leviathan" möglich erscheint[11].

Es sind im übrigen verschiedene egoistische Motive denkbar, die sich hinter der Maske des Mitleids verbergen könnten. Die zitierten Definitionen des Mitleids schließen nicht aus, daß die motivationale Wirkung bei Taten des Mitgefühls beide Male von der Erwartung eigenen, zukünftigen Unheils ausgeht. Im Hinblick auf diese These ist eine Anekdote aufschlußreich, die Hobbes' Biograph Aubrey mitteilt (vgl. Aubrey 1984). Danach gab Hobbes, der offenbar gemeinhin ein mitleidiger Mann war, einem alten Bettler einmal 6

---

[9] Vgl. Hampton (1986: 21), Kavka (1986: 46) und Watkins (1973: 79).

[10] Vgl. Hume (1972: 149); Tönnies (1971: 177). Hume unterstellt sogar, daß maskierte egoistische Motive unbewußt wirken können.

[11] Zum Zusammenhang zwischen der Maskierung von egoistischen Motiven und dem psychologischen Egoismus vgl. McNeilly (1968: 99); zur Offenheit der Definition des Mitleids im „Leviathan" vgl. McNeilly (1968: 119) oder auch Kemp (1982: 59), der allerdings auf der Grundlage eines anderen Argumentationsganges zu diesem Ergebnis kommt.

pence. Ein anwesender Geistlicher fragte, ob er dies auch getan hätte, wenn es nicht Christi Gebot gewesen wäre. Das bejahte Hobbes, mit der Bemerkung, daß es ihm Schmerz bereitet habe, die elende Lage des alten Mannes zu sehen und daß seine Almosen ihn selbst erleichterten, indem sie dem anderen halfen. Wir helfen anderen also möglicherweise nach Hobbes' Auffassung nur deshalb aus Mitleid, weil wir unser eigenes Unwohlsein bei der Wahrnehmung fremden Unglücks beseitigen wollen. Das zeigt, daß Hobbes' Definition des Mitleids im „Leviathan" ohne weiteres mit einer psychologisch egoistischen Motivationstheorie in Einklang gebracht werden kann.

Nun läßt sich argumentieren, daß Hobbes Abkehr von der Annahme, Mitleid sei Furcht vor eigenem, zukünftigem Unglück, indizienhaft gegen eine psychologisch egoistische Interpretation der Mitleidsdefinition spricht. Tatsächlich bezieht sich Hobbes im „Leviathan" (von 1651), anders als in den „Elements of Law" (von 1640), nicht mehr explizit nur auf die Vorstellung zukünftigen, eigenen Unglücks. Es gilt jedoch zu beachten, daß die Vorstellung eigenen Unglücks, ungeachtet weiterer Aspekte, in erster Linie als Grundlage einer Fiktion der Rollenübernahme dienen soll, der wir uns bedienen, um das Unglück anderer ermessen zu können (vgl. McNeilly 1986: 119). Hobbes muß daher schon deshalb vom eigenen Unglück sprechen, um anzuzeigen, daß nur derjenige Mitleid mit einem anderen empfinden wird, der sich in dessen Schuhe versetzen kann. Sofern es Hobbes darum geht, eine empirische Beschreibung der Bedingungen der Einfühlung zu leisten, erscheint es natürlich, wenn er sich nicht nur auf Zukunftsfiktionen, sondern auch auf die vergangenen Erfahrungen eines Individuums mit den Wechselfällen des Glücks bezieht. Auch der reich gewordene Arme, der nicht mehr fürchten muß, daß ihn das Unglück der Armut erneut befallen könnte, weiß, was es bedeutet, arm zu sein, und kann sich dementsprechend in einen Bettler einfühlen. Das Gewicht, das Hobbes in seiner Darstellung der Ausbildung von Einstellungen und Fähigkeiten von Menschen auf die Erfahrung legt (vgl. L, iii; L, viii), spricht eigentlich sogar dafür, daß unser Mitleid mehr von vergangenen eigenen Erfahrungen mit ähnlichen Situationen als von der Fiktion noch nicht erfahrener Situationen abhängen sollte. Man kann die Ausführungen im „Leviathan" nun so verstehen, daß sie diesen Überlegungen Rechnung tragen und eine Fiktion des eigenen Unheils in den Vordergrund stellen, die weniger strikt zukunftsbezogen ist als die der „Elements of Law". Die Annahme einer solchen Veränderung gegenüber den „Elements of Law" wird im übrigen durch die noch spätere Definition von Mitleid in „De Homine" (von 1658) bestärkt, in der ausdrücklich von vergangenen Erfahrungen die Rede ist[12].

Hobbes' Abkehr von der Identifikation des Mitleids mit der Furcht vor eigenem, zukünftigem Unglück läßt sich folglich schon aufgrund der Annahme

---

[12]DH (xii, 10): „Schmerz empfinden über fremdes Unglück, d.h. mitleiden oder mitfühlen, d.h. die Vorstellung, daß das fremde Unglück einem selbst zustoßen könne, heißt Mitleid. Daher empfinden die größeres Mitleid, die ähnliche Unglücksfälle erlebt haben, und umgekehrt."

erklären, daß er im „Leviathan“ eine angemessenere Behandlung des Vorganges der Rollenübernahme als in den „Elements of Law“ anstrebt. Zu diesem Zweck mußte er den expliziten Zukunftsbezug in den mit dem Mitleid verbundenen Vorstellungen beseitigen, weshalb er an der Konzeption der „Elements of Law“ nicht festhalten konnte. Die egoistischen Passagen der „Elements“ entfielen also womöglich nicht deshalb, weil sie Hobbes später als zu egoistisch erschienen, sondern weil sie einen zu einseitigen Zukunftsbezug enthielten. Die Aufgabe der egoistischen Formulierungen der frühen Definition des Mitleids legitimiert daher keineswegs die Annahme einer Abkehr vom psychologischen Egoismus, zumal mit dem Motiv des Leidens am Leiden anderer zusätzlich ein geeigneter Bezugspunkt für eine psychologisch egoistische Explikation des Mitleids existiert.

Die angesprochenen Veränderungen zwischen den „Elements of Law“ und „Leviathan“ betreffen offenbar Hobbes’ pessimistisches Menschenbild mehr als die Problematik des psychologischen Egoismus. Sie können als Abschwächungen von Hobbes’ pessimistischem Menschenbild gewertet werden. Dies läßt sich allerdings nur behaupten, wenn Hobbes’ pessimistisches Menschenbild in reichhaltigerer und treffenderer Weise charakterisiert wird, als es bei Gert und McNeilly geschieht. Wie oben skizziert, sehen beide Autoren in dem Umstand, daß die meisten Menschen die meiste Zeit egoistisch handeln, den Kern dieses Menschenbildes.

In eine Kennzeichnung von Hobbes’ pessimistischem Menschenbild sollten allerdings auch seine besonders extremen Annahmen über die menschliche Natur einbezogen werden, auf denen das traditionelle Hobbesbild weitgehend beruht. Solche Annahmen finden sich in besonders großer Dichte im ersten Teil der „Elements of Law“. Das Bild vom Leben als Rennen, in dem jeder der Erste sein will, stellt ihren berühmten Kulminationspunkt dar (vgl. El. I, ix, 21). Auf viele extrem pessimistische Annahmen dieser Art kann Hobbes nun verzichten, ohne daß hierfür Abstriche an seinen grundlegenden motivationstheoretischen Annahmen erforderlich sind, zu denen der psychologische Egoismus traditionell gerechnet wird[13]. Es ist z.B. möglich, daß Menschen ausschließlich egoistisch handeln, ohne daß sie versuchen müßten, alle anderen and Rang und Status zu übertreffen. Daher gilt es zu erwägen, ob Hobbes das pessimistische Menschenbild der „Elements of Law“ in späteren Werken nicht etwas freundlicher gestaltet hat, ohne sich vom psychologischen Egoismus zu verabschieden. Der Anschein einer Abkehr vom psychologischen Egoismus, auf den Gert und McNeilly sich stützen, könnte mithin von einer bloßen Abschwächung des Hobbesschen Pessimismus herrühren. Für eine solche Abschwächung gibt es deutliche Anzeichen. Das der Tugend des Mitleids entgegengesetzte Laster ist die Hartherzigkeit oder Grausamkeit. Diese

[13]Dabei bleibt es unerheblich, ob man annimmt, daß Hobbes Motivationstheorie auf seiner mechanistischen Naturphilosophie gründet (vgl. Esfeld 1995) oder nicht (vgl. als locus classicus Strauss 1965).

wird in den „Elements of Law“ und im „Leviathan“ wiederum unterschiedlich definiert:

> „Das Gegenteil von Bedauern ist Hartherzigkeit, die entweder von Langsamkeit der Vorstellung herrührt, oder von extrem hoher Meinung von der eigenen Freiheit von ähnlichem Mißgeschick oder von Abneigung gegenüber allen oder den meisten Menschen.“ (El I, ix, 10; eigene Übersetzung, R.S.)

> „Verachtung des Mißgeschicks anderer, oder wenig Sinn dafür, ist das, was man Grausamkeit nennt. Sie kommt von der Sicherheit der eigenen Lage. Denn daß jemand Gefallen an einem großen Unglück anderer Menschen finden könnte, ohne eigene Zwecke zu verfolgen, kann ich mir unmöglich vorstellen.“ (L, vi, 45)

In den „Elements of Law“ scheint Hobbes die Menschenverachtung als eigenständigen Zug der menschlichen Natur angesehen zu haben. Im „Leviathan“ vertritt er die weit weniger pessimistische Haltung, daß niemand sich grundlos am Leiden anderer erfreut. Lediglich der Glaube an die eigene Sicherheit und Unverwundbarkeit wird als Ursache mangelnden Mitleids genannt. Hobbes' Abkehr von der Annahme der Möglichkeit von genuinem Vergnügen an Böswilligkeit und Haß auf andere wirkt fast naiv und zeigt, daß auch das Etikett des pessimistischen Menschenbildes ihm nicht schablonenhaft angeheftet werden darf[14]. Man beachte im übrigen, daß die Nichtanfälligkeit für zukünftiges, eigenes Unglück auch im „Leviathan“ in der Definition von Grausamkeit erhalten bleibt. Hobbes scheint seine frühere empirisch psychologische Generalisierung nicht für völlig verfehlt erachtet zu haben, sondern lediglich als fehl am Platz im Rahmen von Fiktionen der Rollenübernahme. Die Möglichkeit, die scheinbare Abkehr vom psychologischen Egoismus im „Leviathan“ durch andere Beweggründe zu erklären oder als Abschwächung des pessimistischen Menschenbildes zu verstehen, läßt deutlich werden, daß es besonderer Anstrengungen bedarf, um die These von Gert und McNeilly zu begründen. Der in der Literatur im Vordergrund stehende Diskussionsstrang um die Gefühle des Mitleids, der Liebe, des Wohlwollens verspricht in dieser Hinsicht wenig, denn für jene Gefühle dürfte es schwierig werden, über die Basishypothese einer bloßen Abschwächung des pessimistischen Menschenbildes hinauszugelangen. Es ist daher erforderlich, sich nach anderen Belegen umzusehen, die gegen eine psychologisch egoistische Interpretation des Menschenbildes des „Leviathan“ sprechen könnten.

---

[14] Ich würde allerdings nicht so weit gehen wie Tuck (1989: 55), der Hobbes gar kein pessimistisches Menschenbild zuschreibt: „The common idea that Hobbes was in some sense ‚pessimistic‘ about human nature is wide off the mark, for his natural men (rather like Grotius's) were in principle standoffish towards one another rather than inherently belligerent.“

4. Die Macht der Gewohnheit

Aufgrund des Ungenügens des ersten Argumentationsstrangs erweist es sich in der Tat als erforderlich zu untersuchen, ob sich die Kritik an der Annahme eines psychologischen Egoismus bei Hobbes nicht vielmehr auf den zweiten von Gerts Argumentationssträngen stützen läßt (vgl. Gert 1967: 519). Meines Wissens geht kein Kommentator, der Hobbes mit den Mittel der modernen Theorie des rationalen Handelns rekonstruiert, auf diesen Argumentationsstrang ein[15]. Gert hebt hervor, daß Hobbes den Menschen als erzieh- und konditionierbares Wesen ansah. Der erzogene Mensch muß nach Gert kein psychologischer Egoist mehr sein.

Zur Fundierung seiner These von der Erziehbarkeit des Menschen zu nichtegoistischem Verhalten verweist Gert auf das dreizehnte Kapitel von „De Homine". In diesem Kapitel spricht Hobbes „Von den Anlagen und dem Charakter" (Überschrift). Gert zitiert die Ausführungen zur sechsfachen Quelle der Anlagen bzw. Neigungen des Menschen und beschäftigt sich vor allem mit einer dieser Quellen, der Autorität von Personen, die Vorbilder oder Erzieher sind. Eine solche Wahl des Diskussionsschwerpunktes scheint mir höchst unvorteilhaft zu sein, was erklären mag, weshalb Gerts Argumentation zu diesem Punkt kaum beachtet wurde. Bei der Klärung des Egoismusproblems muß es generell darum gehen, ob Menschen nichtegoistische Charakterzüge ausbilden können. Ob dies durch Autorität und Erziehung, aufgrund von Zufällen oder der allgemeinen Lebenserfahrung geschieht, erscheint zweitrangig. Vor allem läßt sich nur durch die Erörterung fundamentaler lerntheoretischer Mechanismen und nicht schon durch den Hinweis auf das Faktum der Erziehbarkeit klären, ob anerzogenes Verhalten aufgrund tiefliegender egoistischer Motive ausgeübt wird oder nicht.

Aus der Sicht der Diskussion um den psychologischen Egoismus sind daher die Passagen zur Autorität in Kapitel 13 von „De Homine" weniger wichtig als jene zu den Wirkungen der Gewohnheit und zur Formung des Charakters bzw. von Dispositionen. In diesem Zusammenhang postuliert Hobbes einen Abstumpfungseffekt für angenehme und unangenehme Vorgänge:

> „Gewohnheit: Was anfangs, solange es neu ist, der Mensch nicht mag, d.h. wogegen sich die Natur des Menschen zur Wehr setzt, das bezwingt, wenn es öfters wiederholt wird, die Natur und bringt ihn dazu, zunächst es zu ertragen, dann aber es zu lieben." (DH, xiii, 3)
>
> „Eine Folge der Gewohnheit ist es ferner, daß Menschen, die oft und lange Gefahren ausgesetzt waren, ihre Furchtsamkeit verlieren, wie auch Menschen, die lange Zeit hindurch Ehren genossen haben, weniger anmaßend sind, da sie allmählich aufgehört haben, sich zu bewundern." (DH, xiii, 3)

[15] Vgl. Hampton oder Kavka, die sich statt dessen explizit mit der Interpretation der Definitionen des Mitleids auseinandersetzen.

Interessanterweise beläßt es Hobbes im ersten Zitat nicht bei der bloßen Verringerung des negativen Effektes einer wiederholten, als unangehnem empfundenen Reizung, sondern behauptet einen Qualitätsumschlag hin zum Angenehmen bei genügend häufiger Wiederholung. Dieser Qualitätsumschlag paßt zur Annahme eines Bahnungseffektes, die Hobbes an anderer Stelle vertritt (DH, xiii, 2):

> „Kurz, alle pflegen den Beruf, den sie erwählt haben, [...] und im Greisenalter ganz besonders, nicht weil sie älter, sondern weil sie darin schon so weit fortgeschritten sind, nach Art der Dinge, die nach ihrer Natur je länger desto schneller stets sich bewegen."

Die Annahme eines Bahnungseffektes und eines Qualitätsumschlages unangenehmer Reizungen bei hinreichender Wiederholung harmonieren wiederum mit Hobbes' These, daß Vergnügen aus ungehinderter Tätigkeit (bzw. Vitalbewegung) resultiert (vgl. L, vi, 41), sofern man den Hintergrund seiner Äußerungen wie folgt rekonstruiert. Je öfter eine Reizung wiederholt wird, desto besser stellen sich körperliche Reaktionen, Empfindungen und Wahrnehmungen auf sie ein (Bahnung). Dementsprechend wird der Widerstand der Vitalbewegung, der der Wirkung der Reizung entgegensteht, um so geringer werden, je häufiger letztere wiederholt wird. Häufige Wiederholung kann mithin dazu führen, daß eine Art der Reizung als angenehm statt als unangenehm empfunden wird. Hieraus ergeben sich offenkundige Möglichkeiten der Beeinflussung des Menschen. Rational vorausschauendes Verhalten kann gegen den Einfluß akuter Leidenschaften tendenziell gesichert werden, indem es durch Einübung einen angenehmen Eigenwert erhält. Auf diese Weise lassen sich auch Charakterzüge oder Dispositionen von Akteuren ausbilden, die bewirken, daß der Akteur altruistisch oder sittlich handelt, wenn keine starken, entgegenstehenden egoistischen Motive vorliegen. Ein trickreiches, indirektes Nutzenkalkül, das sich an Zielen aus Kavkas Liste egoistischer Motive orientiert, muß in diesem Fall wohlgemerkt nicht als Basis altruistischen Verhaltens angenommen werden.

Die Bahnungseffekte und die Möglichkeiten der Charakterbildung, die Hobbes annimmt, dokumentieren meines Erachtens schlüssig, daß er nicht die Position eines psychologischen Egoismus vertritt. Dieses Ergebnis findet sich interessanterweise bereits in der erst 1981 veröffentlichten Habilitationsschrift von Schelsky aus dem Jahr 1941[16]. Schelsky verweist auf die zentrale Bedeutung der Habituierung bei Hobbes für die Entwicklung von Tugenden und von Sittlichkeit. Letztere sei trotz ihrer Wurzeln im Egoismus (Schelsky 1981: 276): „...dann aber, da sie im Habitus, in der Gesinnung, liegt, verhältnismäßig unabhängig von der jeweiligen Zweckmäßigkeit, und wirkt selbständig."

---

16 Vgl. vor allem Schelsky (1981: 30ff., 181ff., 275ff.).

Schelsky spricht nicht von dem speziellen motivationstheoretischen Konstrukt des psychologischen Egoismus, aber es ist klar, daß er das Bild von Hobbes als Hauptvertreter einer extremen Egoismusannahme, die allseitiges und allzeitiges egoistisches Verhalten postuliert, ablehnt. Dem ist hier wenig hinzuzufügen. Es sei jedoch ausdrücklich betont, daß Hobbes Psychologie zumindest die Position des generischen Egoismus impliziert. Hobbes unterscheidet im sechsten Kapitel des „Leviathan" zwischen angeborenen und erworbenen Neigungen (vgl. L, vi, 40). Esfeld (1995: 193) faßt die ersteren wie folgt zusammen:

> „Mit den angeborenen Begierden und Abneigungen ist ein angeborenes Streben nach der Veränderung von anderem zur Förderung des eigenen Lebens gemeint."[17]

Daraus folgt, daß die angeborenen Neigungen sämtlich egoistischer Natur sind, so daß die Charakterbildung allein auf den egoistischen Tendenzen des Befriedigungsstrebens und der Unlustvermeidung im Hinblick auf das eigene Leben aufbauen kann. Alle erworbenen Anlagen wurzeln mithin entwicklungsgeschichtlich in egoistischen Grundlagen. Das macht sie jedoch nicht per se zu egoistischen Anlagen oder zu Anlagen, die verdeckte egoistische Motive widerspiegeln[18]. Natürlich handelt der Mensch nach Hobbes bestenfalls gemäß seinem altruistischen Charakter, weil es ihm selbst Freude bereitet. Diese Feststellung rechtfertigt aber, wie oben bereits bemerkt, lediglich die Annahme eines hedonistischen tautologischen Egoismus im Sinne von Gert und McNeilly. Der Philanthrop, dem es (ohne weitere Hintergedanken) die höchste Freude macht, die ganze Welt zu beglücken, ist jedoch kein Paradebeispiel für einen psychologischen Egoisten. Ein psychologischer Egoist ist dadurch gekennzeichnet, daß für ihn das Wohl anderer bestenfalls ein vordergründiges Motiv darstellt. Sofern man hinter altruistischen Charakterzügen den psychologischen Egoismus entdecken will, muß man die Demaskierungsstrategie anwenden, die Hobbes so meisterlich beherrscht. Hierbei gilt es die Gefahr der Verwechslung von generischem und motivational tiefliegendem Egoismus zu beachten, auf die ich eingangs hingewiesen habe. Daß Charakterzüge auf egoistischem Weg entstanden sind, heißt nicht, daß Handlungen, die ihnen entsprechen, allzeit auf tiefliegende egoistische Motive zurückführbar sein müssen. Ein Junge kann es sich z.B. angewöhnt haben, altruistisch zu handeln, um seine Freundin zu beeindrucken. Nach Hobbes' Theorie der Charakterbildung kann er dabei eine intrinsische Freude am altruistischen Handeln erworben haben. Wenn dieselbe Person 20 Jahre später als erwachsener Mann aus

---

[17]Esfelds Zusammenfassung ist nicht unproblematisch, da Hobbes explizit nur die Verlangen nach Nahrung und Ausscheidung als angeborene Verlangen nennt. Ich akzeptiere sie hier aber zum Zweck des Argumentes.

[18]Diesen Unterschied übersieht Esfeld (1995: 210ff.) in seiner motivationstheoretischen Argumentation gegen die Thesen von Gert und McNeilly.

Freude an der Sache altruistisch handelt, dann muß dahinter nicht das tiefliegende egoistische Motiv des Interesses an der Freundin stehen. Letztere kann längst verschwunden und vergessen sein und mit der aktuellen Motivationslage des Mannes nichts mehr zu tun haben. Eine generische, kausale Beziehung egoistischer Mechanismen zu bestimmten Charakterzügen bedingt schlichtweg nicht, daß wir diesen folgen, um psychologisch egoistische Ziele zu erfüllen, oder auch nur, daß wir untergründig von solchen motiviert werden. Zwischen den vergangenen Kausalwirkungen egoistischer Konditionierung und einer aktuellen, aber verdeckten motivationalen Wirkung egoistischer Antriebe besteht ein kategorialer Unterschied. Hobbes Lerntheorie erlaubt daher den Schluß, daß er der Position des psychologischen Egoismus nicht anhing.

Die Belege für meine Argumentation habe ich, ebenso wie Gert und Schelsky, dem Werk „De Homine" entnommen. Sofern man eine Entwicklung von Hobbes' Standpunkt zwischen seinen Werken als möglich erachtet, ist noch zu klären, ob von „De Homine" (1658) auf den „Leviathan" (1651) oder gar auf die „Elements of Law" (1640) zurückgeschlossen werden darf. Das scheint mir in der Tat der Fall zu sein. Hobbes sagt in diesen Werken zwar sehr wenig zu Fragen der Gewöhnung und der Charakterbildung, aber die Annahmen von „De Homine" fügen sich harmonisch in die Psychologie schon der „Elements of Law" ein. Darüber hinaus existiert in den „Elements of Law" eine explizite Parallele zu der letzten aus „De Homine" zitierten Passage[19]. Vor diesem Hintergrund ist nicht ohne zwingende Gründe anzunehmen, daß Hobbes im „Leviathan", der zeitlich zwischen den „Elements of Law" und „De Homine" liegt, andere lerntheoretische Annahmen vertrat als in diesen Werken. Schwankungen oder Entwicklungstendenzen in Hobbes' Pessimismus im Hinblick auf die menschliche Natur können nicht als solche Gründe gelten, denn Fragen des Pessimismus sind, wie gezeigt, im allgemeinen sorgsam von der Problematik des psychologischen Egoismus zu unterscheiden.

---

[19]Vgl. El. (I, v, 14; eigene Übersetzung, R.S.): „Es liegt in der Natur von nahezu jedem körperlichen Ding, daß es, wenn es oft in ein und derselben Weise bewegt wird, kontinuierlich eine immer größere Leichtigkeit und Fertigkeit zur gleichen Bewegung empfängt; insofern als mit der Zeit die gleiche so habituell wird, daß um sie zu erzeugen, es nicht mehr bedarf als sie anzufangen."

5. *Das Ausmaß der Charakterbildung*

Im letzten Abschnitt ist die Argumentation Gerts gegen die Annahme eines psychologischen Egoismus mit der ehrgeizigeren Argumentation Schelskys in Verbindung gebracht worden. Schelsky schreibt Hobbes aufgrund von dessen Ausführungen zur Erziehung und Habituierung ein variables Menschenbild zu, nach dem Menschen nicht ausschließlich gemäß unveränderlicher natürlicher Dispositionen handeln, sondern auch aufgrund erworbener und formbarer Charakterzüge. Eine ähnlich starke Betonung erfährt die Formbarkeit des Menschen bei Boonin-Vail (1994). Für Boonin-Vail ist Hobbes ein verkappter Tugendethiker, der fordert, daß Menschen zur Tugend erzogen werden sollen. Darüber hinaus weist Boonin-Vail nach, daß Hobbes die Erziehbarkeit des Menschen zur Tugend tatsächlich für möglich erachtete. Diese Auffassung deckt sich mit der Schelskys (1981: 277), daß Sittlichkeit nach Hobbes Vorstellung aufgrund geordneter staatlicher Verhältnisse und auf der Grundlage eines egoistisch-mechanistischen Menschenbildes aufgebaut werden kann.

Die Existenz genuin tugendhafter Motive steht nun nicht notwendigerweise in Widerspruch zur Annahme, daß egoistisches Verhalten in menschlichen Gesellschaften universell überwiegt. Dazu müßte die antrainierte Sittlichkeit bei vielen Individuen nicht nur vorhanden, sondern in vielen Kontexten stärker sein können als entgegengesetzte egoistische Ziele. Man kann bestreiten, daß Hobbes' dies für möglich gehalten hätte. Ein Beleg hierfür findet sich im vierzehnten Kapitel des „Leviathan" (L, xiv, 108), wonach eine Vertragseinhaltung aufgrund des Stolzes, einen Vertragsbruch nicht nötig zu haben, ein „Edelmut [ist], den man zu selten antrifft, als daß er vorausgesetzt werden könnte"[20]. Hobbes meint dort: „Die Leidenschaft, auf die man zählen kann, ist die Furcht...". Darüber hinaus spricht es gegen die Möglichkeit überwiegend nichtegoistischen Verhaltens aufgrund von Habituierung, daß Hobbes seine Konzeption einer Friedensordnung nicht erkennbar auf diese Möglichkeit stützt. Das hätte jedoch nahegelegen, wenn er an besagte Möglichkeit geglaubt hätte. Statt dessen verweist Hobbes in seiner zentralen Diskussion der Vertragstreue weniger auf den Umstand, daß eingegangene Verträge im vergesellschafteten Zustand durch Habituierung von Vertragstreue sicherer werden, als auf die davon unabhängige Rationalität der Vertragstreue.

Diese und ähnliche Passagen sind die Säulen des ‚Neuen Konsenses', der oben mit der Annahme gleichgesetzt worden war, daß Menschen unter allen gesellschaftlichen Umständen überwiegend egoistisch handeln. Bei genauer Betrachtung läßt sich diese Annahme jedoch noch weiter ausdifferenzieren. Hobbes propagiert, wenn überhaupt, nicht einfach eine allgemeine Dominanz egoistischen Verhaltens, sondern aus seinen Ausführungen gehen darüber hin-

[20] Vgl. zu dieser Problematik auch L (xv, 114) und B (26): „Denn es gibt nur wenige, deren Gewissen so empfindlich ist, Geld zu verweigern, wenn sie es brauchen."

aus einige Situationstypen hervor, in den Abweichungen von egoistischen Verhaltensmustern zu erwarten sind. Das sind zum einen Situationen, in denen es um das Wohl von Personen geht, die dem Handelnden als Freunde, Kinder oder Verwandte nahestehen[21], und zum anderen solche, in denen das Abweichen von egoistischem Verhalten geringe Kosten mit sich bringt. Die zuletzt genannte 'low-cost' Annahme findet sich nicht explizit in Hobbes' Äußerungen, aber sie folgt logisch aus der Verbindung eines universellen, überwiegenden Egoismus mit der zumindest begrenzten Möglichkeit der Habituierung von nichtegoistischem Verhalten. Habituierung begründet zunächst einmal einen Eigenwert nichtegoistischen Verhaltens, der im Vergleich zu kleinen Vorteilen aus egoistischem Verhalten überwiegen kann. Menschen handeln gegebenenfalls dennoch überwiegend egoistisch, weil ein Verzicht auf egoistisches Verhalten nur selten geringe Kosten nachsichzieht. Allerdings muß berücksichtigt werden, daß Hobbes einige Ausnahmefälle zuläßt, bei denen sich auch unter spürbaren Kosten nichtegoistisches Verhalten findet, wie die angeführte Stelle zu Personen, die einen Vertragsbruch verabscheuen, zeigt. Diese Ausnahmefälle erachtet er jedoch als selten.

Das scheinbar klare Bild des ‚Neuen Konsenses' verwischt sich jedoch bei näherer Betrachtung. Der Stellenwert der vorgebrachten Argumente hängt wesentlich davon ab, ob Hobbes' Äußerungen zum Vorkommen von Motiven und Leidenschaften uneingeschränkte Geltung zugemessen wird oder ob sie als adressaten- und zeitgebundene Urteile angesehen werden. Sicherlich glaubte Hobbes, daß seine Behauptungen zur Seltenheit nichtegoistischen Verhaltens durch die historische Erfahrung gedeckt werden. Daraus folgt jedoch nicht, daß er bei ihrer Formulierung auch Zeiten nach der Implementation seiner Philosophie durch einen Souverän und insbesondere nach einer in seinem Sinn erfolgten Universitätsreform im Auge hatte. In der Tat gibt es Indizien dafür, daß dies nicht der Fall war. In den abschließenden Bemerkungen zum „Leviathan" erkennt Hobbes, daß er die Fähigkeit, einen Mittelweg zur Tugend zwischen extremen geistigen Fähigkeiten zu beschreiten, durch seine pointierten Thesen so sehr in Frage gestellt hatte, daß Leser aufgrund seiner eigenen Äußerungen am Erfolg des Hobbesschen Befriedungsprogrammes zweifeln konnten. Deshalb weist er darauf hin, daß eine Versöhnung der Extreme durch Erziehung und Zucht möglich ist und bisweilen geschieht (vgl. L, Rückblick, 535). Diese Passage beweist nun unmittelbar nichts für den von mir thematisierten Zusammenhang. Sie belegt jedoch, daß Hobbes durchaus eine Diskrepanz zwischen seiner auf aktuelle Zustände bezogenen pessimistischen Sicht der Dinge und seiner Einschätzung der Möglichkeiten der menschlichen und gesellschaftlichen Entwicklung unterstellte. Scheinbar

---

[21] Hobbes vertritt das Nähemodell nicht explizit, wohl aber folgt es aus einigen seiner Bemerkungen, wie der zur Liebe von Mann zu Mann (Freundschaft), bei der wir das Gute des anderen fördern wollen (vgl. DH, xii, 8), oder aus der Bemerkung „nächst im Blut ist nächst in der Liebe" (El. II, xxiii, 16; vgl. auch L, xix, 154).

uneingeschränkte Erfahrungsurteile über den Menschen werden von Hobbes mithin nicht unbedingt mit universellem Gültigkeitsanspruch geäußert.

Unter dieser Voraussetzung rückt die von Hobbes geforderte Universitäts- und Erziehungsreform in den Mittelpunkt des Untersuchungsinteresses. Aus Hobbes' Reformvorstellungen geht hervor, daß ein von einem hobbesianisch aufgeklärten Souverän geführter Staat seine Bürger weniger durch Gewaltandrohungen als durch Information und Indoktrination beherrschen soll. Es liegt nun nahe, diesen erzieherischen Anspruch mit der Möglichkeit der Habituierung von tugendhaftem Verhalten zu verbinden. Dabei ist jedoch zu beachten, daß schulische Erziehung nach Hobbes hauptsächlich Überzeugungen vermittelt. Einmal verfestigte Überzeugungen können seines Erachtens bei den meisten Menschen nur sehr schwer wieder geändert werden. Sie werden sozusagen in ein plastisches Material eingegraben, das sich mit zunehmender Bearbeitung verfestigt. In diesem Sinne können Überzeugungen durchaus als habituell bezeichnet werden, weshalb sie jedoch nicht notwendigerweise in Widerspruch zu einem universellen, überwiegend egoistischen Menschenbild stehen. Die Überzeugung, es liege in meinem Interesse, Verträge einzuhalten, kann ohne weiteres in ein egoistischen Motivationsgefüge eingehen, auch wenn sie durch bloße Repetition eingeimpft und unreflektiert übernommen wurde. Der hohe Stellenwert einer Universitäts- und Erziehungsreform ist folglich für sich genommen noch kein Beleg gegen die Annahme eines universellen Überwiegens des Egoismus. Die Existenz von Dispositionen zur Tugend erlaubt per se bei Hobbes noch keine Schlüsse auf das Vorhandensein nichtegoistischer Motive. Vielmehr wäre zu zeigen, daß die Habituierung tugendhaften Verhaltens, die auf fortgeschrittenen gesellschaftlichen Entwicklungsstufen stattfindet, nicht nur in einer Habituierung der Ansicht besteht, daß tugendhaftes Verhalten im eigenen Interesse liegt[22].

Daß Habituierung auch unterhalb der Ebene kognitiven Inhalts stattfinden kann, folgt aus den oben hervorgehobenen lerntheoretischen Mechanismen, die eine Konditionierung auch bei Lebewesen erlauben würden, denen sich keine Überzeugungen zuschreiben lassen. Es gibt jedoch keine Belege dafür, daß Hobbes eine wirksame Kontrolle des psychologischen Egoismus auf irgendeiner gesellschaftlichen Entwicklungsstufe aufgrund dieser Mechanismen als möglich erachtet hätte. Damit scheint meine Argumentation in eine Sackgasse geraten zu sein. Sie läßt sich jedoch weiterführen, wenn man wieder zur Betrachtung von Leidenschaften zurückkehrt, und zwar insbesondere zu einer bestimmten Form des Stolzes.

Die oben zitierten Äußerungen zum Stolz, einen Vertragsbruch nicht nötig zu haben, kennzeichnen eine Leidenschaft, die keineswegs radikal egoistisch erscheint. Dennoch wäre sie als psychologisch egoistisch zu klassifizieren,

---

[22] Weder Boonin-Vail noch Schelsky gehen auf diese Problematik ein, sondern sprechen pauschal von der Habituierung von Tugend bzw. Sittlichkeit.

wenn man dem Wortlaut von Gerts Charakterisierung des psychologischen Egoismus folgt. Ein Individuum, das aufgrund des besagten Stolzes von einem Vertragsbruch absieht, handelt weder unmittelbar aus Achtung vor einem moralischen Gesetz[23] noch notwendigerweise, weil ihm das Wohl anderer am Herzen liegt. Nur diese beiden Merkmale nennt Gert explizit als Kennzeichen nicht psychologisch egoistischen Verhaltens. Immerhin spiegelt der Stolz, einen Vertragsbruch nicht nötig zu haben, aber auch nicht einfach die Erkenntnis wieder, daß die Einhaltung von Verträgen im eigenen Interesse liegt. Er stützt sich statt dessen offenbar auf das Gefühl, gegenüber einem eng definierten, eigenen Nutzen gleichgültig sein zu können. Wie jede Art des Stolzes oder des Enthusiasmus über die eigene Tugendhaftigkeit enthält dieses Motiv ein Element der Selbstverliebtheit und erweist sich somit letztendlich als egoistisch. Dabei muß allerdings berücksichtigt werden, daß niemand behauptet, daß Hobbes gar keine der grundlegenden Formen des Egoismus vertreten habe. Gerts und McNeillys Angriff zielt lediglich auf den psychologischen Egoismus, der auf den ersten Blick eine angemessene Konkretisierung der These von der sachlichen Uneingeschränktheit des Hobbesschen Egoismus darstellt[24]. Die Existenz eines Stolzes, einen Vetragsbruch nicht nötig zu haben, stellt diese Einschätzung nun in Frage.

Einerseits scheint der Begriff des psychologischen Egoismus wohl konstruiert zu sein, weil Altruismus und ethisches Pflichtgefühl die beiden hauptsächlichen Motive sind, die universalen Egoismusannahmen seit dem 17. Jahrhundert entgegengehalten wurden. Andererseits sorgt die Möglichkeit, sich mit Hilfe eines besonderen Stolzes vom eng definierten, eigenen Nutzen zu distanzieren, dafür, daß Menschen sich in ihrem Handeln nicht allein an einer Liste unmittelbar egoistischer Ziele orientieren, wie sie dem psychologischen Egoismus zugrundeliegt. Das geschieht nicht durch eine Abkehr vom Egoismus bzw. aufgrund der Freude über das Wohl anderer, sondern indem der Egoismus des Individuums paradox gegen sich selbst gewendet wird. Das Individuum schmeichelt sich, ein Handeln allein gemäß der Liste der egoistischen Ziele nicht nötig zu haben, und gewinnt hieraus ein egoistisches Motiv, das ihm tatsächlich erlaubt, auf solche Handlungen zu verzichten. Hobbes entwickelt folglich die Möglichkeit eines paradoxen Egoismus, der eine weitere Grundform des Egoismus darstellt.

Mit Hilfe eines paradoxen Egoismus läßt sich ein einfacher (Listen-) Egoismus in gleicher Weise einschränken, wie mit Hilfe von Zielen, die gemeinhin als nichtegoistisch angesehen werden. Die traditionelle These, Hobbes habe einen uneingeschränkten Egoismus vertreten, kann daher auch ohne Rekurs auf den Gertschen psychologischen Egoismus widerlegt werden. Das ist

---

[23]Schelsky (1981: 276) nimmt an, daß Hobbes' Individuen dieses Motiv durch Habituierung erwerben können, was ich jedoch nicht glaube.

[24]Die formale Uneingeschränktheit desselben spiegelt das Modell des tautologischen Egoismus wider.

nicht zuletzt deshalb bedeutsam, weil die Klassiker der Hobbesforschung gar nicht wörtlich von psychologischem Egoismus sprechen, sondern auf die Uneingeschränktheit von Hobbes' Egoismus verweisen[25]. Der Stolz, einen Vertragsbruch nicht nötig zu haben, sollte folglich als weiterer Beleg anerkannt werden, daß Hobbes keinen radikalen Egoismus der Individuen vertrat.

Damit ist natürlich das Problem der Seltenheit dieses Stolzes noch nicht gelöst, und wir müssen zur Frage zurückkehren, ob Hobbes ihn auf allen Stufen der gesellschaftlichen Entwicklung für selten hält oder ob er nur mit Blick auf den status quo urteilt. Ich halte es nicht für unplausibel, den betreffenden Sätzen Hobbes' jede Verbindlichkeit für fortgeschrittene gesellschaftliche Entwicklungszustände abzusprechen. Solche Zustände muß Hobbes nicht erwogen haben, als er von der Seltenheit jenes besonderen Stolzes sprach. Ein Indiz gegen die Verallgemeinerung der Äußerungen zur Seltenheit des Stolzes, einen Vertragsbruch nicht nötig zu haben, liefert Hobbes' eschatologisches Geschichtsbild. Sofern man Hobbes' religiöse Vorstellungen als Ausdruck seines Selbstverständnisses ernst nimmt, wozu nicht wenige neuere Kommentatoren neigen[26], sind Hobbes' Bemerkungen (vgl. L, xlii, 379) zur Zeit zwischen der Himmelfahrt Christi und dem Eintritt seines Reiches auf Erden für die gegenwärtige Fragestellung aufschlußreich. Aus Sicht der Kirche stellt sich diese Ära als Zeit der Regeneration dar, in der Menschen durch Überzeugung und nicht durch Zwang für den Glauben zu gewinnen sind. Eine zunehmende Regeneration recht verstandenen Glaubens brächte es mit sich, daß die Menschen in ihrem Handeln immer mehr von wahrer Frömmigkeit und dem Gehorsam gegenüber den natürlichen Gesetzen, die nach Hobbes' Ansicht Gesetze Gottes sind, geleitet werden. Ein Wiedererstarken rechtverstandener Gläubigkeit würde aber auch zu einer Verbreitung gerechter Charakterzüge führen, denn nur der Gerechte hat Aussicht auf Erlösung[27]. Das ist im gegenwärtigen Kontext deshalb bedeutsam, weil Hobbes den Edelmut, ein Versprechen nicht zu brechen, obwohl es vorteilhaft wäre, als Ausdruck eines gerechten Charakters ansieht (d.h. einer Disposition, gerecht zu handeln)[28]. Dieser Edelmut ist nur eine andere Erscheinungsform des bereits diskutierten Stolzes auf Vetragstreue. Ein historisches Fortschrittsmodell, das eine wachsende Zahl von Gerechten erwarten läßt, widerspricht mithin der Annahme, daß die Zahl der Stolzen, die einen Versprechens- oder Vertragsbruch nicht nötig haben, gering bleiben wird.

---

25 Vgl. Fußnote 1.

26 Vgl. Martinich (1992); Springborg (1996).

27 Man beachte die Betonung, die Hobbes auf die Intention des Handelnden im Unterschied zum bloß faktischen Gehorsam bei der Darstellung der Bedingungen der Errettung durch Gott legt (vgl. L, xliii, 447).

28 Vgl. L (xv, 114).

6. Schluß

Angesichts der gegensätzlichen Interpretationsmöglichkeiten spricht vieles dafür, Hobbes keinen festen Standpunkt hinsichtlich der Annahme eines universellen Überwiegens des Egoismus zu unterstellen. Er kannte weder den Begriff des Egoismus noch eine Egoismusdebatte. Hobbes hat seine Argumente offenbar nicht sorgfältig unter Gesichtspunkten entwickelt, die es gestatten würden, ihm eindeutig die Position eines universellen, überwiegenden Egoismus zuzuschreiben. Statt dessen verwebt er unterschiedliche Denktraditionen, ohne sich allzusehr um ihre Kompatibilität zu bekümmern, sofern dies der Propagierung seiner Lehre dienlich erscheint. Daher sollte die Vielschichtigkeit, Mehrdeutigkeit und möglicherweise Inkongruenz Hobbeschen Denkens nicht unterschätzt werden. Vor diesem Hintergrund plädiere ich letztlich gegen einen neuen Konsens, der es erlaubt, Hobbes weiterhin eindeutig eines der üblichen egoistischen Menschenbilder zuzuschreiben. Bereits aus der dargestellten Problemlage lassen sich allerdings einige Schlüsse für das Verhältnis von Hobbes zum Neohobbesianismus und zu Institutionenanalysen auf der Grundlage von rational-choice-Theorien ziehen, mit denen ich meine Untersuchung beenden möchte.

Hobbes wurde das Schicksal zuteil, daß einige seiner theoretischen Aussagen seit Jahrhunderten im grellen Licht der öffentlichen Aufmerksamkeit stehen, während andere, für das Verständnis des Hobbesschen Denkens vielleicht nicht weniger wichtige, im Schatten blieben und erst seit kurzem im Rahmen einer offeneren Fachdiskussion zunehmend Beachtung finden. Als Folge hiervon entspricht der Hobbes, den moderne rational-choice-Ansätze gelegentlich als Urvater ihrer Konzeption des rationalen Egoismus beanspruchen, zunächst einmal nur ihren eigenen Bedürfnissen nach Verwurzelung in älteren geistesgeschichtlichen Zusammenhängen. Tatsächlich belegt die von mir rekonstruierte Debatte zum psychologischen Egoismus, daß Hobbes keinen radikalen Egoismus der Akteure annahm. In dieser Hinsicht gilt es das Bewußtsein zu entwickeln, daß Hobbes keineswegs wie ein zurückversetzter Zeitreisender dachte, der den Denktraditionen des siebzehnten Jahrhunderts fremd gegenüberstand. Sein Jahrhundert und auch das folgende standen im Bann der bis auf Aristoteles zurückreichenden Assoziationspsychologie, die sich aufgrund ihrer lerntheoretischen Implikationen kaum mit der Annahme eines ungemilderten Egoismus der Akteure verbinden läßt. Der weltmännisch zynischen Menschenbetrachtung jener Zeit wurde folglich zwangsläufig die Spitze genommen, sobald sie mit tiefergehenden theoretischen Erwägungen verflochten wurde.

Auf den ersten Blick läßt sich diesen Einsichten Rechnung tragen, indem Hobbes statt eines radikal egoistischen Menschenbildes die Annahme eines universellen Überwiegens des Egoismus zugeschrieben wird. Damit würde nicht die Zugehörigkeit von Hobbes zur Ahnenreihe moderner Konzeptionen des rationalen Egoismus in Frage gestellt, sondern lediglich sein Ort in dieser Reihe neu bestimmt. Für Adam Smith und David Hume wird inzwischen anerkannt, daß sie kein radikal egoistisches Menschenbild vertraten, sondern komplexe und differenzierte Verhaltensmodelle, die es erlauben, die Annahme weitgehend egoistischen Verhaltens mit der Möglichkeit genuin altruistischer Motivation zu verbinden. Diese Erkenntnis bringt weniger die Gefahr der Entwurzelung der modernen Theorie der rationalen Wahl mit sich als die Chance ihrer Modifikation im Lichte von Einsichten, die sich schon die Klassiker erarbeitet hatten. Im Vordergrund sollte dabei meines Erachtens die Unterscheidung zwischen ‚low cost‘ und ‚high cost‘ Situationen stehen, wobei für Situationen, in denen Abweichungen vom Modell egoistisch rationalen Handelns aus der Sicht eben dieses Modells nennenswerte Kosten verursachen, angenommen wird, daß die weitaus meisten Akteure egoistisch rational handeln.

Eine solche Modifikation ist mit der Logik egoistischer Institutionenanalysen ohne weiteres verträglich. Moderne pessimistische Theorien sozialer Institutionen gehen von der Unterstellung aus, daß Institutionen prinzipiell mit Blick auf rational egoistisches Verhalten der handelnden Subjekte konstruiert werden sollten. Die These von der universellen Angemessenheit der Egoismusannahme verträgt sich dabei mit gewissen Einschränkungen, denn es macht für die Analyse der Stabilität einer Institution in der Regel keinen Unterschied, ob sie zu 95% oder zu 100% mit rational egoistischem Verhalten konfrontiert wird. Eine Abkehr vom psychologischen Egoismus müssen Neohobbesianer, wie bereits eingangs betont, folglich nicht fürchten. Kavka (1986: 64ff.) hält denn auch einen „Predominant Egoism“ als Prämisse ‚hobbesianischer‘ Sozialtheorien für ausreichend, dessen Merkmale sich mit dem eines universal überwiegenden Egoismus mit Nahbereichs- und ‚low cost‘-Abweichungen decken. Der ‚Neue Konsens‘ der Hobbesforschung in Sachen Egoismus erscheint dabei als Legitimationsgrundlage egoistischer Institutionenanalysen. Umgekehrt hieße das aber auch, daß sich auf egoistische Institutionenanalysen verzichten läßt, wenn gesellschaftliche Entwicklungsstufen ausgezeichnet werden können, auf denen nichtegoistisches Verhalten vorherrscht.

In Wirklichkeit besteht jedoch kein so enger Zusammenhang zwischen egoistischer Motivationstheorie und Institutionenbetrachtung. Die Angemessenheit des Universalitätsanspruches egoistischer Institutionenanalysen hängt unter anderem von der Widerstandsfähigkeit nichtegoistischer Antriebe ab. Sofern diese angesichts des Soges egoistischer Vorteile erodieren würden, gilt es darauf zu achten, daß soziale Institutionen vor diesem Sog geschützt werden. Dementsprechend wären Institutionen weiterhin auf das Verhalten rationaler Egoisten einzurichten. Hobbes scheint nun die Erosionsgefahr für nichtegoistische Motive als hoch eingeschätzt zu haben. Das hohe Maß an Fehlbarkeit des durchschnittlichen Menschen, das er unterstellt, spricht hierfür ebenso wie die Annahme einer risikoscheuen Erwartungsbildung hinsichtlich der egoistischen Absichten der Mitmenschen. Fehlleistungen können zu gelegentlichen egoistischen Handlungen führen, die im Erfolgsfall wahrscheinlicher werden. Das Wissen um die Instabilität institutionell ungeschützten, nichtegoistischen Verhaltens trägt zusätzlich zu dessen Destabilisierung bei. In den abschließenden Bemerkungen der lateinischen Fassung des „Leviathan" hebt Hobbes schließlich ausdrücklich hervor, daß Gesetze ohne Strafe wirkungslos bleiben (L, xlvii, 533). Tugendhaftes Verhalten bedarf offenbar des Flankenschutzes durch Sanktionsdrohungen, damit es nicht erodiert. Am Bild von Hobbes als einem klassischen, egoistischen Institutionentheoretiker sollte daher nicht gerüttelt werden. Dies ist jedoch auf Grundlage der Erosionsproblematik möglich, ohne ihm starke Egoismusannahmen zuzuschreiben. Hobbes' politische Philosophie läßt sich mithin noch weitgehender von einer egoistischen Motivationstheorie ablösen, als der bisherige Gang der Egoismusdebatte zu erkennen gibt.

Literatur

Werke von Thomas Hobbes:

B = Behemoth, Frankfurt/M. 1991

El. = Human Nature and De Corpore Politico (The Elements of Law); Oxford 1994 (ursprünglich Manuskript von 1640)

L = Leviathan, Frankfurt/M. 1994 (Übersetzung der englischen Fassung von 1651)

DH = Vom Menschen Vom Bürger, Hamburg 1994 (darin Übersetzung des Werkes „De Homine" von 1658)

Zur Zitierweise: Die römischen Ziffern bezeichnen das Kapitel, die arabischen im Leviathan die Seitenzahl der Zitatstelle in der zitierten Ausgabe und in DH und El. die Unterpunkte der Kapitel

Andere Schriften

Aubrey, J. (1984). *Thomas Hobbes.* Berlin. (entstanden 1669-1696).

Bend, J. van der (1982) (ed.). *Thomas Hobbes – His View of Man.* Amsterdam.

Boonin-Vail, D. (1994). *Thomas Hobbes and the Science of Moral Virtue.* Cambridge.

Esfeld, M. (1995). *Mechanismus und Subjektivität in der Philosophie von Thomas Hobbes.* Stuttgart.

Gert, B. (1965). Hobbes, Mechanism, and Egoism. *Philosophical Quarterly* 15, 341-349.

Gert, B. (1967). Hobbes and Psychological Egoism. *Journal of the History of Ideas*, 503- 520.

Gert, B. (1991). Introduction. In: ders., *Thomas Hobbes, Man and Citizen.* Indianapolis, 3-32.

Gert, B. (1996). Hobbes Psychology. In: Sorell (1996), 157-174.

Hampton, J. (1986). *Hobbes and the Social Contract Tradition.* Cambridge.

Hume, D. (1972). *Eine Untersuchung über die Prinzipien der Moral.* Hamburg. (ursprünglich 1777).

Kavka, G. (1986). *Hobbesian Moral and Political Theory.* Princeton.

Kemp, J. (1982). Hobbes on Pity and Charity, in: Bend (1982), 57-62.

Lloyd, S. (1992). *Ideals as Interests in Hobbes's „Leviathan".* Cambridge.

Martinich, A. (1992). *The Two Gods of Leviathan.* Cambridge.

McNeilly, F. (1968). *The Anatomy of Leviathan.* New York.

Schelsky, H. (1981). *Thomas Hobbes. Eine politische Lehre.* Berlin.

Sorrell, T. (1996) (ed.) *The Cambridge Companion to Hobbes.* Cambridge.

Springborg, P.: (1996) Hobbes on Religion, In: Sorrell (1996), 346-380.

Stephen, L. (1991). *Hobbes.* Bristol. (Reprint der Ausgabe von London 1904).

Strauss, L. (1965). *Hobbes' politische Wissenschaft.* Darmstadt.

Tönnies, F. (1971). *Th. Hobbes. Leben und Lehre.* Hrsg. K.-H. Ilting, Stuttgart-Bad Cannstatt. (Reprint der 3. vermehrten Auflage, Stuttgart 1925).

Tuck, R. (1989). *Hobbes.* Oxford.

Watkins, J. (1965). *Hobbes' System of Ideas.* London.

Verzeichnis der Autoren

Michael Baurmann

Geboren 1952; Studium der Soziologie, Philosophie und Rechtswissenschaften in Frankfurt am Main; 1978-83 wiss. Mitarbeiter am Fachbereich Rechtswissenschaften der Universität Frankfurt; 1983 Promotion zum Dr. phil.; 1984-90 Hochschulassistent am Fachbereich Rechts- und Wirtschaftswissenschaften der Universität Mainz; 1990-94 Akademischer Rat in Mainz; 1993 Habilitation für Soziologie; 1994-1997 Privatdozent in Frankfurt und Akademischer Oberrat in Mainz; ab Oktober 1997 Professur für Soziologie am Sozialwissenschaftlichen Institut der Universität Düsseldorf. *Veröffentlichungen:* Folgenorientierung und subjektive Verantwortlichkeit, Baden-Baden 1981; Zweckrationalität und Strafrecht, Opladen 1987; Der Markt der Tugend – Recht und Moral in der liberalen Gesellschaft, Tübingen 1996; seit 1979 Mitherausgeber von Analyse & Kritik: Zeitschrift für Sozialwissenschaft. Aufsätze zur theoretischen Soziologie, Rechtstheorie und Ethik.

Bruno S. Frey

Ordentlicher Professor für Wirtschaftswissenschaften, insbesondere Theorie der Wirtschaftspolitik an der Universität Zürich, sowie Extraordinarius an der Universität Basel. Herausgeber der Zeitschrift Kyklos. *Hauptsächliche Forschungsgebiete:* Anwendung der Ökonomie auf nicht-wirtschaftliche Bereiche wie Politik, Umwelt, Familie, Konflikt, Geschichte und Kunst. Seit einiger Zeit auch Verbindung von Ökonomie und Psychologie. *Neuere Veröffentlichungen:* Demokratische Wirtschaftspolitik (mit Gebhard Kirchgässner, München 1. Auflage 1981, 2. Aufl. 1994); Musen und Märkte. Ansätze zu einer Ökonomik der Kunst (mit Werner W. Pommerehne, München 1993); Ökonomie ist Sozialwissenschaft (München 1990); Markt und Motivation (München 1997), erscheint demnächst. Daneben über 250 Artikel in wissenschaftlichen Zeitschriften.

Rainer Hegselmann

Geboren1950; Studium der Philosophie und der Sozialwissenschaften in Bochum; 1977 Promotion in Philosophie an der Universität Essen; 1983 Habilitation an der Universität Karlsruhe; 1974-1986 wissenschaftlicher Assistent an der Universität Essen; 1986-1988 Heisenberg-Stipendiat; 1988-1996 Professor für Philosophie an der Universität Bremen; 1994-1995 Research Fellow am Netherlands Institute For Advanced Study; seit 1996 Professor für Philosophie an der Universität Bayreuth. *Arbeitsgebiete*: Grundlagenfragen der Moralwissenschaft, Modellierung und Simulation elementarer sozialer Dynamiken, Logik und Argumentationstheorie, Geschichte der analytischen Philosophie. *Veröffentlichungen*: Normativität und Rationalität - Zum Problem praktischer Vernunft in der Analytischen Philosophie, Frankfurt 1979; Formale Dialektik - Ein Beitrag zu einer Theorie des rationalen Argumentierens, Hamburg 1995; zahlreiche Buch- und Zeitschriftenbeiträge.

Hartmut Kliemt

Jahrgang 1949; seit 1987 Professor für Praktische Philosophie an der Gerhard-Mercator-Universität Gesamthochschule Duisburg. *Hauptarbeitsgebiete*: Die spieltheoretische Analyse grundlegender sozialer Probleme, Fragen der konstitutionellen politischen Ökonomik, sowie medizintheoretische und -ethische Probleme. *Buchveröffentlichungen*: Zustimmungstheorien der Staatsrechtfertigung, 1980; Moralische Institutionen, 1985; Antagonistische Kooperation, 1986; Grundzüge der Wissenschaftstheorie, 1986; Solidarität in Freiheit, 1996.

Bernd Lahno

Gymnasiallehrer für Mathematik, Philosophie und Physik. Er arbeitet zur Zeit als wissenschaftlicher Angestellter an der Gerhard-Mercator-Universität Gesamthochschule Duisburg im Fachbereich 1, Fach Philosophie. Er beschäftigt sich mit Fragen der Sozialphilosophie und in diesem Zusammenhang mit entscheidungstheoretischen Modellen menschlicher Interaktion. Seine Arbeit über Humes Theorie des Versprechens mit dem Titel *Versprechen - Überlegungen zu einer künstlichen Tugend* (1995) wurde in der Reihe *Scientia Nova* veröffentlicht. Zur Zeit arbeitet Bernd Lahno an der Abfassung einer Habilitationsschrift über das Thema „Vertrauen“.

Rudolf Schüßler

Jahrgang 1960, studierte von 1981-1985 Soziologie, Philosophie und Volkswirtschaftslehre in Gießen. Von 1986-1989 arbeitete er als wissenschaftlicher Mitarbeiter am Institut für Soziologie der Ludwig-Maximilians-Universität München. Promotion 1989 zum Dr.rer.pol im Fach Soziologie mit einer Arbeit über spieltheoretische Computersimulationen zur Entstehung von Kooperation und Egoisten (veröffentlicht als: "Kooperation unter Egoisten: vier Dilemmata", Oldenbourg, München 1990). Seit 1989 ist er als wissenschaftlicher Mitarbeiter und zur Zeit als Oberassistent am Fach Philosophie der Universität-GH-Duisburg tätig. 1996 Habilitation im Fach Philosophie mit einer

Arbeit über die Beiträge von Quine, Kripke und Putnam zur modernen Sprachphilosophie.

Viktor Vanberg

Geboren 1943 in Aachen; 1968 Dipl.Soz. Universität Münster; 1974 Dr. phil. (TU Berlin); 1981 Dr. phil. habil. Universität Mannheim. 1984-1995 Professor of Economics, George Mason University, USA. Seit 1995 Professor für Wirtschaftspolitik, Universität Freiburg. Wichtigste Veröffentlichungen: Die zwei Soziologien, Tübingen 1975; Markt und Organisation, Tübingen 1982; Rules and Choice in Economics, London und New York 1994.

Reinhard Zintl

Geboren 1945; Promotion in Politikwissenschaft 1972 (Freiburg); Diplom in Volkswirtschaft 1976 (Regensburg); Habilitation Politikwissenschaft 1981 (Regensburg); 1982 bis 1993 Lehrstuhl für Sozialpolitik an der Universität der Bundeswehr (München); seit 1993 Lehrstuhl für Politikwissenschaft I an der Universität Bamberg. *Veröffentlichungen u.a.*: Individualistische Theorien und die Ordnung der Gesellschaft. Untersuchungen zur politischen Theorie von J.M.Buchanan und F.A.v.Hayek (1983); Ökonomisches Rationalitätskonzept und normorientiertes Verhalten, in: Jahrbuch für Neue Politische Ökonomie 5 (1986); Horizontale Politikverflechtung. Zur Theorie von Verhandlungssystemen (zusammen mit A. Benz und F. W. Scharpf, 1992); Clubs, Clans und Cliquen, in B.-T. Ramb/M. Tietzel (Hg.), Ökonomische Verhaltenstheorie (1993); Kooperation kollektiver Akteure: Zum Informationsgehalt angewandter Spieltheorie, in J. Nida-Rümelin (Hg.), Praktische Rationalität (1994); Skeptische Fiktionen, Selbstbindung und konsentierte Fremdbindung, in J. Gebhard u.a. (Hrsg.), Demokratie, Verfassung und Nation (1994).

Personenregister

Sachregister

www.ingramcontent.com/pod-product-compliance
Lightning Source LLC
LaVergne TN
LVHW102230300926
849160LV00006B/89